黄道婆文化研究文集

陈光良 主编

·广州·

版权所有　翻印必究

图书在版编目（CIP）数据

黄道婆文化研究文集/陈光良主编. —广州：中山大学出版社，2018.6
ISBN 978-7-306-06323-6

Ⅰ.①黄… Ⅱ.①陈… Ⅲ.①黄道婆（约1245—?）—人物研究—文集　Ⅳ.①K826.16-53

中国版本图书馆 CIP 数据核字（2018）第 062633 号

出 版 人：王天琪
策划编辑：吕肖剑
责任编辑：王延红　罗雪梅
封面设计：刘　犇
责任校对：罗梓鸿
责任技编：何雅涛
出版发行：中山大学出版社
电　　话：编辑部 020-84110771，84113349，84111997，84110779
　　　　　发行部 020-84111998，84111981，84111160
地　　址：广州市新港西路 135 号
邮　　编：510275　　传　　真：020-84036565
网　　址：http://www.zsup.com.cn　E-mail：zdcbs@mail.sysu.edu.cn
印 刷 者：佛山市浩文彩色印刷有限公司
规　　格：787mm×1092mm　1/16　15.25 印张　274 千字
版次印次：2018 年 6 月第 1 版　2018 年 6 月第 1 次印刷
定　　价：48.00 元

如发现本书因印装质量影响阅读，请与出版社发行部联系调换

目　录

南传"棉路"与海南棉织文明探源
　　——关于黄道婆研究的一份背景资料 …………… 郑学檬（ 1 ）
再谈黄道婆向谁学艺
　　——兼及学术研究与历史文化资源 ……………… 叶显恩（ 16 ）
黄道婆对棉纺织业的贡献与我国海上丝绸之路 ………… 司徒尚纪（ 23 ）
从黄道婆事迹论及黎族棉纺织业史 ……………………… 吴永章（ 31 ）
元代有关黄道婆文献的解读
　　——兼议黄道婆在崖州向谁学艺 …………………… 陈光良（ 38 ）
黄道婆真诚、包容、创新的人文精神特质 ……………… 邢植朝（ 49 ）
崖州被　乌泾被　蓝印花布被 …………………………… 何继英（ 55 ）
黄道婆的北归与元初海南 ………………………………… 王献军（ 64 ）
黄道婆与中国古代的棉纺织业
　　——兼论三亚市建立黄道婆纪念馆的必要性 ……… 吴建新（ 69 ）
黄道婆文化精神及其弘扬 ………………………… 许桂灵　许桂香（ 75 ）
从普通劳动妇女至荣登神榜的黄道婆 …………………… 林日举（ 85 ）
邻里之间，能者为师
　　——从传承黄道婆精神追溯中国早期的社区教育 … 宋浩杰（ 94 ）
古崖州是中国棉纺织技术的源头 ………………………… 李养国（ 98 ）
关于建设黄道婆文化公园的构想 ………………………… 林志坚（106）
创建黄道婆纪念园的思考 ………………………………… 罗灯光（115）
黄母恩泽遍华夏
　　——近年来徐汇区传承弘扬黄道婆精神的做法 …… 金志红（121）
共生与共赢：黄道婆文化发展与传承的路径 …………… 谭晓静（126）
黄道婆研究之我见 ………………………………………… 高泽强（139）

黄道婆"错纱配色、综线挈花"技术的研究 ………………… 李　斌（148）
龙被与黎族纺织史
　　——以"五龙出海图"龙被为例 ………………………… 王　静（160）
黄道婆传播海南植棉织布文化技艺及其历史
　　意义 ………………………………………… 许桂香　许桂灵（167）
关于黄道婆学习棉纺织技术的几个问题 ………………… 詹坚固（177）
崖州是黄道婆的大地母亲 ………………………………… 蔡明康（186）
南宋后期吉阳军城的一波发展
　　——兼论黄道婆的棉纺技术或有海外来源 …………… 何以端（189）
黄道婆研究的若干问题再探讨 …………………………… 余　杰（199）
黄道婆迁徙崖州时寓居村落考 …………………………… 何家贤（206）
黄道婆文化精神的内涵及现实意义 ……………………… 王启芬（208）
黄道婆乃崖州人氏 ………………………………………… 王隆伟（213）
黄道婆籍贯刍议 …………………………………………… 游师良（218）
黄道婆改革后的捍弹纺织之具与黎族原始捍弹纺织
　　之具的比较 …………………………………………… 王　恩（221）
20世纪以来黄道婆研究综述 ……………………… 张太教　齐　爽（226）

编后记 ……………………………………………………………（236）

南传"棉路"与海南棉织文明探源
——关于黄道婆研究的一份背景资料

郑学檬*

讨论海上丝路与海南棉织业问题,是一个揭示不同地区、民族跨文化传播过程和内容的研究,其意义很大。鉴于学术界已就印度棉花(棉织)东传和黄道婆的棉织事迹做过大量研究,所以笔者选择另一个视角来论述南传"棉路"与海南棉织文明,其中涉及印度经缅甸到东南亚的几条"棉路","棉路"传播的诸因素概括,黄道婆时代海南岛和浙、闽、粤的海上交通、黄道婆其人、马、朝霞布、槟榔等几个海上棉路文明载体及其文化意义的蠡测。所有这些侧击主题的论述,意在为黄道婆这个历史人物提供一份背景资料。只是时间匆促,未尽其意而已,故极望诸公斧正,以成篇章也。

一、南传"棉路"的概说

国外学者罗宾·马克斯韦尔认为:"整个亚洲纺织品是最有感染力和魅力的艺术形式,在东南亚特别如此。其精神和仪规重要性表现在纺织品在国家和在大型神秘、壮丽的宗教礼仪的展示上。"① 东南亚的棉织业来自印度,中国的棉花、棉布早先也来自印度,但中国的棉织业则基于自身历史悠久的丝织业。学者斯蒂芬·戴尔先生认为,在公元世纪之初,南亚的印度化国家早已将棉布销售至中国。到了13世纪后期、14世纪早期,中国的棉布生产和棉花文明开花结果了。他还认为,当棉布首先在南亚织

---

* 郑学檬,厦门大学教授。

① Robyn Maxwell, Textiles of Southeast Asia: Tradition, Trade and Transformation, published by Periplus Editions (HK) Ltd, printed Singapore, P. 9.

造时，而印度继续生产若干品种的棉布，其市场是在中国。① 安东尼·瑞德则引用中国史籍说："7世纪左右，棉花可能从越南传入中国。"② 他所引的中国史籍大概指《隋书·南蛮传》，该传的林邑国王"衣朝霞布"。隋朝曾派兵击败林邑王梵志，林邑于是朝贡不绝，朝霞布就可能成为贡品传入中国。③

陈光良教授把上海黄道婆历史文化讨论会论文集收录的印度学者帕特米居·芭拉姆的《棉花从印度到中国和日本的传播》一文传来，该文概述棉花传入中国过程，认为12世纪棉花已传入海南岛。

丝绸、棉花文明转移的线路既有北方"丝路"（指从印度经中亚进入吐鲁番、长安的丝路）和棉路，又有是从东孟加拉、阿萨姆、缅甸到云南西部的南方"丝路"和棉路，后一路在汉王朝时期也可能发生的。④

其实，南方"丝路"和"棉路"又有多条分支，除斯蒂芬·戴尔指认的南方丝路和棉路（印度经缅甸、云南进入中国内地）之外，我们还可认定云南经恩梅开江、迈立开江、伊洛瓦底江，南下至室利差坦罗，由海路到印度科罗曼得尔（印度德干半岛孟加拉湾海岸的一部分）水陆通道；云南澜沧江—湄公河经老挝、入泰国，到泰国湾水陆通道；云南元江—红河至河内水陆通道等。唐樊绰的《蛮书》对这两条通道都有记载。这四条通道的特点是水陆联运、出海口要津、多国商人的贩运贸易三者兼备。

关于经东孟加拉、阿萨姆、缅甸进入云南的棉路情况，C.帕特荪·吉尔斯西先生有过概述："已发现至少早在公元前3世纪的时候，云南和缅甸在物资、理念、技术和宗教信仰等方面均有交流。19世纪以前，不管怎样，体量大的货物如粗棉，已开始大量进入云南。应对云南移民社团需求的增加，中国商人进口粗棉、吉贝（kapok）和棉纺织品的数量惊人。他们在缅甸阿瓦宗主领地大市场购买棉花。八莫或兴威和开拓有关新线

---

① Stephen F. Dale, "Silk Road, Cotton Road", edited by Richard M. Eaton et al. Expanding Frontiers in South Asian and Word History, Cambridge University Press, 2013, P. 72.

② 〔澳大利亚〕安东尼·瑞德著，孙来臣等译：《东南亚的贸易时代：1450—1680年》第一卷，商务印书馆2010年版，第105页。

③ 《北史》《旧唐书》《唐会要》《通典》《文献通考》《新唐书》等均有林邑、陀洹的朝霞布记载。

④ Stephen F. Dale, "Silk Road, Cotton Road", edited by Richard M. Eaton et al. Expanding Frontiers in South Asian and Word History, Cambridge University Press, 2013, P. 73.

南传"棉路"与海南棉织文明探源

路,在暹罗的宗主领土寻找棉花新市场。这时,清政府寻求控制或压缩去缅甸的商人和货物流通,最重要的例子是战后时期1770之后的强加于缅甸的贸易禁令。"① C. 帕特荪·吉尔斯西肯定这条棉路公元前就已开始,这一点很重要。

从东孟加拉、阿萨姆、缅甸、云南这一路,另有支路从经恩梅开江、迈立开江、伊洛瓦底江②,南下至室利差坦罗,由海路到印度罗曼得尔水水陆通道。室利差坦罗即缅甸故都 There Khettara,今伊洛瓦底江畔的骠薨(prome)附近。③ 这条通道可接海路,东通马来半岛和苏门答腊,西通印度南部、斯里兰卡,应是印度棉花西来的海上通道。

另一路从云南经萨尔温江南下至顿逊。④ "顿逊之东界通交州,其西界接天竺、安息徼外诸国,往还交市。所以然者,顿逊回入海中千余里,涨海无崖岸,船舶未曾得迳过也。其市,东西交会,日有万余人。珍物宝货,无所不有。又有酒树,似安石榴,采其花汁停瓮中,数日成酒。"⑤ 该路出海口要津是顿逊,接海上丝路。有意思的是,顿逊为印度、中亚和东南亚各地的贸易,中国则因"涨海无崖岸,船舶未曾得迳过也"。也就是在南朝梁代,还没有中国船到此贸易;反之,大秦"其国人行贾,往往至扶南、日南、交趾"。⑥ 其次,在顿逊有"酒树,似安石榴,采其花汁停瓮中,数日成酒"。酒树是何种植物?屈大均《广东新语》云:"严树,产于琼州,捣皮叶浸之,和以香粳,或以石榴叶酿酝数日即成酒。曰严树酒。"⑦ "严""椰"音近,严树就是椰子树,严树酒就是椰子酒,来自顿逊等地。顿逊"有天竺胡五百家,两佛图,天竺婆罗门千余人"。"顿逊

---

① Eric Tagliacozzo and Wen-Chin Chang, Chinese Circulations: Capital, Commodities, and Networks in Southeast Asia, Duke University Press, 2011, pp. 48-49.

② 〔宋〕周去非著,杨武泉校注:《岭外代答·通道外夷》记载:"自大理国五程至蒲甘国,去西天竺不远,限以淤泥河不通,或议可通,但绝险耳。"见该书第122页,中华书局1999年版。这段文字说明云南确有通缅甸伊洛瓦底江通道,但不常通,路途险绝。此路去西天的(东)天竺不远。

③ 参见〔唐〕玄奘、辩机著,季羡林等校注《大唐西域记》卷下,中华书局1985年版,第804页。

④ 今缅甸丹那沙林(Tenasserim)一带,或以为在今泰国那空是贪玛功附近。一说泛指马来半岛北部,其主要港口在今董理。

⑤ 《梁书》卷五十四《海南诸国》。

⑥ 参见《梁书》卷五十四《海南诸国》。

⑦ 〔清〕屈大均:《广东新语》卷十四《食语》,中华书局1985年版,第386页。

3

敬奉其道"①，说明顿逊流行婆罗门教、印度教、佛教。那么，信奉三教的印度移民（如蒙达人）、缅甸南部的孟人、流落苏门答腊和马来半岛的大食移民都可能将椰子传到海南岛，也有可能把棉花传入海南岛。

第三条云南澜沧江—湄公河经老挝、入泰国，到泰国湾水陆通道，《蛮书》记载："银生城在扑赕之南，去龙尾城十日程。东南有通镫川，又直南通河普川，又正南通羌浪川；却是边海无人之境也。东至送江川，南至邛鹅川，又南至林记川，又东南至大银孔。又南有婆罗门、波斯、阇婆、勃泥、昆仑数种外道，交易之处，多诸珍宝，以黄金麝香为贵货。"②大银孔，费琅认为似在今暹罗湾中。③暹罗湾某处就是一个出海口要津和贸易点。

第四条红河至河内水陆通道的情况《蛮书》和《新唐书·地理志》都有记载，本人做过比较研究。④

以上是经缅甸分别至马来半岛、泰国、越南出海的通道，历史学界一般很少提到，故予扼要叙述。海上丝路的著作一般多注意波斯湾（红海）经印度西南海岸、锡兰、马六甲海峡、泰国湾、越南中部（或北部龙编）、西沙群岛北缘、海南岛东部到达广州的物资、人员流动情况，而较少注意上述几条通道。例如《马尔瓦兹对中国、突厥与印度之记述》一书记载："从海上去中国，第一个海港叫做龙编（Lung Pien、Lūqīr、Lūfin），然后是广州，该城大于龙编。"⑤《阿拉伯海上航行》一书明确指出："16世纪欧洲人扩张以前，从波斯湾到广东，人们使用的距离最长的、定期的海上航线。它的值得关注的成就引人注目。在这一历史时期，波斯湾和中国出现的海上贸易，在航线终点的大帝国会可能同时发生与存在的。整个穆斯林世界，从西班牙到中国都在倭马亚王朝哈里发统治之下（660—749），以及长达一个多世纪（750—870），在阿拔斯王朝（西班牙和北非除外）

---

① 〔宋〕李昉等：《太平御览》卷七百八十八。

② 〔唐〕樊绰撰，向达校注：《蛮书校注》卷六《云南城镇第六》，中华书局1962年版，第161－164页。

③ 参见〔法〕费琅著，冯承钧译《昆仑及南海古代航行考》，中华书局2002年版，第12页。

④ 郑学檬：《点涛斋史论集：以唐五代经济史为中心》，厦门大学出版社2016年版，第508－511页。

⑤ SHARAF AL‑ZAMĀN TĀHIR, Marwazi on China, the Turks and India, Arabic text（circa A. D. 1120）with an English translation and commentary by V. Minorsky, The Royal Asiatic Society, 1942, P. 21.

统治之下。在中国，唐王朝统治下的联合王国（注：应指唐王朝和藩属如吐蕃）直到结束，其南方在两个半世纪里，保持着完整的平静。"①《中国印度见闻录》也记载了从波斯湾尸罗夫经印度西南沿岸奎隆、锡兰、马来半岛至广州的海路。

以上"棉路"也是"丝路"或"瓷器之路""香料之路"。就"棉路"而言，"自始至终，亚洲纺织业的历史基本上是随贸易历史而出现的"②。"棉路"是贸易之路，也是棉花、棉织文明的传播之路。

二、南传"棉路"传播诸因素

海上丝路的贸易传播记载比较多，其中，中国史籍的有关记载研究者比较熟悉。远的不说，唐代岭南、海南的棉织业已有所发展。例如唐代王建《送郑权尚书南海》诗云："七郡双旌贵，人皆不忆回。戍头龙脑铺，关口象牙堆。敕设熏炉出，蛮辞咒节开。市喧山贼破，金贱海船来。白氎家家织，红蕉处处栽。已将身报国，莫起望乡台。"③反映了广州的龙脑、象牙交易和白氎（棉布）、红蕉生产，其背景是海上贸易的发展。康州（今广东高要）悦城县妇女"织布"为业，④从王建的诗所记推测，也可能是纺织棉布。唐时崖州已有纺织业，如崖州刺史（太守）韦公干"有女奴四百人，执业者大半，有织花缣文纱者，有伸角为器者、有镕锻金银者，有攻珍木为什具者。其家如市，日考月课，唯恐不程"⑤。"织花缣"的"缣"是双丝细绢，是普通的丝织品，不是棉织品。故唐时海南有否棉织业，还有待新材料的挖掘。

宋代，"至迟北宋中期，棉花种植已经越过琼州海峡，登陆广南"⑥。方勺《泊宅编》，三卷本最晚为宣和七年（1125），十卷本最晚为绍兴十二年（1142），也就是北宋末、南宋初问世的著作。该书记载："闽广多

---

① George F. Hourani, Arab Seafaring, revised and expanded by John Carswell, Princeton Academic Press, 1995, P. 62.

② Robyn Maxwell, Textiles of Southeast Asia: Tradition, Trade and Transformation, published by Periplus Editions (HK) Ltd, printed Singapore, P. 21.

③《全唐诗》卷二百九十九。

④ 参见〔唐〕刘恂《岭表录异》卷上《唐人笔记小说》（二），沈阳出版社1990年版，第331页。

⑤〔宋〕李昉等：《太平广记》卷二百六十九，上海古籍出版社1990年版。

⑥ 葛金芳：《中国经济史》第五册，湖南人民出版社2002年版，第325页。

种木绵，树高七八尺，叶如柞，结实如大菱而色青，深秋即开，露白绵茸然。人摘去壳，以铁杖扞尽黑子，徐以小弹弓令纷起，然后纺织为布，名曰吉贝。""海南蛮人织为巾，上出细字，杂花卉，尤工巧，即古所谓白叠巾"①。以上记述"木绵"即草棉，"树高七八尺"或为误传，但其采摘、加工、纺织之描述比较如实。

至南宋，岭南棉织业已相当发达。《岭外代答》记载："（吉贝）雷、化、廉州及南海黎峒富有，以代丝纻。雷、化、廉州有织匹，幅长阔而洁白细密者，名曰慢吉贝；狭幅粗疏而色暗者，名曰粗吉贝。"海南则有"黎单"。

总之，南宋时闽广已种植棉花纺织棉布。琼州、广南东西路的棉花种植和棉纺织业已较发达，可与东南亚比肩而行了。这就是黄道婆从事棉纺织业的大背景。

接下来要说南传"棉路"传播诸因素考察。

首先是宗教传播的推动。上文提到的印度经缅甸的这四条通道，也是印度的婆罗门教、印度教、佛教向东南亚各国及中国岭南沿海传播的通道。

佛教在东南亚初始流行时间与婆罗门教、印度教差不多。缅甸于4世纪或5世纪接受佛教②，是上座部佛教的圣地之一。缅甸接受佛教时，还有其他宗教流行，如阿利耶教（密教的一个派别）。至唐时，佛法已盛："民七岁祝发止寺，至二十有不达其法，复为民。衣用白氎、朝霞，以蚕帛伤生不敢衣。"③因信佛而"以蚕帛伤生不敢衣"这句话，过去被忽视，正是这一习俗促使僧人以棉布为衣。婆罗门教有杀生祭祀的传统，而改革后的印度教则强化了因果论，强调了杀生的罪恶性。耆那教的"道德法则是敬爱一切众生"④。因此，原则上婆罗门教、印度教对杀不杀生问题也是有忌讳的。随着耆那教、婆罗门教、印度教、佛教的东渐，当时的衣用棉布应是源于印度的各个宗教徒的风俗。其"道德法则"对棉花种植、棉

---

① 〔宋〕方勺：《泊宅编》卷三，收入《全宋笔记》（第二编八），大象出版社2006年版。

② 参见宋立道《从印度佛教到泰国佛教》，台湾东大图书公司2002年版，第72页；霍尔《东南亚史》（商务印书馆）据考古资料确定为公元500年左右，见该书181页。

③ 《新唐书》卷二百二十二下《骠国传》。

④ 〔法〕雷奈·格鲁塞：《东方的文明》，中华书局1999年版，第216页。

布生产向东传播的作用值得注意。

棉花的梵语发音也佐证了婆罗门教、印度教和佛教东渐于棉花东传的密切关系。这方面的解释，相关注家已有很详细的注文。《诸蕃志·交趾国》注⑩"木绵"，梵语作 Karpasa；注⑪"吉贝"，梵语作 Karpasa，又作 Tūla Kapas。《诸蕃志·占城国》注⑦"白氎簞"，夏德、柔克义英译本注云："白氎乃突厥语 Pakhta 之对音。"《诸蕃志·吉贝》注①"吉贝"，为马来语 Kapas 之对音。①

笔者个人的看法是，在12、13世纪以前，即东南亚的印度化时代，梵文可能是主要的语言文字，棉花的梵语（Karpasa）发音——吉贝，传入并流行岭南地区最有可能。而"贸易时代"（15—17世纪），"在东南亚全境，马来语也因此成为主要的贸易语言"②。马来语是否语源于梵语，应由专家来考定。这样梵语的传播就成为婆罗门教、印度教和佛教东渐于棉花东传的密切关系的可信佐证。

苏门答腊先流行婆罗门教，后盛行佛教。5世纪初，法显归国，他在耶婆提国（今苏门答腊或爪哇某地）所见"外道婆罗门兴盛，佛法不足言"③。5世纪婆罗门教也在苏门答腊占优势，而到唐高宗咸亨二年（671）年底，义净到室利佛逝（今苏门答腊巨港），所见已是"僧众千余"④，是佛教的天下了。

公元前5世纪婆罗门教就传入扶南（今柬埔寨、老挝南部、越南南部等地）。婆罗门教的传入也把种姓制度带到扶南国，婆罗门、刹帝利、吠舍和首陀罗四等级，壁垒森严。一些王室贵族也变成了刹帝利。《隋书》卷二十八《南蛮传·真腊》有"（真腊国）其王姓刹利氏，名质多斯那"的记载可证。"刹利氏"即为刹帝利，是王族、贵族阶级。今天的柬埔寨吴哥古迹、印度尼西亚中爪哇的婆罗浮屠即是婆罗门遗存。印度教源于婆罗门教，所以信奉婆罗门教和信奉印度教很难分别清楚。大约3、4世纪后，印度教已在东南亚一些地区广泛流行了。

---

① 参见〔宋〕赵汝适著，杨博文校释《诸蕃志校释》，中华书局1996年版，第7、12、192页。
② 〔澳大利亚〕安东尼·瑞德著，孙来臣等译：《东南亚的贸易时代：1450—1680年》第一卷，商务印书馆2010年版，第12页。
③ 《大藏经》第51册《高僧法显传》。
④ 〔唐〕义净著，王邦维校注：《南海寄归内法传校注》，中华书局1995年版，第9页。

在今越南中南部即当时的占婆，在5世纪前婆罗门教占统治地位，国王跋陀罗摩一世（349—380）在首都因陀罗补罗（今越南中部）的万山建造了湿婆神庙，当时碑铭也记载宫廷中有婆罗门。但6世纪后，佛教占据了统治地位。①

印度的耆那教、婆罗门教、印度教、佛教的传播带来缅甸、苏门答腊、马来半岛、扶南国辖境（今柬埔寨、老挝南部、越南南部等地）、占婆等地文化物质生活的重大变化，其一就是"棉路"文明的兴起。

罗宾·马克斯韦尔指出："在同一世纪，中国和印度航行于东南亚水域。虽然，他们在该地区各自的影响的强度和直接性随着时间的推移是变化的。印度的影响，尤其在印度纺织业的模式方面。"② 他的意思是说，东南亚棉纺织业受印度的影响最深，因为棉花传自印度。

其次是移民。早在公元前几个世纪，就已经有印度人前往东南亚地区了。《本生经》里提到有印度僧人乘船来到"苏瓦纳布米"（意为"黄金地"）。许多学者认为，这个地方就是东南亚。在稍后一个时期的东南亚许多国家的宗教或建国传说中，都提到了印度人到当地的情况。例如，泰国《金灯国史》提到菩提汕銮城的婆罗门文化（因他巴坦那空）和一位印度王子的到来有关。③《南齐书》所记的混溃或混填的"外国人"、从中国随扶南商船去扶南的"天竺道人"等都是印度移民。④

此外，真腊、柬埔寨的克美尔人和孟加拉、缅甸南部的孟族和印度的蒙达人是相近民族；越南南部的占姆人是和马来—波利尼西亚人同种的航海民族，他们采用梵文，国教是婆罗门教和佛教。⑤ 所以，著名的吴哥艺术与印度教艺术有亲缘关系，其物质文化与印度类同，流行棉织文化。

复次贸易影响，这方面的论著较多，广为人知，故从略。

贸易影响里的中国影响，值得一提。棉花文明由印度东传，但丝绸文化由中国西传，两种文化在东南亚交会，如纺织技术无论丝纺或棉纺，都受中国纺织品的影响。今越南、老挝、柬埔寨、泰国和缅甸等古代国家，顺水陆通道与中国交往频繁，中国的丝织技术传入自无问题，影响着该地

---

① 参见贺圣达《早期东南亚国家的社会性质和特点》，《东南亚》1993年第2期。
② Robyn Maxwell, Textiles of Southeast Asia: Tradition, Trade and Transformation, published by Periplus Editions (HK) Ltd, printed Singapore, p. 21.
③ 参见何平《东南亚的印度人及其历史变迁》，《东南亚南亚研究》2011年第2期。
④ 参见《南齐书》卷五十八《扶南国传》。
⑤ 参见〔法〕雷奈·格鲁塞《东方的文明》上册，中华书局1999年版，第345页。

区棉织技术的改进,朝霞布在缅甸、越南的出现即可说明,详见下文分析。

科伟可认为爪哇纺织业生产和贸易起始于 9 世纪,织布大约是由铜匠和铁匠带着简单的后张力织机传入印度尼西亚的。这一发现是通过对爪哇宫廷 Kakawin 和 sima① 的分析得到证实,说明公元第一个世纪的爪哇有了古老的后张力织机。②

虽然印度纺织品出口到中、东爪哇,而布料是大部分爪哇家庭自给自足的产品。到了 11 世纪,也有专业的染布工匠、织工和其他纺织业在爪哇乡村。不仅在棉纱,而且还在其他纺织产品方面,小商贩们都很活跃。纺织业需求的原料有棉花,各色染料如蓝靛或印度桑树、红花等。该时期,宋朝的棉布匹产品也列入出口爪哇清单之中。

12 世纪,爪哇蜡染印花法第一次发展起来了。这一时期,着色法或叫"用图案的色彩装饰法"为人所知。这项技术是当地产生的,或是从外地传入的,还不清楚。然而,印度尼西亚纺织技师利用当地的神话传说对此深信不疑:因为它来自外国,并且非常特别,其法不是来自印度就是来自中国。③

罗宾·马克斯韦尔也认为东南亚纺织艺术反映了多方面影响,如中国的十二生肖(Zodiac Menagerie)图案。"当中国文化的影响变得更为直接和 12 世纪早期至 19 世纪从中国南部向欧洲殖民地大规模的移民有关。"④

总之,宗教传播、移民和贸易是推动印度棉织文明东向传播的最重要因素,其传播范围涉及整个东南亚及中国的岭南、海南。同时,由于中国丝织文明的影响,东南亚和中国的岭南、海南的棉织文明西承印度棉织文明,东接中国的丝织文明,并和海上丝路的出现与畅通在时间上相一致。这就是海南棉织文明传入和繁荣的大背景。

---

① Kakawin 为演出梵语罗摩衍那伴奏文学的一种演奏乐器;sima 是一种伴奏的震动器。
② Eric Tagliacozzo and Wen‐Chin Chang, Chinese Circulations: Capital, Commodities, and Networks in Southeast Asia, Duke University Press, 2011, p. 284.
③ Eric Tagliacozzo and Wen‐Chin Chang, Chinese Circulations: Capital, Commodities, and Networks in Southeast Asia, Duke University Press, 2011, pp. 284–285.
④ Robyn Maxwell, Textiles of Southeast Asia: Tradition, Trade and Transformation, published by Periplus Editions (HK) Ltd, printed Singapore, p. 21.

三、黄道婆时代的海上丝路与岭南、海南的棉织文明

唐时崖州已有纺织业，如崖州刺史（太守）韦公干"织花缣"的手工业者作坊，但不是棉织。前已述及的方勺《泊宅编》关于"海南蛮人织为巾，上出细字，杂花卉，尤工巧，即古所谓白叠巾"的记载，可以确认，在南北宋之交时期，海南棉织业已为人所知。到了南宋，海南的棉纺织业才具规模和特色。范成大《桂海虞衡志》记载："黎幕，出海南黎峒，黎人得中国锦彩，拆取色丝，间木绵，挑织而成。每以四幅联成一幕。黎单，亦黎人所织，青红间道，木绵布也。桂林人悉买以为卧具。"①《岭外代答》在"吉贝"条中记海南有"黎单""黎饰"等棉织品。②

《诸蕃志》记海南黎族"纯织木棉吉贝为布"，"以沉香、缦布、木棉、麻皮等，就省地贸易"③。可见黄道婆来崖州前数十年，琼管地区已有丝棉混织、棉织业，黎族地区的棉织业和海上贸易均有所发展。

琼管各州和其他地区一样，其棉织业应是南方"棉路"延伸的结果。作为佐证之一是海南棉花的名称。陈光良教授在《海南经济史研究》一书中已有论述，他引用《真腊风土记》夏鼐注文、《诸蕃志》杨博文注文，认为"吉贝"一名出自梵语 Karpasa 和马来语 Kapas。④可贵的是，他进一步指出黎语棉花的发音也含有"贝"的音节，海南方言棉花为 Gabua，"其读音与梵音和马来语接近"⑤。

现在，我们把焦点移至在马、沪（浙）闽和海南的海上交通、黄道婆正名、朝霞布和槟榔等海丝文明的具体载体上。通过对这几个问题分析，勾勒出印度棉织文明，经东南亚各国，特别是占城、交趾传入海南的背景。

关于马。琼管（海南岛）和占城的直接联系当在南宋以前。南宋占城

---

① 〔宋〕范成大撰，严沛校注：《桂海虞衡志校注》，广西人民出版社 1986 年版，第 42 页。

② 参见〔宋〕周去非著，杨武泉校注《岭外代答校注》卷六，中华书局 1999 年版，第 228 页。

③ 〔宋〕赵汝适著，杨博文校释：《诸蕃志校释》卷下，中华书局 1996 年版，第 220 页。

④ 参见陈光良《海南经济史》，中山大学出版社 2004 年版，第 85 页。

⑤ 陈光良：《海南经济史》，中山大学出版社 2004 年版，第 85 页。

来吉阳军买马,也是占城和琼管联系一例。"乾道七年(1171),闽人有泛海官吉阳军者,飘至占城,见其国与真腊乘象以战,无大胜负。乃说王以骑战,教之弓弩骑射,其王大悦,具舟送之吉阳厚赏。随以买马得数十匹,以战则克。"次年占城又"遣人船过海南买马",因有官府禁越而不许。后又复来,买马不成,占城人"怒回,辄劫掠人物"。于是广南西路帅臣张拭草书致琼管答复占城,称"中国马自来不许出外界",并令还所掠人口。其后琼管司差人取回被掠人口,并带回占城文牒,内容为乞"特许本蕃通"。但广南西路安抚司未予允许,其答复琼管司的牒称:"海南四郡,即无通商条令,仰遵守敕条约束。"占城国人买马图利之谋失败。①其实,南宋、元时,崖州与占城通航已成常态。《正德琼台志·崖州》记载:"毕潭港,在州东一百里三亚村南海口,占城贡船泊此。"② 还有番坊港在州南里。但这一起占城买马事件,是海南和占城的海上直接交通最明确的记载,所以应视为海南的海上丝路活动的一个重要证据。

  南宋周去非曾两次任钦州(今广西钦州市)州学教授,时间在乾道八九年(1172、1173)③,离闽人去吉阳军做官、飘至占城事件(1171)仅两年左右。他于南宋淳熙五年(1178)撰《岭外代答》,离闽人去吉阳军做官、飘至占城事件(1171)仅七八年左右,他对当时的海路情形作了描述,有重要参考价值。他记载到钦州入海分二川:其一,西南入交趾海;其二,东南如琼、廉海。④ 前者沿北部湾北缘西至北仑河口,西南下交趾洋(今越南东部海面)与泰国湾;后者即过合浦、琼州海峡到海南岛。这个时候海南岛已经有海上贸易,"土产名香、槟榔、椰子、小马、翠羽、黄蜡、苏木、吉贝之属。四州军征商,以为岁计,商贾多贩牛以易香"。黎民"腰绕吉贝",可见棉纺织业已较普及。赵汝适《诸蕃志·海南》也称海南"郡治之南有海口驿,商人舣舟其下","故俗以贸易为业"。⑤海南从没有对外贸易活动到"商贾多贩牛以易香",黎民"腰绕吉贝","俗以

---

  ① 参见〔清〕徐松《宋会要辑稿》卷一百九十七《蕃夷四》,中华书局1957年版。《岭外代答》卷二《占城国》记载有几点不同:1. 写其为闽人是以"西班"武官"都监"赴任;2. 明言"吉阳军却以无马,乃转至琼管,琼管不受,遂怒而归",而不是《宋会要辑稿》所记"中国马自来不许出外界"之禁。

  ② 〔明〕唐胄:《正德琼台志》卷六《崖州·川类》,海南出版社2006年版。

  ③ 参见〔宋〕周去非著,杨武泉校注《岭外代答校注》《校注前言》。

  ④ 参见〔宋〕周去非著,杨武泉校注《岭外代答校注》,中华书局1999年版,第35 – 36页。

  ⑤ 〔宋〕赵汝适:《诸蕃志》卷下《志物》。

贸易为业"。直到元末明初陶宗仪的《南村辍耕录》才有黄道婆将棉织技术北传至上海的记载。

当然还有些问题不明白，如海南出小马，占城人买来是否能作战马用？战马出在大理，因此有广西宜州买马的记载。① 为什么占城要来海南买马？可能因为交趾地区诸蛮割据，占城不便从陆路北上去宜州买马，转而从海南岛买马。

关于沪（浙）闽和海南的海上交通问题。早在北宋，浙江乌程（今湖州市）人朱彧的《萍洲可谈》一书记载："崇宁初，三路各置提举市舶官，三方唯广最盛"，"朝廷尝并泉州市舶令就广，商人或不便之。"② 却在客观上促进闽粤之间的海上交往。再则，如陶宗仪《南村辍耕录》所记上海一带海商在南宋至元代很有势力，如嘉定沈氏"因下番买卖致巨富"。杭州张存，至元丙子后流寓泉州，起家贩舶。他们与闽粤的海上贸易也会促进各色人等的流动。

闽人流动到崖州的证据是琼管乡村流行的东语，"又名客语，似闽音"③。闽人的移琼，说明黄道婆就可能从上海到泉州转海南，或从上海到广州，再流落海南。黄道婆南下，应是沪（浙）闽、闽粤之间的海上交往使然。黄道婆生于南宋理宗淳祐五年（1245），正是赵汝适任提举福建路市舶司兼权泉州市舶司的宝庆元年（1225）之后20年，当时泉州和海南贸易往来较频繁。

关于黄道婆正名问题。黄道婆是她的真名还是外号？尚待证实。按理说，道婆不是真名，因为道婆或是佛门女性的俗称，或是婆罗门教、印度教对女性的俗称。元代周达观《真腊风土记》云："为儒者呼为班诘，为僧者呼为苎姑，为道者呼为八思惟。""八思惟读 phrasiva，专指湿婆（Siva）教派的婆罗门。"④ 无独有偶，北宋末南宋初的惠洪《冷斋夜话》，就记载了一个交趾道士，渡海，其船坏于万安军海岸的石崖中，就在那里待下来。⑤ 这是婆罗门教、印度教徒进入崖州的一例。交趾道士极有可能是婆

---

① 参见〔宋〕周去非著，杨武泉校注《岭外代答校注》卷五《宜州买马》。
② 〔宋〕朱彧：《萍洲可谈》卷二，收入《全宋笔记》（第二编六），大象出版社2006年版。
③ 〔明〕唐胄：《正德琼台志》卷七《风俗·语有数种》，海南出版社2006年版。
④ 段立生：《〈真腊风土记校注〉之补注》，《世界历史》2002年第2期。
⑤ 参见〔宋〕惠洪《冷斋夜话》卷八，收入《全宋笔记》（第二编九），大象出版社2006年版。

南传"棉路"与海南棉织文明探源

罗门教、印度教，因为婆罗门教、印度教在占城盛行，邻近的交趾，自有流传之可能。占城人流入崖州也有记载，《正德琼台志》中记载了元初唆都右丞征占城，将降番及其家属安置在海口浦，"其外州者，乃宋元间国乱"，"挈家驾舟而来，散泊海岸，谓之番坊、番浦，不与土人杂居。其人多蒲、方二姓，不食猪肉"①，显然是阿拉伯穆斯林。所以，黄道婆时代崖州的外来宗教有婆罗门教或印度教、伊斯兰教和汉传佛教，她被称为"道婆"，亦可能有外道因素。正如前面南传"棉路"部分所分析那样，婆罗门教或印度教、佛教传播与棉织文明传交织一起，这就是"黄道婆"俗称出现的背景。

关于朝霞布，《北史》记载："（林邑）王戴金花冠，形如章甫，衣朝霞布，珠玑缨络，足蹑革履。"②《旧唐书》记载："陀洹国，在林邑西南大海中，东南与堕和罗接，去交趾三月余日行。宾服于堕和罗。其王姓察失利，字婆末婆那。土无蚕桑，以白氎朝霞布为衣。"③《新唐书》记载："武安州武曲郡，下。土贡：金、朝霞布。"④ 武安州，今越南海防。此外缅甸、赤土也有朝霞布。

笔者认为，朝霞衣在缅甸、赤土、丹丹国（马来西亚马来东北岸的吉兰丹或马来半岛南部）、越南等古国流行和佛教信仰有关。《大藏经》记载菩萨多穿朝霞裙，铺"朝霞上叠"（地毯）。⑤ 可以肯定朝霞衣流行属于印度棉织文化，也可以说是佛教棉织文化。所以，佛经的经解著作里，也有相关的注文。慧琳《一切经音义》卷一《大般若波罗蜜多经》第一卷《绮饰》云："用二色彩丝织成文花，次于锦，厚于绫。"《集训》云："服著华丽也。"⑥ "朝霞布"应是棉布，其华丽和杂色，与同类丝织品无异。《一切经音义》的注是讲丝织品彩绮。比较近似于林邑等国国王着的"朝霞布"和佛经上说的"朝霞裙"，是南宋海南黎族纺织品黎幕和黎单。范成大《桂海虞衡志》记载："黎幕，出海南黎峒，黎人得中国锦彩，拆取色丝，间木绵，挑织而成。每以四幅联成一幕。黎单，亦黎人所织，青红

---

① 〔明〕唐胄：《正德琼台志》卷七《风俗·番俗》，海南出版社2006年版。
② 《北史》卷九十五《林邑·陀洹国》。
③ 《旧唐书》卷一百九十七《南蛮·西南蛮·陀洹》。
④ 《新唐书》卷四十三上《地理志》。
⑤ 《大藏经》第24册《根本说一切有部毗奈耶杂事》卷四。
⑥ 〔唐〕慧琳：《一切经音义》（三种校本合刊），上海古籍出版社2008年版，第527页。

间道，木绵布也。桂林人悉买以为卧具。"① 这类丝棉间织技术明显来自汉族丝织技术。

屈大均《广东新语·货语·绵布》论及广州西洋布和海南岛黎单、黎幕时云：棉布最美者白叠，"其织为巾者，两头组结方胜、葳蕤及诸物象。织每抛一梭，则念一佛。故广州人殓死者以为面衣，是曰西洋布。以来自番舶者为真。其出于琼者，或以吴绫越锦，拆取色丝。间以鹅毳之绵，织成人物花鸟诗词，名曰黎锦，浓丽可爱。白者为幛，杂色者为被，曰黎单。四幅相连曰黎幕，亦曰黎幔"②。屈大均的记述说明流行广州的棉织品白叠，其构图有"方胜、葳蕤"（菱形、花草形）饰物，织时"每抛一梭，则念一佛"，属于佛教棉织文明载体；且有来自国外，曰西洋布。而接着记述海南黎单、黎幕。亦足以表明海南黎单、黎幕和织时"每抛一梭，则念一佛"的白叠布之间的联系。这样把朝霞布，白叠，海南黎单、黎幕视作属于热带气候区，也就是印度化了的东南亚印度棉织文明即佛教棉织文明的产物，也符合文明传播的逻辑。因此朝霞布，白叠，海南黎单、黎幕都是"棉路"的棉织文明的直观表达。所不同的是，海南是佛教棉织文明和中国丝织文明重叠区，海南的中华丝织文明的影响比东南亚更加深刻而已。

关于槟榔。唐代段公路《北户录》提到槟榔，语焉不详。范成大《桂海虞衡志》也记载："槟榔合，南人既喜食槟榔，其法用石灰或蚬灰并扶留藤同咀，则不涩。士人家至以银锡作小合，如银铤样，中为三室，一贮灰，一贮藤，一贮槟榔。"③ 扶留藤即蒟，又叫蒌叶，胡椒科植物。

明王士性《广志绎》卷四介绍槟榔则比较详细："（广南）俗好以蒌叶嚼槟榔，盖无地无时，亦无尊长，亦无宾客，亦无官府，在前皆任意食之。""大都瘴乡惟戒食肉、绝房帏，即不食槟榔无害，渠土人食者，惯耳。"④

范成大、王士性介绍的槟榔吃法、药效比较符合事实。瑞德评论东南亚人嚼槟榔时指出："嚼槟榔，或合赠，或单送槟榔果与蒌叶（胡椒属的

---

① 〔宋〕范成大撰，严沛校注：《桂海虞衡志校注》，广西人民出版社1986年版，第42页。

② 〔清〕屈大均：《广东新语》下，中华书局1985年版，第421页。

③ 〔宋〕范成大撰，严沛校注：《桂海虞衡志校注》，广西人民出版社1986年版，第42页。

④ 周振鹤编校：《王士性地理书三种》，上海古籍出版社1993年版，第361页。

植物），成为出生、死亡和治疗等仪式中必不可少的一部分。它的生津提神，为做爱的必备品。把槟榔果、石灰和其他成分放在一片精心卷起来的蒌叶里，成为女人为男人所做的一项贴心服务。"① 范、王二人所记的"俗好以蒌叶嚼槟榔"的习俗，表明海南吃槟榔与东南亚人吃法一致。

《备急千金要方·妇人方上》："庆云散：主丈夫阳气不足，不能施化，施化无成方。……阳气不少而无子者，去石斛，加槟榔十五枚。"② 故槟榔亦疑为强精之物。由此可证瑞德关于东南亚人把槟榔视"为做爱的必备品"风俗有据。瑞德认为这种吃法"发源于东南亚"。③ 黄道婆时代，槟榔"惟海南最多"，"惟槟榔、吉贝独盛"。④

槟榔产地亦多在北纬10°～20°之间，遍布东南亚和海南岛，它是热带植物，更是热带各民族的精神寄托。槟榔的提神生津效用赋予这一地区人们生息能力和信心。槟榔食用有负面观感，有"丑"相，但丑和美本来就难以绝对界定，美往往蕴含在所谓"丑"中。槟榔的"强精"性质，正是其"丑"中有强"种"之效和不可名状的精神寄托，成为海上"棉路"又一文明载体。

槟榔还是海上贸易商品之一，"海商贩之，琼管收其征，岁计居什之五"⑤。"征"指税收，大约槟榔税所入占琼管总税入的50%。这一记载是否夸大其词，不详。总之，槟榔、吉贝的盛行，从一个侧面反映出海南，特别是吉阳军（崖州）和东南亚海上贸易与风俗交流的蛛丝马迹，投射出海上"棉路"的精神意蕴。

---

① 〔澳大利亚〕安东尼·瑞德著，孙来臣等译：《东南亚的贸易时代：1450—1680年》第一卷，商务印书馆2010年版，第52－53页。
② 〔唐〕孙思邈撰，鲁兆麟等点校：《备急千金要方》卷二《妇人方上》，辽宁科学技术出版社1997年版，第15页。
③ 〔澳大利亚〕安东尼·瑞德著，孙来臣等译：《东南亚的贸易时代：1450—1680年》第一卷，商务印书馆2010年版，第51页。
④ 〔宋〕赵汝适：《诸蕃志》，中华书局2000年版，第186、221页。
⑤ 〔宋〕周去非著，杨武泉校注：《岭外代答校注》，中华书局1999年版，第293页。

再谈黄道婆向谁学艺
——兼及学术研究与历史文化资源

叶显恩[*]

一、黄道婆向谁学艺之我见

黄道婆（1245—1330？）向谁学艺的看法，目前大体有四种观点：一为向黎人学；二为向熟黎学；三为向临高人学；四为向闽南人学。

传统的看法，海南主要是汉、黎两个族群，一般认为非汉即黎。原先的向黎人学之所以长期为学界所接受，理由即在此。

20世纪20年代，由于法国萨维那神父在海口市郊发现当地有一种语言，既不是普通话，又不是闽南语。经过调查研究，他把这一语言名之为"贝语"，并将其成研究成果公之于世。继之而起的有法国奥德理古尔、日本桥本万太郎、德国史图博和新加坡籍海南人云维利等，国内有梁敏、刘耀荃、詹慈等。进入学界的视野要到21世纪由符昌忠等在广东技术师范学院创建临高学研究中心以后，2012年年底在海口召开有海内外学者出席的"临高学学术研讨会"，2015年海南省临高文化研究会正式成立，会上散发陈江主编的《一个族群曾经拥有的千年辉煌——临高学研究初集》一书（国内发表的重要论文大都收入其中），更进一步推动了这一研究的深入开展。学术界出现了临高语（或称"翁贝语"）族群曾于唐代之前作为主流文化存在于海南岛的声音。[①]

中国社科院资深研究员、民族学老专家梁敏先生力主黄道婆向临高语族群学艺的看法，代表了刚刚兴起的临高学的学术观点。

---

[*] 叶显恩，广东省社会科学院教授、研究员。
[①] 《中国社会科学报》两次专版介绍了临高学的研究成果，分别于2015年12月26日和2017年2月22日刊出。

再谈黄道婆向谁学艺

梁敏教授是资深民族学专家,早在20世纪50年代亲自前往海南作实地调查研究。他对临高语族群的族源、语言等都做过深入研究,有专著、专题论文行世。他这些开拓性的著作,是临高学的奠基性著作之一。他在1990年发表的关于黄道婆向谁学艺的论文,是采用文献记载和实地调查资料(包含他人的实地调查资料)互相参证而写出的,是经过长期缜密思考的成果,可信度很高。当然这里不是说完美无缺,对任何一篇著作都不应当如此苛求。

梁敏先生指出,过去人们认为海南岛居民"非汉即黎",故把另一支越人的子孙——"临高人"也当作黎族,但又觉得他们与五指山区的黎族不同而往往称之为"熟黎"。他谈及黄道婆学艺的崖县时,指出应注意"古今民族分布的不同格局与民族成分的演变"。这些具有民族学和历史学的视野,很具启发性。

海南岛是古代黎人和骆越的一支(乏自称的族群名,自20世纪20年代始才为学术界称为贝语族群或临高语族群)移居的家园。大体而言,黎族居中部山区;临高语族群以珠崖郡和儋耳郡为其基地,环沿海周边而居。海南岛的教化自唐代始。以王义方贬任吉安丞(属当年儋州属地),传授儒家经典、中原礼俗为标志。这是临高语族群见载于文献的领略中原文化滋润之始。宋代闽南人登岛后,临高人加速汉化,日渐与闽南人融和(和而有所不同,既认同于汉族,又有所坚守,如续操临高语)接受方块字汉文。基本上遵守中原礼俗。且以认同汉文化而自豪。我们知道,越粗野的民族越看重血统上的认同;越文明的族群越看重文化的认同。

汉化的临高语族群不敌视闽南人,称之为客;汉人视之为民(自西汉始入编户齐民),宋元以降,有时也称之为熟黎、省民。《正德琼台志》关于临高县就有"民8 638,黎2 707"[①]的记载。有时方志则称南渡江以西一带的临高语为"西江黎语",视之为黎。

因此,学人认为黄道婆向黎人学艺是因文献记载含混造成的。

梁敏先生关于黄道婆向临高人学艺的论断,在此提供以下几条补充资料。

汉代海南土著居民(当系临高语族群人,除非新发现有相应高文化的族群)交纳的广幅布,唐代的白叠布,皆属贡品。《汉书·西域传下》载:汉武帝"故能睹犀、布、玳瑁,则建珠崖七郡",意思是说为了得到

---

① 〔明〕唐胄:《正德琼台志》卷十。

犀、布、玳瑁而建置珠崖等七郡，贾捐之主张废罢珠崖郡的理由是"又非独珠崖有珠、犀、玳瑁也，弃之不足惜"。从此可推知唯"布"是七郡中海南以外各郡之所缺，是海南之特产。唐代韦公干开设纺织作坊"织花缣文纱"作为商品运往大陆贩卖①。

尤其值得指出的是，同生活在南宋而比黄道婆早生111年的琼山羊山地区典屋村临高语族群人（此地今仍操临高语）白玉蟾（1134—1229?），于十二岁（1146）应试琼山童子科时，主考官命赋"织机"诗。他即应声曰：

大地山河作织机，
百花为锦柳如丝。
虚空白处作一匹，
日月双梭天外飞。

从此可见，织机在当地已经普遍化，妇孺皆知，否则不能入试题。王祯《农书》中的织机，当时已经出现。这条材料似尚未与黄道婆的学艺联系起来引用。

梁敏先生披沙沥金，区分黎族与临高语族群之不同，还原了历史，其功不可没。

主张黄道婆向"熟黎"学艺一说，是根据文献记载，误将临高语族群当作熟黎之故。历史文献上，大凡少数民族保持原生态者称"生口"；汉化程度深的称为"熟口"；乱时归原族，治时入编户齐民，摇摆于生熟两者之间的称"半生半熟口"。有时还有将汉化者称为"民""省民""省地（民）"等。

主张向闽南人学艺一说，缺乏证据支持。闽南，即操闽南语族群所在地，包含漳州和泉州，在隋代之前属蛮荒之地。唐代前期，陈元光创建漳州，土著居民畲族人始面临汉化问题。闽南开发起步较晚，中唐开发加快速度。五代经王审知的经营，有了较明显的进步。到宋代尤其南宋，泉州经济、社会、文化都得到长足发展，原因是南宋偏安杭州，开发泉州港，发展海上贸易。也就是说，在宋代主要的是出自商业动机前来海南，并留居下来，因此带来的主要是商业文化，而不是农耕文化。闽南地区纺织业

---

① 参见〔宋〕李昉等《太平广记》卷二百六十九《韦公干》。

中除进口湖丝织造"纱绢"出口外，显得相对落后。直至明代，在江南纺织业发展的影响下，才逐步改变以苎麻布为衣服的习惯，进口棉布。到清嘉庆年间，褚华写的《木棉谱》中依然说，闽粤是以糖与松江换布，即所谓的"糖布贸易"。闽南本地纺织业不发达，何来先进技术传授黄道婆？

顺带指出，闽南人带来先进的中原文化，的确对海南原有的文化的提升起了巨大的作用。因其强势文化，闽南语（客话）于明末取代临高语成为海南语言的主流。

二、黄道婆故事，经过层累构建而成

黄道婆的原始资料只有陶宗仪和王逢的两段记载，虽简约但蕴含的信息还是丰富的。1949年前对黄道婆的故事没有做多少演绎；1949年以后经过几代学人的研究，黄道婆的故事不断丰满起来。尽管存在疑团和分歧，但基本面是可以肯定的。

1949年以后，对黄道婆研究所取得阶段性成果的代表，首先是冯家昇先生。冯家昇1954年发表了《我国纺织家黄道婆对于棉纺织业的伟大贡献》一文，对陶宗仪和王逢的原文作了很好的阐释，并将王祯记载的纺织工具与黄道婆的革新联系起来，提出了黄道婆向黎族人学艺的论点。对他的大作，我是称赏的。唯他的"向黎人学艺"之说，多年前我曾在香港的一次学术研讨会上表示过异议。当时就得到他的朋友杨泓老先生的支持。

后来得知"向黎人学艺"说，首发其端者是康促先生，时为1949年。冯家昇对此说原先不敢轻加采信，曾请他的老友岑家梧趁他赴海南作民族调查之便代为调查。岑家梧在《海南黎族的纺织工艺"吉贝"》一文中说："（黄道婆的故事）冯家昇教授已有专文谈及（见《历史教学》）。我离开北京之时，冯曾嘱我调查此事。目前我还没有到崖县调查。"① 可见冯家昇对康促提出的黄道婆"向黎人学艺"之说是有疑惑的。作为老一辈专家的冯家昇发表的论文与作为新华社记者康促提出的见解，对学术界的影响当然不同。冯家昇的观点为尔后的诸家通史作者、教科书所采信。20世纪80年代起，对黄道婆的研究日渐增多。

需要提到的是，陈光良教授1980年发表的《黄道婆和黎族棉纺织业》

---

① 转引自海南省历史文化研究会主编《海南就是诗》，长征出版社2004年版，第152-155页。

一文,以及后续发表的几篇大作,对黄道婆史料的梳理和诠释,对其业绩的阐述,以及对其历史地位的评价等,又做了进一步的论述。

再是梁敏教授 1990 年发表的《黄道婆究竟向谁学艺》①一文,首次提出黄道婆向临高语族群学艺的新论。

尔后,又有谭晓静著作《从文化失忆与记忆重构——黄道婆文化解读》等,采取多学科综合运用的研究方法进行研究,黄道婆的故事益加丰满。

上述提及的诸位学者,他们对黄道婆的研究,都做出了阶段性的贡献。黄道婆的研究进程,说明学术研究是层累式的构建、步步提升的。采用的研究方法也从历史学到历史学与人类民族学相结合,继而进入多学科的综合运用,方法越发趋向多元化。

学术如积薪,愈累愈高。当下塑造的黄道婆,固然有种种争议,但是我相信经过后人的不断研究,披沙沥金,当日益接近其真实历史。

三、黄道婆的研究,需要专业人员与博雅之士相结合,采用地方史与总体史互相结合的视角

这一看法是前些时来三亚了解当地(包含侨居者)的博雅之士(即业余的学者)的研究成果后而发的。所谓博雅,是指知识渊博、素质高雅。本地的博雅之士,对崖州文史、黄道婆研究的成果,令人耳目一新。他们不是学术研究的从业人员,但是具有不同于专业视野的人生境界和非凡的人文情怀。他们不受专业和文体的限制,谈文说艺,论经议政,拓宽了多元的学术空间。

专业性的学术研究与业余学者的著述如何沟通、彼此结合,的确是一个值得关注的问题。专业化是学术发展所必需的。而在中国,学术的专业化是近代发生的事。作为历史学的从业人员,必须接受本专业的系统训练,包括中外历史知识、版本目录、史料搜集与考据、分析研究方法、对前人论据的检核,以及研究操作规范等基本功夫的训练。甚至还需要掌握并能够运用其他相关的边缘学科的研究方法。所以,专业化的著作,要求对问题的看法深邃而系统。对一专业训练有素的学者来说,也许所论的似是小问题,但却能"于几微见世界",或"从木石觅文

---

① 梁敏:《黄道婆究竟向谁学艺》,《民族研究》1990 年第 3 期。

章"。在选题立意、洞察幽微中，平时积累的学养就体现出来了。写出来的是公之于众的一面，隐在纸背的一面更具个人的特色和风格。细心的读者自可体会出文章的境界。但是，我们也应当看到，愈是知识专业化，愈受限制于相对狭隘的知识领域，而且会被越来越多的、技术上的形式主义所束缚。

博雅之士，在运用专业操作方法上可能有所缺失，但由于他们身处社会上的各行各业，与社会现实有血肉联系，富有浓郁的现实感。他们的著述，直面现实，洋溢着关注现实社会的情怀，加之他们用通俗简洁的语言表述深奥的学理，因而赢得广大群众的欢迎与理解，从而蕴含着鲜活的学术生命力。这往往是专业学者所欠缺的。玄奥晦涩的表述，却是专业学者屡犯的弊病。这种著作只能停留于学术圈子内部彼此交流的层次，造成研究者与现实生活的剥离。这就影响了发挥学术的社会功能。专业学者的这一缺失，也可以从业余学者的著作中得到弥补。

博雅之士选定的题目有大有小，不受学科与时空的限制。虽说题目关乎学之大小，可影响价值之评判，但求大者未必大，似小者未必小。关键在所论的题旨，是否能牵一发而动全身。即便是一孔之见，也能揭幽钩沉，亦属难得。

学术的价值，固然不以一时的评判为准，它有其自身传承的功能；但是，脱离社会现实，得不到当代人理解的学术，毕竟是缺乏生机和活力。请专业学者和博雅之士一起聚会，各自的著作也能出版，显然不失为一种彼此沟通、互相取长补短的途径，可收雅俗共赏之效。

此外，还需要注意的是，地方史的研究应当放眼于总体史。一个地方与其他地域有千丝万缕的关联。离开历史的整体，囿于一隅之见，孤立地研究地方史，无疑是不可能揭示历史真貌的。

四、黄道婆研究中的分歧，不影响历史文化资源共享

学术研究中对某一问题的看法，只要言之成理，持之有据，都可以作为一说而存在。不必对诸说轻加定论。既有存在理由一说，就可分享该史事的文化资源。例如中华民族多源说，并不影响共同祭拜炎黄始祖。崖州和松江无疑可分享黄道婆文化遗产的荣耀。黄道婆向临高语族群学艺一说既有存在的理由，那么原被记载为黎或熟黎的临高语族群自然也可有分享黄道婆非物质文化遗产的权利。

南荒之地海南岛，源源不断地吸取中原文化，融入中华民族大家庭。黄道婆从边陲传入先进的纺织技术，给祖国大地带去纺织文明的温情。折射出内地和边陲文化是双向互动的，中华民族的灿烂文化是内地和边陲的各族人民共同创造的。

黄道婆对棉纺织业的贡献与我国海上丝绸之路

司徒尚纪[*]

黄道婆作为宋末元初著名棉纺织业革新家，无论在物质文化还是精神文化层面上都对我国古代这一行业发展做出了巨大贡献，是享誉中外、彪炳人类文化史册的人物。这已有国内外许多科学论著、歌谣、奉祀她的庙宇、纪念碑刻等为证，毋庸置疑。但这些有形或无形的评论似缺少另一个方面，即黄道婆的成就和贡献，直接或间接地对我国海上丝绸之路发生积极影响，且历久不衰。这无论与海南还是上海，都有某种联系，都是一笔珍贵的历史文化遗产，应予以传承和弘扬，尤其在当今建设"一带一路"背景下，黄道婆文化仍能发挥它应有作用，为实现这一倡议目标服务。

一、黄道婆在海南与海上丝路

海南岛位处南海海上交通中枢，是我国海上丝路必经之地，尤其海南岛南部崖州即今三亚一带，是海上丝路中途补给港或中继港所在海岸，历史上向来就与海外发生海上交通和贸易，宋元时期尤为兴盛。黄道婆从上海乌泥泾乘海船流落到崖州，其事虽带有偶然因素，但不无历史的和地理的根源。

崖州为黎族聚居地，上古时代，黎族先人即以善于制作树皮布著称。据考古发掘，民族学田野调查和历史文献记载，海南岛在远古时代早已出现树皮布及其制造工具石拍。后经多方面研究发现，海南石拍距今有4000多年，而珠江三角洲石拍距今有6000年，中国石拍从珠三角到海南岛到越南再传播到东南亚一带，海南岛正是传承树皮布文化的中转站，也是一

---

[*] 司徒尚纪，中山大学地理科学与规划学院教授。

个过渡阶段。① 这种石拍及其制作树皮布至今仍在岛上多处可见。乐史《太平寰宇记》载:"琼州生黎巢居深山,织木皮为布。"2011年,笔者在深圳文博会上,亲见海南馆出售见血封喉树皮制作的一件树皮布上衣,索价人民币1万元。

海南四周多港口,崖州一带港口也不在少数。司马迁《史记·货殖列传》提到全国19个城市,番禺(广州)为其中一大都会,是"珠玑、犀、玳瑁、果布之凑"。这些珍异之物,主要产于南海及其周边地区。著名史学家吕思勉先生指出,《史记·货殖列传》以上所言"非指汉时,可见陆梁(岭南)之地未开,蛮夷贾船已有至交广矣"②。其中"果布"一词,全称是"果布婆律",是马来语对龙脑香的音译。近年,广州等地汉墓出土众多熏炉,是用来烧香料的器具,说明东南亚也可能包括海南岛香料已从海南输入广州,再转运至全国其他地区,故后世称为海上丝路,亦称香料之路。

在树皮布基础上,历史时期海南岛棉纺业至为发达。汉代原来在印度的棉花经越南传入海南,黎族先人将其纺织成著名的"广幅布",输入中原。结果为朱崖太守孙幸滥征,激起民变,孙幸被杀,西汉一度放弃海南。此后东汉马援征交趾动乱,恢复海南建置,但不久又罢废,直到萧梁时期,在冼夫人的努力下,才重置崖州,自此在中央政权治理之下,海南才恢复常态,走上发展道路。唐代,完成环岛建置,形成不少港口,琼州太守韦公干,贪酷无已;家中"有织花缣文纱者,有伸角为器者,有熔锻金银者,有攻珍木为什具者,其家如市"③,并将这些金银器皿、家具和纺织品舶运至中外商人云集的广州市场销售。④ 唐代广州为世界性大港,以广州"通海夷道"为起点,海南纺织品在广州销售,也就有可能输往海外,特别是中东即阿拉伯地区,参与海上丝绸之路。海南一些港口成为中外商船船薮。唐玄宗天宝七年(748),鉴真和尚东渡日本未成,船被风吹至宁远河口上岸,此河口就是当时的振州港。当鉴真从海南岛南部振州取道东部沿海返回大陆,沿途但见"十月作田,正月收票,收蚕八次,收稻

---

① 参见唐玲玲、周伟民《海南史要览》,海南出版社、南方出版社2008年版,第14页。

② 吕思勉:《吕思勉读史札记》上《官南方者之贪》,上海古籍出版社1982年版,第525页。

③ 〔宋〕李昉等:《太平广记》卷二百六十九《韦公干》。

④ 参见〔宋〕李昉等《太平广记》卷二百六十九《韦公干》。

再度,男着木笠,女着布絮"①。蚕丝生产有一定产量,联系到琼州太守韦公干上述行为,这些蚕丝可能加入海上丝路之列。

宋代以海立国,海洋经济兴盛一时,海南也深深卷入海上丝路,为黄道婆的到来,奠定了坚实棉植和加工基础。宋代海南大量输出经济作物,"惟槟榔、吉贝独盛,泉商兴贩,大率仰此"②。棉花作为原料如此,其加工成各类棉纺织品,更称盛一时。南宋赵汝适《诸蕃志》"海南"条称:"(海南)妇女不事蚕桑,惟织吉贝、花被、幔布、黎单。"南宋方勺《泊宅编》中记述木棉称:"海南蛮人织为巾,上作细字,杂花卉,尤巧工,即在所谓叠巾也。"而南宋周去非《岭外代答》尤为详细地介绍海南棉纺织生产:"海南所织,则多品矣:幅极阔,不成端匹,联二幅可为卧单,名曰黎单,间以五彩,异纹炳然,联四幅可以为幕者,名曰黎饰;五色鲜明。可以盖文书几案者,名曰鞍褡。其长者,黎人用以缭腰。"③ 同一时代的范成大在其《桂海虞衡志》一书中也多次提到黎族服饰,称:"女工纺织,得中国(原)彩帛,拆取色丝,和吉贝织花,所谓黎锦、黎单及鞍搭之类,精粗有差。"④ 这些棉织品同样享有很高声誉。

宋代黎族这些棉织品,引起了汉商极大的兴趣,他们纷纷前来采购,将其投入海上丝路市场。因宋代受海南商品经济刺激而来的商人,为追逐"倍蓰之息",大批渡海入琼,以致商人在当地经济生活中处于举足轻重地位。史称海南濒海州县财政收入"恃商入耳"。⑤ 有些"闽商值风水荡去其资,多入黎地,耕种不归"⑥。(这些闽商有些变为"熟黎",有些则把黎区大批土特产输往大陆。)《诸蕃志》卷下"海南"条载:"故俗以贸香为业。土产沉香、蓬莱香、鹧鸪斑香、笺香、生香、丁香、槟榔、椰子、吉贝、苎麻、楮皮、赤白藤、花缦、黎幔……其货多出黎峒。省民以盐、铁、鱼、米转博,与商贾贸易。泉舶以酒、米、面粉、纱绢、漆器、瓷器等为货。岁杪或正月发舟,五六月间回舶。若载鲜槟榔抢先,

---

① 〔日〕真人元开撰,汪向荣校注:《唐大和上东征传》,中华书局1985年版,第69页。
② 〔宋〕赵汝适:《诸蕃志》卷下《海南》。
③ 〔宋〕周去非:《岭外代答》卷六。
④ 〔宋〕范成大撰,严沛校注:《桂海虞衡志校注》,广西人民出版社1986年版,第170页。
⑤ 转引自吴永章《黎族史》,广东人民出版社1997年版,第142页。
⑥ 〔宋〕范成大撰,严沛校注:《桂海虞衡志校注》,广西人民出版社1986年版,第171页。

则四月至。……物货海南土产,诸蕃皆有之,顾有优劣耳。笺、沉等香,味清且长,夐出诸番之右,虽占城,真腊亦居其次。……惟槟榔、吉贝独盛,泉商兴贩,大率仰此。"① 这样,黎区大量香料、棉花、黎幔、黎幕等商品运往福州泉州等地。泉州是宋元时期海上丝路最大港口,外舶云集,黎区棉纺品、香料等自然由此散布沿线国家和地区。宋末黄道婆在这种商品生产背景下进入崖州,而这种商品生产背景为她向黎族学习棉纺技术提供了非常优越的条件。

元代,黎区棉纺织业最为发达,其纺织业与纺织技术传入内地,对促进我国棉纺织业和海上贸易做出了特殊贡献。黄道婆一边向黎族学习,一边参与生产,对这一项事业发展,功不可没。元王祯《农书·农器图谱》"纩絮门"载:"夫木棉产自海南,诸种艺制作之法,骎骎北来,江淮川蜀,既获其利;至南北混一之后,商贩于北,服被渐广,名曰吉布,又曰棉布。其幅匹之制,特为长阔;茸密轻暖,可抵缯帛。又为毳服毯段,足代本物。"② 可见,元代海南所产的吉布,已行销我国北方,并以其"茸密轻暖"优良性能为世人青睐。崖州附近有对外出口的大疍港(又称"崖州港"),唐代鉴真和尚曾在此登岸,今有鉴真及其弟子群雕像。也可能成为崖州棉布输出港,元初黄道婆也是从这里启程回松江。不过,清中叶以后,大疍港已湮。

元至元十四年(1277),元政府在华亭县上海镇设立"市舶司",管理番舶海商事务。商港开放,阿拉伯商船可以往返于上海和伊朗南部阿巴斯港之间。而这条航线船舶进入南海后,第一个避风港和补给站就是崖州港。海南香料、棉纺织品等,通过崖州港输出岛外,则在常理之中,从而也就参与了元代海上丝绸之路。

有论者认为,黄道婆可能获悉了这条航线开通的消息而萌发了要回故乡松江府的念头,后来"始遇海舶以归""当然是一艘阿拉伯商船"③。如此,黄道婆则直接凭这条"海上丝路"回到故乡,并开辟她新的事业,为上海地区海上丝路做出巨大贡献。

---

① 〔宋〕范成大撰,严沛校注:《桂海虞衡志校注》,广西人民出版社1986年版,第220-221页。
② 〔元〕王祯:《农书》卷二十一。
③ 胡道静:《黄道婆的时代和遭遇探索》,《农业考古》1992年第3期。

二、黄道婆在上海与海上丝路

元朝元贞年间（1295—1297）黄道婆离开崖州，回到故乡乌泥泾后，把在崖州学到的棉纺技术传授给松江人民，并结合自己的实践，创新发展了棉纺技术，极大地改变了农业土地利用方式，提高棉纺织业的劳动生产率，深刻改变了当地社会经济面貌，并使之深深地参与上海地区的海上丝路发展。

黄道婆回故乡的事迹，元人王逢《黄道婆祠（有序）》曰：

> 黄道婆，松之乌泾人。少沦落崖州，元贞间，始遇海舶以归。躬纺木棉花，织崖州被自给。教他姓妇不少倦。未几，被更乌泾名，天下仰食者千余家。

其又在黄母祠上题词道：

> 前闻黄四娘，后称宋五嫂。道婆异流辈，不肯崖州老。崖州布被五色缫，组雾紃云粲花草。片帆鲸海得风归，千柚乌泾夺天造。

而同一时代陶宗仪《南村辍耕录》专设"黄道婆"条载：

> 闽广多种木棉，纺织为布，名曰吉贝。松江府东去五十里许，曰乌泥泾。其地土田硗瘠，民食不给，因谋树艺，以资生业，遂觅种于彼。初无踏车椎弓之制，率用手剖去子，线弦竹弧置案间，振掉成剂，厥功甚艰。国初时，有一妪名黄道婆者，自崖州来。乃教以做造捍弹纺织之具，至于错纱配色、综线挈花，各有其法。以故织成被褥带帨，其上折枝团凤棋局字样，粲然若写。人既受教，竞相作为，转货他郡，家既就殷。未几，妪卒，莫不感恩洒泣而共葬之。又为立祠，岁时享之。

这两段记载，表明黄道婆在崖州学到纺织技术基础上，一是对棉花去籽、弹花、纺线和织布的工具，加以改革和创新；二是运用和推广崖州黎妇擅长的"错纱配色、综线挈花"等技术，以此织造成功被、褥、带、帨（手巾）等产品，其上还织上折枝、团凤、棋局、云雾、花草、字样等图案,楚楚动人,赢得很高的声誉。黄道婆这一技术的传播和创新,极大地推动了江南地区棉纺织业发展,产生了巨大的社会经济效应。自元代开始,到明代松江府"俗务纺织,他技不多……百工众技与苏杭相等。要之,松郡所出,皆切于实用,如绫、布二物,衣被天下"①。城乡居民,唯纺织是务。"城中居民,专务纺织,中户以下,日织一小布以供食,虽大家不自亲,而督率女伴未尝不勤"②。"至于乡村,纺织尤尚精敏,农暇之时,所出布匹,日以万计,以织助耕,女红有力焉"③。明代规定家家种棉,效果立竿见影,"地产木棉,行于浙西诸郡,纺织成衣,衣被天下,而民间赋税公积之费亦赖以济"④。松江府以外长三角,亦兴起棉纺织业高潮,明代"太仓、嘉定……比闾以纺织为业,机声轧轧,子夜不休,贸易惟棉花与布"⑤。如此广泛和大规模的棉布织造,早已突破自然经济范畴,进入商品生产阶段。为此,长三角成为全国最大棉织品市场,一大批城镇由此兴起,形成南京、苏州、杭州、湖州、扬州等棉纺织中心城市,吸引四方商贾到来。例如湖州"各省直客商云集贸贩,里人贾鬻他方,四时外来不绝"⑥。上海生产"标布"销往秦晋京边诸路,运棉的船舶成百上千,"皆装布囊累累……每晨至午,小东门外为市,乡农贸担求售者,肩相摩,袂相接焉"⑦。据估计,1860年,全国远距离销售的棉布,约为4 500万匹,其中松江府七县一厅有3 000万匹,占全国的2/3。⑧ 可见,松江布衣被天下,名副其实,一点也不夸张。这种前所未有的繁盛景象,都源于黄道婆从崖州带来和她在乌泥泾创新棉织技术产生的社会经济效果。

长三角棉纺织品的商业性生产和销售,在国内形成了一个巨大市场,也同时走向海外市场,成为上海海上丝路一个重要组成部分。据载,有明一代,松江的棉布已远销国外,并像饶州的瓷器、漳州的绢纱及湖州的丝

---

① 〔明〕徐光启:《农政全书》卷三十五。
② 〔明〕范濂:《云间据目抄》卷五,江苏广陵古籍刻印社1984年版,第13页。
③ 〔清〕陈梦雷编:《古今图书集成·职方典·松江府部·风俗考》。
④ 〔清〕叶梦珠:《阅世编》卷七。
⑤ 〔清〕陈梦雷编:《古今图书集成·职方典·苏州府部·风俗考》。
⑥ 乾隆《湖州府志》卷四十一。
⑦ 〔清〕褚华:《木棉谱·序》。
⑧ 参见赵文榜《黄道婆对手工棉纺织生产发展的贡献》,《中国纺织大学学报》1992年第5期。

绵一样,为日本人喜爱。① 16 世纪起,中国棉布就远销南洋群岛、日本、俄国、西班牙、荷兰、法国、丹麦、瑞典。19 世纪中叶,美国是中国棉布的主要买主。1819 年,销往欧美的棉布达 3 395.9 万匹,价值 170 万元,② 中国棉布获得了广阔的海外市场。据统计,"18 世纪下半叶,松江布与江南一种紫花布以'南京布'的名称从广州出口,在 1819 年曾经达到 330 万匹之多"③。这种南京紫花布属名产,1883 年《中国博览》曾介绍:"南京土布是棉布的一种,因最初生产带红色棉纱的南京而得名。这种分为'公司布'和窄布两种,前者最为昂贵。……中国织造的南京土布在颜色和质地方面,仍然保持其超过英国布匹的优越地位"④。

上海地区这些棉纺产品,显然是在黄道婆归来后,技术经过不断地改进,扩大植棉面积,开发出新产品,形成大规模商品生产,进而投放国内外市场,并以自己的品牌,参与海上丝绸之路建设,为自己赢得很高声誉。从这个意义上说,黄道婆虽没有直接参与海上丝路建设,但她的巨大贡献,却是海上丝路不可或缺的基础。只是关于黄道婆的资料实在太稀少,故本文仅依据零星资料尽可能整合而成,无法提供这方面全貌。

三、黄道婆在两地与海上丝路关系

海上丝路是一个整体,但在不同地区有自己发展历史、特点和表现形式。黄道婆生活、工作在崖州、上海地区多年,凭借自己对棉纺事业的成就,以棉纺产品形式,将棉纺技术输出海内外,参与海上丝绸之路的建设。所以,对于黄道婆的研究,应与海上丝路历史过程及其在海南、上海两地的具体表现相联系,这样有助于更全面完整地把握和评价黄道婆的业绩,宣传、弘扬她的文化精神,为地方文化建设服务。

基于两地对黄道婆文化研究的差异,特别是黄道婆在两地生活,其成就侧重点不同,对海上丝路作用不一样,故相关研究也应有所区别。

其一,无论在海南还是上海,黄道婆棉纺技术制作的产品都或多或少与市场相联系,都参与了海上丝绸之路建设,并为此做出一定贡献。所以,我们应针对已有关于黄道婆这方面研究的缺失,开展相关补充研究。

---

① 参见《神宗万历实录》卷三百八十三、四百二十一。
② 参见冯衍甫《黄道婆的历史评价及文化影响》,《新东方》2008 年第 6 期。
③ 陈光良:《黄道婆"去来归"辨》,《广东技术师范学院学报》2006 年第 3 期。
④ 《中国博览》第 2 卷,第 465 页。

这可从当地经济史、海上交通史、外贸史、人口史、华侨史、社会变迁史等钩沉出相关资料,通过梳理、整合,以达到相应目的。

其二,黄道婆在海南期间,她主要向黎族妇女学习棉纺技术,也不排除她有所创新。黎族棉织技术和产品,有一部分是输出广州、泉州,再借助海上丝路,运往东南亚。这段历史应予重视,可作为海南海上丝路研究的一个内容。

其三,黄道婆回到上海地区以后,传授和提高自己从海南学习到的棉纺技术,深刻改变当地植被和棉花加工技术,经过推广普及,使长三角成为我国最大一个棉花生产和纺织品地区,产品风靡全国大部分地区,并出口海外,明显而卓有成效地参与海上丝绸之路的建设,为这条丝路的繁荣做出了积极贡献,这应无可置疑。但当下,此方面的研究仍很薄弱,只有个别论著从旁提及,未能全面深入,更谈不上专论,基本上是个空白,还有极大研究空间。而且,与此相关材料比海南要丰富,故上海方面,应承担更多任务。

其四,历史上的海上丝路,在当代已发展为"一带一路",上升为国家层面一个倡议目标,现正在建设中,并不断取得进展。"一带一路"与历史海上丝路有不可分割的联系,前者是后者在当代的传承和发展。海南作为海上丝路的一个枢纽,港口众多,遗迹遗址不少,其中三亚多个港口就在其列。黄道婆业绩,主要在棉纺织品输出方面与海上丝路有联系,另外,黎区香料输出不容忽视,都是海南海上丝路文化遗产。"一带一路"涉及东南亚诸多国家和地区,海南在这一发展倡议中充当了一个重要角色,肩负着历史使命。其中,黄道婆文化将发挥其应有价值。故黄道婆在三亚的一切物质和非物质遗产,都有可开发利用的价值,应予以深度发掘、梳理、研究,生产成果,供"一带一路"建设参考。

松江府乌泥泾,诞生了黄道婆这位伟大棉纺织业革新家,带动了长三角棉纺织业崛起,由此产生巨大的社会经济效益。明清以来上海地区棉纺织品大量输往海外,为海上丝路一项主要商品,黄道婆历史作用不可磨灭。在"一带一路"建设中,上海是全国最重要的基地和辐射中心,黄道婆文化精神仍可为其提供强大的文化软实力支持。对此,我们应通过相关学科研究,努力打造黄道婆文化品牌,发展相关文化产业,利用上海作为全国最大工业城市的经济辐射力和文化辐射力,将黄道婆文化品牌融进"一带一路"建设潮流中,以谋取最大的经济、文化等效益。

从黄道婆事迹论及黎族棉纺织业史

吴永章[*]

黄道婆,宋末元初的乌泥泾(今上海市华泾镇)人,曾在崖州(今海南崖州)居住近40年,返乡后,传播黎族先进纺织技术,推动了江南地区棉纺织业的发展。关于黄道婆事迹的主要记载有:

元王逢《黄道婆祠(有序)》:

> 黄道婆,松之乌泾人。少沦落崖州,元贞间,始遇海舶以归。躬纺木棉花,织崖州被自给,教他姓妇不少倦。未几,被更乌泾名,天下仰食者千余家。

王逢还在黄母祠上的题词写道:

> 前闻黄四娘,后称宋五嫂。
> 道婆异流辈,不肯崖州老。
> 崖州布被五色缫,组雾紃云粲花草。
> 片帆鲸海得风归,千柚乌泾夺天造。

元陶宗仪《南村辍耕录》卷二十四"黄道婆"条载:

> 闽广多种木棉,纺织为布,名曰吉贝。松江府东去五十里许,曰乌泥泾。其地土硗瘠,民食不给,因谋树艺,以资生业,遂觅种于彼。初无踏车椎弓之制,率用手剖去子,线弦竹弧置案间,振掉成剂,厥功甚艰。国初时,有一姬名黄道婆者,自崖州来。乃教以做造

---

[*] 吴永章,中南民族大学教授。

捍弹纺织之具,至于错纱配色、综线挈花,各有其法。以故织成被褥带帨,其上折枝团凤棋局字样,粲然若写。人既受教,竞相作为,转货他郡,家既就殷。未几,妪卒,莫不感恩洒泣而共葬之。又为立祠,岁时享之。

由上可知,黄道婆在学习和总结崖州黎族妇女纺织技术基础上,对我国棉纺织业的主要贡献有:一是对去籽、弹花、纺线和织布的工具加以改革和创新。此即"做造捍弹纺织之具"之谓;一是运用和推广黎族女工专属的"错纱配色、综线挈花"等技术,以此织成被、褥、带、帨(手巾)诸物,其上则有折枝、团凤、棋局、字样、云雾、花草种种图案花纹,可谓栩栩如生、惟妙惟肖,故有"粲然若写""夺天造"之誉。这些技术改革促进了江南地区棉纺业的大发展,并为黎、汉人民的友好往来写下了新篇章。

黄道婆"名天下"的事业,是深深扎根于黎族棉纺织业的沃土之中的。这从整个黎族悠久的、先进的棉纺织业的历史中可以得到证明。

海南岛黎族先民以棉、麻等类为原料的草木纤维纺织品,最早可追溯至先秦时期的"卉服",《尚书·禹贡》有载:"岛夷卉服"。对此,前人有所诠释:

孔传:南海岛夷,草服葛越。

孔颖达疏:舍人曰:"凡百草一名卉。"知卉服是草服,葛越也,葛越布名,用葛为之。

换言之,"卉服"是以"草"制成的衣服。卉,据东汉许慎《说文解字·艸部》:"卉,草之总名也。"

总之,早在先秦时期,"南海岛夷"就已服用以"草"制成之布裳。历史事实证明,岭南越人,最早的服饰,就是以棉、麻一类植物纤维为原料制成的。而"岛夷卉服",前人也认定指包括海南黎族先民的棉、麻织品。对此,宋祝穆《方舆胜览·琼州》卷四十三写道:

南中所出木棉、吉布、芭蕉、麻皮,无非卉服。

至汉代,在海南设置郡县后,《汉书·地理志》对儋耳、珠崖郡的手工纺织业,有明确的记载:

男子耕农，种禾稻纻麻，女子桑蚕织绩。

唐代，海南地区的各种手工业竞相发展，黎族的手工织造业是其中突出代表。例如，琼山郡守韦公干家从事于手工业劳动的奴仆达数万人，其中"有织花缣文纱者"①。

又《唐大和上东征传》载：

男着木笠，女着布絮。

唐段公路《北户录》卷三载：

琼州出五色藤，合子书囊之类，花多织走兽飞禽，细于锦绮。

可见，唐代的海南纺织品包括花缣、文纱、布絮、锦绮种种。其中，"盘斑布"更为统治者所青睐，被列为贡品，如《新唐书·地理志》卷四十三上"振州"条载：

土贡：金、五色藤、盘斑布、食单。

宋代，黎族棉纺织业空前发展，史有"以织贝为业"②之称。
其棉纺技术和棉纺工艺品已达到颇高的水平，可谓位居当时全国前列。其产品种类繁多，主要有：用纯棉织成的"黎布"与"黎毯"；取内地所产色丝加棉纱织成的"黎幕"；用青红色丝间棉纱制成的卧单名"黎单"；有五彩纹图并联幅为幕者称"黎饰"，此为后世之"黎锦"；五色的短块装饰品为"鞍塔"，以及"花被""缦布"，等等。其记载有：

黎幕，出海南黎峒，黎人得中国锦彩，拆取色丝，间木绵，挑织而成，每以四幅联成一幕。
黎单，亦黎人所织，青红间道，木绵布也。③

---

① 〔宋〕李昉等：《太平广记》卷二百六十九《韦公干》。
② 〔宋〕祝穆：《方舆胜览》卷四十三《万安军》。
③ 〔宋〕范成大：《桂海虞衡志》《志器》。

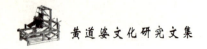

《文献通考》有载：

女工纺织，得中国彩帛，拆取色丝，和吉贝织花，所谓黎锦、黎单及鞍搭之类，精粗有差。①

《岭外代答》有载：

吉贝。……雷、化、廉州及南海黎峒富有，以代丝纻。……海南所织，则多品矣；幅极阔，不成端匹，联二幅可为卧单，名曰黎单；间以五彩，异纹炳然，联四幅可为幕者，名曰黎饰；五色鲜明，可以盖文书几案者，名曰鞍搭；其长者，黎人用以缭腰。②

《诸蕃志》有载：

黎，海南四郡岛上蛮也。……女工纺织，得中土绮彩，拆取色丝，加木棉挑织为单幕；又纯织木棉吉贝为布。
……
（万安军）妇媪以织贝为业。
……
（吉阳军）妇人不事桑蚕，唯织吉贝、花被、缦布、黎幕。③

《太平寰宇记》有载：

（琼州生黎）以木棉为毯。④

此外，上织细字花卉的被后人誉为"东粤棉布之最精美者"的白氎

---

① 〔宋〕马端临：《文献通考》卷三百三十一《四裔考八·黎峒》。
② 〔宋〕周去非：《岭外代答》卷六《服用·吉贝》。
③ 〔宋〕赵汝适：《诸蕃志》卷下《志物·海南》。
④ 〔宋〕乐史：《太平寰宇记》卷一百六十九《岭南道十三》。

布，也已出现于北宋时的海南黎区。①

总之，关于宋代黎族棉织品，时人已多记载，其中又以范成大、周去非、赵汝适所述为最详。后世著述，即多本此。

宋黎棉织品以其制作精良、细密莹白、色彩鲜明、图案新颖、形式多样而闻名当世。其表现有二：

一是作为"贡品"，为宋统治者所青睐。据《宋会要辑稿》载：绍兴三年（1133）十二月十七日一次上贡京师的棉织品共9种，其中海南就达5种之多，即"海南棋盘布""海南吉贝布""海南青花棋盘布（被）单""海南白布""海南白布皮（被）单"。

二是行畅京师及内地，广受欢迎。据《宋会要辑稿》载，绍兴十一年（1141），闽广一带输入京师杭州24种棉织品中，其中肯定来自海南的有"海南白布""海南棋盘布""海南青花布"3种。另外，"吉贝布""吉贝纱""吉贝花布""皮（被）单"数种，也可推测为产于海南。又据《桂海虞衡志·志器》载：黎单，"桂林人悉买以为卧具"。

元代，黎区的棉纺织业最称发达，其纺织技术传入内地，对促进我国棉纺织业的发展做出了特殊贡献。据元王祯《农书·农器图谱》卷二十一"纩絮门"条载：

> 夫木棉产自海南，诸种艺制作之法，骎骎北来，江淮川蜀，既获其利；至南北混一之后，商贩于北，服被渐广，名曰吉布，又曰棉布。其幅匹之制，特为长阔；茸密轻暖，可抵缯帛。又为毳服毯段，足代本物。

可见，元代海南民族地区所产"吉布"，已行销我国北部地区，并以其"茸密轻暖"的优良性能为人们所青睐。

总之，宋元时期，黎族棉纺织业已达到空前繁荣时期。黄道婆总结、推广黎族棉纺织业，可谓恰逢其时。

明清以后黎族棉纺织业继续发展完善。

明代，黎族纺织业，上承宋元传统。如明罗曰褧《咸宾录》卷八载：

> （黎人）女工纺织，得中国彩帛，拆取色丝和吉贝织花，所谓被

---

① 据〔宋〕方勺《泊宅编》卷中载："（吉贝）当以花多为胜，横数之得一万二十花，此最上品。海南蛮人织为巾，上出细字杂花卉，尤巧工，古所谓叠布也。"

服及鞍饰之类，精粗有差。

至清代，记载增多。清初屈大均《广东新语》卷十五"绵布"条所记较富代表性。其记载如下：

> 其出于琼者，或以吴绫越锦，拆取色丝，间以鹅毳之绵，织成人物、花鸟、诗词，名曰黎锦，浓丽可爱。白者为幛，杂色者为被，曰黎单。四幅相连曰称幕，亦曰黎幔。以金丝者为上。
> ……
> 布帛则攀枝吉贝，机杼精工，百卉千华，凌乱殷红。疏绨蕴暑，密斜弭风。盖谓琼布也。

按：清李调元《南越笔记》卷五有完全相同的记载，即袭此。此外，清陆次云《峒溪纤志》载：

> （黎女）取中国彩帛，拆取色丝，和吉贝织之成锦。

清张庆长《黎歧纪闻》载：

> 山岭多木棉树，妇女采实取其棉，用竹弓弹为绒，足纫手引以为线，染红、黑等色，杂以山麻及外贩卖彩绒织而为布，名曰吉贝。或擘山麻，纫线织布，捣树皮汁染为皂色，以五色绒杂绣其上，名曰黎布。贾者则用牛或用盐，易而售诸市，海南人颇用之。

清徐珂《清稗类钞》第五册"黎人织布"条载：

> 贵阳山岭多木棉树，黎女群往采之，取其棉，用竹弓弹之为绒，足纫手引以为绒，染红、黑等色，杂以山麻及彩绒，织而为布，曰吉贝。或擘山麻纫线织布，捣树皮汁染为皂色，以五色绒杂绣其上，曰黎布。贾者则以牛或盐而易之，以售诸市，海南人颇用之。

徐珂列"黎人织布"的条目，可见清代黎织布之闻名于世。至于此段记载的内容，则录自《黎歧纪闻》无疑。清末光绪程秉钊《琼州杂事诗》写道：

东猡妇女娴女工,纺车轧轧山花红;古逻(黎语称小帽)答博(黎中系腰之名)往前县(黎语县前日前县),寻个官娘(琼州方言,称上户之男曰官,女曰娘)卖布笼(东猡山,在安定城东一百里……猡妇纺织吉贝布缕,细密莹白,谓之布笼)。

由此可见,及至清代,黎棉纺工艺品愈加精美,以"细密莹白""浓丽可爱"而闻名于海南及内地。

通过本文,可证黎族棉纺织业在我国棉纺织业历史中占有重要地位。

元代有关黄道婆文献的解读
——兼议黄道婆在崖州向谁学艺

陈光良*

历史文献是研究黄道婆问题的重要依据。数十年来，学界、坊间出现怀疑黄道婆籍贯身世的观点，源于对元代文献的歧解。本文通过对元代有关黄道婆文献的解读，回应若干疑问，并对黄道婆在崖州向谁学艺的问题，提出一些见解。

一、元代陶宗仪、王逢关于黄道婆文献的解读

最早记载黄道婆身世和业绩的是元末明初著名学者陶宗仪和王逢的著作。本文首先概述他们的生平事迹，并对二位先贤关于黄道婆的文献做一番解读。

（一）陶宗仪生平著作及其记载黄道婆的文献解读

陶宗仪（1329—约1412）是我国历史上著名的史学家、文学家。字九成，号南村，浙江黄岩（今清陶乡）人。自幼刻苦好学，博览精研，工诗文，善书画，成语"积叶成书"讲述的即他的故事。《明史》卷二百八十五《陶宗仪传》记载："少试有司（科考），一不中，即弃去。务古学，无所不窥。"他科举落榜后弃仕途官禄，元至正年间（1341—1368），浙帅泰不华、南台御史丑闾辟先后举宗仪为行人、校官，皆拒之。张士诚割据苏州时，邀他至帅府署理军事咨议，他谢绝不去。明洪武四年（1371），下诏取天下文学士，洪武六年（1373），诏举天下才士，知府两次荐举，他托病不至，晚年他热心教育，被誉为"立身之洁，始终弗渝，真天下节

---

* 陈光良，广东技术师范大学民族学院教授。

义之士。"

元末，社会动荡，处于江浙交界的松江府相对安定，四方文人纷纷到松江一带躲避战乱，大约在元至正八年（1348）前后，陶宗仪携家眷来到华亭农村。陶公勤于读书写作，每当田间劳作在树下歇憩，或农闲辍耕在家，他就将收集到的各类文献史料、社会见闻、读书心得等，撰写成文，并将稿笺贮存于瓮罐之中。他先后笔耕十载，元至正末年（约1360—1366），由其门生整理成书，共30卷，585条，20余万字，分类汇编成《南村辍耕录》（又名《辍耕录》）。所记多为作者亲历耳闻目睹，"凡六合之内，朝野之间，天理人事，有关于风化者，皆采而录之"，所记录的政治、经济、社会、文化等各个方面的史料，为研究元代典章制度、风俗民情、农民起义、艺文逸事、戏曲诗词以及有关回族、维吾尔族的历史变迁，尤其对研究当时上海地区的经济社会状况具有重要的学术价值，其中记载黄道婆的生平、业绩的史料极为珍贵。该书是陶公为后世留下的一份重要的文化遗产，有元末刻本及明刻本多种，1959年中华书局出版标点本。

陶宗仪代表作除《南村辍耕录》外，还有搜集金石碑刻、研究书法理论与历史的《书史会要》9卷，汇集汉魏至宋元时期名家作品617篇编纂成《说郛》100卷，另著有《南村诗集》4卷、《四书备遗》2卷，以及《古唐类苑》《草莽私乘》《游志续编》《古刻丛钞》《元氏掖庭记》《金丹密语》《沧浪棹歌》《国风尊经》《淳化帖考》等。

陶宗仪在《南村辍耕录》卷二十四《黄道婆》记载：

> 闽广多种木棉，纺织为布，名曰吉贝。松江府东去五十里许，曰乌泥泾。其地土田硗瘠，民食不给，因谋树艺，以资生业，遂觅种于彼。初无踏车椎弓之制，率用手剖去子，线弦竹弧置案间，振掉成剂，厥功甚艰。国初时，有一妪名黄道婆者，自崖州来。乃教以做造捍弹纺织之具，至于错纱配色、综线挈花，各有其法。以故织成被褥带帨，其上折枝团凤棋局字样，粲然若写。人既受教，竞相作为，转货他郡，家既就殷。未几，妪卒，莫不感恩洒泣而共葬之。又为立祠，岁时享之。越三十年，祠毁，乡人赵愚轩重立。今祠复毁，无人为之创建。道婆之名，日渐泯灭无闻矣。①

---

① 〔元〕陶宗仪：《南村辍耕录》卷二十四，中华书局1959年版，第297页。

陶宗仪的记述虽为文言文,但言简意赅,层次分明,兹解读如下:

(1) 宋元之际,闽广("广"包括时辖广西路的海南岛)多种木棉("木棉"应为多年生或北植后演变为一年生的"亚洲棉"),纺织为布,名叫吉贝("吉贝"系古梵语称呼棉花的汉译)。

(2) 松江府乌泥泾,土田瘠薄,农圃稻作不济温饱,老百姓另谋种植棉花纺纱织布的生计,但由于纺织工具落后,劳作辛苦,工效低下。

(3) 元朝初期,有一位名为黄道婆的年迈妇人,从崖州回来。有个别学者解释"自崖州来"为:(黄道婆)是崖州本地出生的汉族妇女或黎族妇女,年老时只身来到乌泥泾传授棉纺织技术。此类解释有悖情理及文言逻辑。

(4) 概述黄道婆的主要业绩:她既教会乡亲制造"捍弹纺织之具",还传授"错纱配色、综线挈花"的各种技法,所以织成的"被褥带帨"面料图案,织有"折枝团凤棋局字样,粲然若写"。故里乡亲互相学习,竞相推广,使本地生产的布匹织品闻名遐迩,转货他郡,供销兴旺,老百姓因此逐年增收,生活逐渐富裕。

(5) 没过多久,黄道婆辞世,乡亲们"莫不感恩洒泣而共葬之。又为立祠,岁时享之。越三十年,祠毁,乡人赵愚轩重立。"最后,陶公感慨地写道:"今祠复毁,无人为之创建。道婆之名,日渐泯灭无闻矣。"

据史料记载,黄道婆是元代元贞间(约1296)回到松江乌泥泾,陶宗仪在元至正八年(1348)携家眷避乱到松江府华亭农村。陶公在《南村辍耕录》的上述著文,记述时间大约是黄道婆谢世40年左右,本地文人记本地人物事迹,真实性、可信度不言而喻。

(二) 王逢生平著作及其撰写的《黄道婆祠(有序)》解读

王逢(1319—1388),元代文人,字原吉,号最闲(贤)园丁,又称梧溪子、席帽山人。学诗于延陵陈汉卿,作《河清颂》,为世传诵。有大官举荐出仕,以病坚辞不就。原籍江苏江阴,后避兵祸于无锡梁鸿山。游松江,筑梧溪精舍于青龙江畔青龙镇(今属青浦区)。据史料记载,王逢于元至正二十六年(1366)移居乌泥泾宾贤里。由此可证王逢移居乌泥泾之年,正是陶宗仪《南村辍耕录》编辑成书之时。陶公约于1412年谢世,享年83岁;王公比陶公早生10年,1388年辞世,享年70岁。

王逢生活于元末明初战乱频仍的吴中地区,因"才气俊爽,弱冠有美名",一生先后被三个政权八次征召,尤以明王朝洪武十四年(1381)征

元代有关黄道婆文献的解读

召最为迫切,但王逢均坚辞不应。他不入仕途却十分关心世事,努力做"怀铅提椠"之士,其《梧溪集》"网罗俗谣民讴",用诗赋真切地记录了元末明初的社会经济与风土人情。清代钱谦益《列朝诗集小传》称其《梧溪集》"记载元、宋之际人才国事,多史家所未备"。此外,王逢主要生活在吴中地区,与当时的社会名流、文人画家交往频密,其数百首诗作,为后世考证当时与他唱和的诗人画家生平故事提供佐证素材。另著有《杜诗本义》《诗经讲说》《书史会要》《列朝诗集小传》《江阴志》《顾起纶国雅》《梁溪书画徵》《大观录》等,亦擅长作行草,初非经意,大率具书家风范。

王逢著《梧溪集》七卷,诗三卷,清赵翼《檐曝杂记》称其"古体诗音节高古,时有汉唐遗韵;近体诗亦老成朴实,不落纤佻,因不屑与謦欬家争工斗胜也。"其中,《黄道婆祠(有序)》是最早歌颂黄道婆业绩的诗作。

王逢《梧溪集》卷三《黄道婆祠(有序)》载:

黄道婆,松之乌泾人。少沦落崖州,元贞间,始遇海舶以归。躬纺木棉花,织崖州被自给。教他姓妇不少倦。未几,被更乌泾名,天下仰食者千余家。及卒,乡长者赵如珪,为立祠香火庵,后兵毁。至正壬寅,张君守中,迁祠于其祖都水公神道南隙地,俾复祀享,且征逢诗传将来。辞曰:

前闻黄四娘,后称宋五嫂。
道婆异流辈,不肯崖州老。
崖州布被五色缫,组雾紃云粲花草。
片帆鲸海得风归,千柚乌泾夺天造。
天孙漫司巧,仅能制牛衣。
邹母真乃贤,训儿喻断机。
道婆遗爱在桑梓,道婆有志覆赤子。
荒哉唐元万乘君,终靦长衾共昆弟。
赵翁立祠兵久毁,张君慨然继绝祀。
我歌落叶秋声里,薄功厚飨当愧死。①

---

① 〔元〕王逢:《梧溪集》卷三,中华书局1985年版,第117页。

王逢首先记叙黄道婆的籍贯、生平、业绩，他写道："黄道婆，松之乌泾人。少沦落崖州，元贞间，始遇海舶以归。"表彰她孜孜不倦地将棉纺织技艺传授给故里的织妇，不多久，"被更乌泾名，天下仰食者千余家。"王逢在《黄道婆祠（有序）》中明确记载黄道婆逝世后是"乡长者赵如珪，为立祠香火庵，后兵毁，至正壬寅，张君守中，迁祠于其祖都水公神道南隙地，俾复祀享。"据乾隆《华亭县志》载，张守中在元至正年间曾任华亭县知县，可知王逢是应张君之邀，欣然为新迁建的黄道婆祠作序赋诗。

王逢撰写的这篇祠序诗文，体现了他的为人品格与文学才华，诚如后人评说王逢"诗得虞集（元代诗人）之传，才力富健，尤工古歌行，抑扬顿挫，迈爽绝尘。"

王逢诗作开头二句："前闻黄四娘，后称宋五嫂"，是将黄道婆比喻为唐宋时代两位出名的妇女："黄四娘"是唐代大诗人杜甫《江畔独步寻花》（其六）首句"黄四娘家花满蹊，千朵万朵压枝低"中描写的是成都"杜甫草堂"之邻居妇女；"宋五嫂"系南宋著名民间女厨师，高宗赵构乘龙舟游西湖曾品尝称赞她制作的鱼羹，于是"宋五嫂"名声远播。然而这两句比兴句却引来诸多臆测，有人撰文说"黄道婆在崖州时嫁给城里的宋五爹，故称宋五嫂"。此说竟被《三亚市志》采信，该志书第28篇人物"黄道婆"条记"（黄道婆）约1261年，不堪公婆虐待而流落到崖州，先居水南村，嫁后随夫姓叫宋五嫂，后夫病逝，出家到城西广度寺当道人"①。此乃无稽之谈。

诗歌接着写道："道婆异流辈，不肯崖州老。"可见诗人是采用传统诗歌的比兴手法，先以黄道婆比喻黄四娘、宋五嫂之辈知名女性，兴而赞扬黄道婆是非常杰出的女性，不愿在崖州终老，"片帆鲸海得风归"，将学习到纺织异彩纷呈的"崖州被"之技艺，带回故里，造福桑梓，恩泽后人。

王逢在诗歌中还引用两个历史上有关纺织的典故：

"天孙漫司巧，仅能制牛衣"系中国古代"牛郎织女"神话故事。织女为天帝之孙女，故称"天孙"，"司巧"指织女星；"牛衣"指牛郎的衣服。诗句假借宋代吴儆《虞美人·七夕》词："天孙多巧漫多愁。"

孟子系邹人（今山东邹城），孟母亦称邹母。"邹母真乃贤，训儿喻断机"讲述的是孟母织布时见孟子逃学回家，故意将织好的布匹剪断，以

---

① 三亚市地方志编纂委员会编：《三亚市志》，中华书局2001年版，第842页。

织布譬喻读书学习，教育孟子不要半途而废的故事。

王逢怀着崇敬的心情歌颂黄道婆功德无量：道婆遗留爱心在故乡，道婆有志回报布衣百姓。接而诗人隐喻地写道："荒哉唐元万乘君，终觐长衾共昆弟。"王逢诗中此两句意涵最难解，笔者查阅相关资料："荒哉……"系初唐诗人陈子昂《感遇》其二十六："荒哉穆天子，好与白云期……"子昂引用穆天子与西王母的典故，实为借古讽今之比兴；"觐"是会意字，本意指人的脸部可见；"昆弟"本意为兄弟，亦指同族同辈之人。如果王逢这两句诗句没有拣字或打字之误，如"觐"为"眠"、"昆弟"为"昆地"，笔者试注释为：荒唐如唐玄宗那样的天子君王，终究也跟兄弟贵妃之同辈人享用着衣被长衾。

王逢在诗中还提及张守中迁建黄道婆祠的缘由："赵翁立祠兵久毁，张君慨然继绝祀。"最后两句："我歌落叶秋声里，薄功厚飨当愧死。"既表达了诗人对黄道婆的深情缅怀，又体现了古代先贤的品德良知。

综上所述，陶宗仪和王逢几乎是同一时期同在上海地区本府本县生活的著名文人学者，他们舍弃官场俸禄，"结庐在人境，而无车马喧"，用当下流行语说是"接地气"。他们对逝世仅40余年的黄道婆其人其事耳濡目染，特别是黄道婆传授纺织技艺促进当地棉纺业的迅速发展及其对经济社会民生的影响，他们有着直接亲历的体察和真切深受的感悟。一位孤身无嗣的劳动妇女，逝世后，乡亲们莫不感恩哭泣，共同举办葬礼，"又为立祠，岁时享之"，陶宗仪亲笔记载发生在他生活地方的感人事件，并做了客观、深入的经济社会背景分析；至正壬寅（1362），王逢应知县张守中之邀，为迁建黄道婆祠著文赋诗以"传将来"，依照名人祠堂撰序赋诗的规制，王逢序诗对黄道婆生平、籍贯、业绩、贡献的记述尤为具体明了，抒发的感情更加诚挚动人。诚如明天启六年（1626）曾任山东右布政使的张所望将宁国寺政编殿改建为黄道婆祠撰文所言："衣食之源，妪实开之，等于育我，以母道事之，谁曰不然。"然而，有学者发表文章，质疑最早撰文赞扬黄道婆的陶宗仪、王逢二位先贤的写作动机及其拒不出仕的品行操守，此议不但言过其实，且别有用意要改变元代文献记载黄道婆的籍贯故里；还有学者猜疑黄道婆是神话人物，否认历史文献记载黄道婆生平经历的真实性，笔者认为大可不必。

二、黄道婆在崖州向谁学艺

元代中后期，黄道婆在松江乌泥泾创新纺织机具和织品花色品种的功绩,已被史学家和诗人载入文献,明清至近代,有识之士和江南民众先后撰文建祠造庙,将黄道婆请上神台顶礼膜拜。然而,在琼崖地区,除了明《正德琼台志》和光绪《崖州志》转录陶宗仪《南村辍耕录》的记述之外,再没有关于黄道婆在崖州生活的记录和文物史迹。古籍记载黄道婆是年迈回到松江乌泥泾之后,没过多久便完成一套纺织工具的改革和布匹花色品种的创新。然而,黄道婆在海南岛崖州地区生活数十年,她究竟向谁学习纺织技艺?她是否参与崖州地区棉纺织工具和布匹工艺的改革创新?多年来,不断有学者发表论文探讨这一个"黄道婆之谜"。

笔者谨对黄道婆在崖州向谁学艺,略陈管见,以供研讨。

(一) 黄道婆向黎族人学艺

史前最早迁徙到达海南岛的是来自岭南诸越族的黎族先民,由于他们迁徙分布的历史条件不同,其生计方式及方言习俗等存在差异,形成若干支系。自宋代以后,黎族作为一个民族共同体有了统一的称谓,分布居住在崖州沿海地区的黎族属于"哈黎"方言区。唐代,"哈黎"族群的经济文化类型已从刀耕火种转变为稻作农耕,生产力水平较高,宋代及明清古籍多称其为"熟黎"。

宋代以前,海南岛的棉纺织业领先于长江流域及东南沿海地区,汉代能生产"幅广五尺"(约合今3.5市尺)的布匹上贡朝廷,说明黎族先民棉花种植和纺织技艺历史悠久。海南历史上种植的是多年生的"吉贝棉"(属亚洲棉种),多年生亚洲棉必须在月平均温度高于15℃、冬季无霜冻的地方才能生长,海南岛正好优先满足这一要素,而华东地区在没有引入一年生棉种前是不具备这个条件的。因此,黎族棉纺织业最先发展的原因正是源于海南岛得天独厚的热带资源。

宋人周去非在《岭外代答》一书中专门写有"吉贝"条目,并指明"南海黎峒富有……海南所织,则多品矣"。明人顾岕在《海槎余录》描写黎人开荒种植棉花尤为详细:"黎俗,四月晴霁时,必集众斫山木,大小相错,更需五七日酷烈则纵火,自上而下,大小烧尽成灰,不但根干无遗,土下尺余,亦且熟透矣,徐徐转锄,种棉花,又曰贝花。"

古往今来,"崖州被"及其精美纺织品成为黎族文化的代表作,享誉海内外。黎族传统纺染织绣技艺是海南省第一个世界级非物质文化遗产,联合国评审专家对居住在中国海南的黎族人民的纺织技术给予高度评价,认为这些纺织技艺源远流长,以口传身授的方法世代传承。黎族纺织品及其纺织活动成为记录他们历史的重要方式和珍贵的非物质文化遗产,为中国棉纺织业和世界手工技艺遗产的传承和发展做出重要贡献。

史籍关于黎族纺织品的记述不吝赞美之词，如"间以五彩，异纹炳然"的"黎饰"；从汉人那里得到"锦彩"，拆其色丝，"间木棉挑织而成"的"黎幕"；"青红间道，桂林人悉买以为卧具"的"黎单"；用贝饰纺线，以五彩绣成若锦"的"黎補"；"五色鲜明，可以盖文书几案"的"鞍褡"，"织成人物花鸟，浓丽灿烂，可以为衾褥幛幕，以有金丝间错者为上"的黎锦。还有"素花假锦百褶而成"的"迦盘（吉贝音译）之衣"；"黎妇所制，上有花纹，黎人需为礼服"的黎襜，以及黎人别具一格的绞缬（染色）技术及其生产的"缬花黎布"，还有被后人誉之为"东粤棉布之最美者"的"白氎"，早于12世纪初（北宋时）已在黎族聚居区出现。①

陶宗仪在《南村辍耕录》记载黄道婆回到故里传授并创新的纺织品："错纱配色、综线挈花，各有其法。以故织成被褥带帨，其上折枝团凤棋局字样，粲然若写。"陶公著文所述，显然具有黎族纺织业的工艺技术和图案特色。因此，将黄道婆在崖州向谁学艺——首先肯定向黎族人学艺是可以为证的。

（二）黄道婆向临高人学艺

临高人族群是继黎族先民之后较早登陆开发海南岛的诸越民族后裔。临高话地名的分布说明松涛水库至南渡江北部是临高人早期活动的地区。据《汉书》记载：海南岛自"武帝元封元年（前110）略以为儋耳、珠崖郡。民皆服布如单被，穿中央为贯头。男子耕农，种禾稻苎麻，女子桑蚕织绩。"这段关于海南原始居民的文献，原以为是指黎族先民，但推敲文中提到"男子耕农，种禾稻苎麻""女子桑蚕织绩""民有五畜"等，可以认定所记载的居民生产、生活状况应属于临高人先民，他们到达海南岛东北部地区定居之后，已越过刀耕火种的阶段，形成了农耕稻作经济文化类型。

宋明之后，随着中原文化影响加深，临高人聚居地社会经济文教发展较快，逐渐融合为汉族。后来他们为生计陆续在海南沿海一带迁徙定居，今崖州区仍有"临高村""儋州村"，可证临高人族群历史上融合汉化的

---

① 参见施联朱、容观琼《历史上黎汉民族团结友谊的光辉篇章——记我国著名女纺织技术革新家黄道婆向黎族人民学习棉纺织技术的事迹》，《中央民族学院学报》1977年第4期。

区域已包括古崖州地区。

史料记载海南历史上出产丝织品,"儋州及琼山烈楼多精者,遍地家织自用"①。《光绪临高县志》记:"妇女业蚕桑,习纺绩……田畴错壤,桑麻翕蔚,皆可耕可织。一夫力耕,岁可得米百斛;一妇纺织,年终得缣三匹。所谓临高丝者,其得货可居也"②。据黄佐《广东通志》记述,明代初期海口一带已出现纺场,民家妇女在月明时也聚纺,说明纺场已形成一定规模。清初屈大均《广东新语》记载:"崖州组织绵线如布帛状,绣人物花鸟其上,有十金一具者,名曰帐房,俗称儋、崖二帐"③。

上述史料说明海南临高人从事纺织业历史悠久,工艺精湛,不但"临高丝,得货可居","儋、崖二帐"同样享誉岭南海外。纺织业的发展受到消费需求及市场营销的影响,纺织机具与工艺技术的进步有发明—传承—改革—创新的逻辑联系,从种桑、养蚕、缫丝、染织到葛麻加工、植棉弹絮、纺纱织布,其原料加工方法、工具织机结构与操作技术要领,经历相互借鉴—模仿—应用—改进—革新的过程。因此,黄道婆在崖州生活的岁月中,从临高人丝织或葛麻、棉纱纺织使用的机具受到启发,待她返松江后再跟故里工匠探讨,设计并创造一整套加工棉花纱线的搅籽车、弹棉大弓、脚踏纺车乃至改进纺织机的结构与操作,从科技发明、应用、创新的规律来看,提出黄道婆向临高人学艺的观点也是可以成立的。

(三)黄道婆向汉族人学艺

汉族人口迁移海南岛,虽有人提出"秦有至者",但多数学者认为自汉武帝平定南越在岛上正式设郡之后。明代丘浚在《南溟奇甸赋》写道:"魏晋以后,中原多故,衣冠之族,或宦或商,或迁或戍,纷纷日来聚庐托所。"陈正祥在《广东地志》一书中作了估计:"唐代之前,汉族移居海南岛约2万人,唐代增加至7万,宋代超过10万,元代又增加为17万,明代为47万,到清代中期则已增加到217万。"④可见汉族人口大批量迁徙海南岛,自宋元兴起,明清为极。

---

① 〔清〕屈大均:《广东新语》,中华书局1985年版,第425页。

② 〔清〕聂缉庆、张廷主修:《光绪临高县志》,海南出版社2004年版,第94-100页。

③ 〔清〕屈大均:《广东新语》,中华书局1985年版,第422页。

④ 陈正祥:《广东地志》,香港天地图书公司1978年版,第235页。

崖州城乡地处宁远河中下游田野平原，地理环境优越。来自中原大地、闽南粤西的历代汉族移民，定居后稼穑于田园、捕捞于海洋、交易于市井，男耕女织，衣食无忧。崖城相邻三坊四厢的居民，军话、迈话、闽南话等多种汉语方言并存交流，这一奇特的"方言岛"现象，反映了崖州历史文化之深厚、多元和包容。

海南棉纺织业在我国古代经济史上能够独具一格，汉族移民功不可没。丘浚《吉贝》诗云："吉贝传从海上来，性尤温暖易栽培，富穷贵贱皆资赖，功比桑麻更异哉。"历代汉族移民因地制宜，开荒种棉，制作机具，纺纱织布，致力于提高棉布质量产量和开发花色品种，长期热销海内外市场，广受消费者喜爱。汉族人民"机杼精工"（黄文裕赋）纺织的"琼布"，以棉花天然素色为主，亦施蓝靛或其他天然材料染色，不但被列为上贡的珍品，尤适合老百姓缝制衣服。据《宋会要辑稿》记载，绍兴三年（1133）十二月一次上贡京师的棉纺织品凡九种，海南岛就独占五种之多，即"海南棋盘布""海南吉贝布""海南青花棋盘布单""海南白布"和"海南白布被单"，有织匹幅长阔而洁白细密者，有绝细而轻软洁白服之且耐久者。宋人赵汝适特别指出：海商贸易"惟槟榔、吉贝独盛，泉商兴贩，大率仰此"①。褚华《木棉谱》记载："黄道婆，乌泥泾人，少沦落崖州海峤间。元贞间，携踏车、椎弓归，教人以捍、弹、纺、织之法，而木棉之利始溥"②。

黄道婆青少年时期在乌泥泾家乡已经感觉棉花加工纺织的艰辛，而当她搭船远航踏上崖州的土地，接触到当地先进的纺织工艺时，便产生浓厚的兴趣和拜师学习的愿望，执意留居崖州，跟随早先定居的汉族人民从事棉花加工或纺织品生产经营，她在崖州生活数十年，以纺纱织布为生计，为晚年返回故里的创新业绩积累必要的知识和经验，合乎情理。因此，认为黄道婆在崖州向汉族居民学艺，是可以相信的。

三、小结

总而言之，海南岛是一个移民岛，历史上迁徙至此的民族成分复杂多元，移民分布居住、流动的时间空间也时常发生变化。崖州地处热带，古

---

① 〔宋〕赵汝适：《诸蕃志》，中华书局2000年版，第221页。
② 〔清〕褚华：《沪城备考》卷六《木棉谱》，见《上海掌故丛书》，上海通社1935年版。

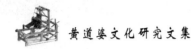

代居民因地制宜种植棉花、纺纱织布,便将其日益发展成千家万户谋生、谋利的传统产业。黄道婆虽然流徙海隅,但她聪明好学、勤劳诚恳、善结人缘,在崖州生活数十年,她利用各种机遇,认真学习黎族人、临高人和汉族人的纺织技艺,取长补短,融会贯通,终于走上传承—改革—创新的成功之路。

黄道婆真诚、包容、创新的人文精神特质

邢植朝[*]

今天,人们一提起纺织之母,都会想起我们古代伟大的纺织技术革新家黄道婆。这位典型的中国古代劳动妇女,不仅闻名中国,而且影响全世界。最近,画家林永康创作了一幅重现黄道婆在江南特色的庭院中传授织布技能的历史画面,画家认为该画"既符合历史客观","又具艺术性的环境"。林永康认为"人物油画不能局限在肖像表现上"。画家对人物的感受和体会值得我们深入思考。笔者认为今天纪念黄道婆,不仅要研究她的历史贡献,更要学习她真诚的优秀人格、品德,包容的智慧和敢于创新创业的精神。

一、真诚是黄道婆人生的灵魂,是这位伟大女性优秀人格、品德的内在体现

(一)真诚的追求:黄道婆从乌泥泾到崖州

过去谈到黄道婆为什么到海南岛崖州时,许多人都认为她小时候因生活所迫,给人家当童养媳,由于不堪忍受封建家庭的虐待,她才勇敢地逃出了家门,来到海南岛崖州,从此在海南岛居住了30多年。这样的论述忽略了她的真诚追求,看不到她内在的动力。众所周知,黄道婆所处的时代,正是宋元更替、兵荒马乱之际。江南劳苦大众,不仅受地主阶级的剥削,还遭到元军武力征服的威胁,人祸天灾致使江南地区经济萧条、民不聊生。但是尽管如此,黄道婆出生前后,她的家乡已经从闽广地区传来了棉种,松江府乌泥泾首先在一个名叫"八千亩"的地方种植棉花,不少妇

---

[*] 邢植朝,广东技术师范大学文学院教授。

女学会了棉花纺织技术。黄道婆家境贫寒,但她心灵手巧,好学好问,善于琢磨,她发现棉花去籽这样用手指一个一个地剥,实在太慢,而且弹棉絮的小弓,约1.5尺长,还是线弦,须用手指来拨动,弓身小,没有劲,线弦容易断,手指拨弦费力气,以这样落后的技术纺纱,怎么能满足布衣百姓织布穿着的需要呢?因此她心里经常想:能不能有什么新办法提高工效呢?年仅18岁的黄道婆,已经跟棉纺织业结下了不解之缘,手拴到了棉纱上,心织到了棉布里。一次机缘巧合,黄道婆搭上商舶,闯过南海风浪,终于抵达海南大疍港(又名"崖州港",位于宁远河入海口),然后进入黎汉杂居的水南村附近村落寓居。黄道婆的生平事迹在陶宗仪的《南村辍耕录》和王逢的《梧溪集》均有记述。

水南村位于崖城附近,是海南著名的古文化村落,据《崖州志》记载,从唐代起,不少贬官如赵鼎、胡铨、卢多逊等被流放到崖州而居住于此。卢多逊曾赋诗赞美水南村:"珠崖风景水南村,山下人家林下门。鹦鹉巢时椰结子,鹧鸪啼处竹生孙。鱼盐家给无墟市,禾黍年登有酒樽。远客仗藜来往熟,却疑身世在桃源。"胡铨在崖州居住10年后,将回衡阳时,写下横匾为"盛德堂"。少年黄道婆登岸后居住在水南村附近拜师学艺,实现她真诚追求的志向。

(二) 真诚待人,融入崖州社会

崖州湾是一处天然的历史博物馆,它记录了中国古代陆地与海洋的文化坐标,见证和承载着厚重的、不可替代的历史和天涯文化。宋末海南移民人口倍增,民族关系复杂。黄道婆孤身一人来到崖州地区,如何融入黎汉杂居的社会环境,对她来说是最大的考验。可以说,真诚是她在面临诸多不确定因素的环境下谋生存、求发展的最佳选择。黄道婆来到崖州后,她以真诚和善良面对陌生的生活环境,她将松江乌泥泾的纺织经验与当地的黎汉姐妹交流,虚心拜她们为师,由于她真诚、勤劳、善良,遂获得寓居村落族群的认同。黄道婆的身体力行告诉我们,真诚能祥和社会,温暖人间。因此,许多人认为,假如生活是船,那么真诚就是船上的帆;假如生活是无垠的天空,那么真诚就是雨后的彩虹;假如把生活比作钟表,那么真诚就如钟表上不可缺少的时针,指引你生活的方向;假如生活是一台机器,真诚就是机器上的发动机,是你生活前进的动力。

有一则资料这样描述黄道婆与黎民的关系和她的感激之情,"崖州的木棉和纺织技术强烈地吸引着黄道婆,朴实的黎族人民热诚地欢迎她、款待她。她同他们结下了深厚的友谊",① 同时也爱上了这里的风土人情。她拿起黎幕、鞍褡、花被、缦布，抚摸那光彩明亮的黎单、五色鲜艳的黎锦，爱不释手，赞美不止。她不但认真学习黎族纺织技艺，还掌握了黎族的纺织工具，她与黎族人民的交往合作成为历史上黎汉民族友爱团结的榜样。黎族人民不仅在生活上热情照顾黄道婆，而且把纺织技术毫无保留地传授给她。聪明诚恳的黄道婆，把全部精力都倾注在棉纺织事业上，又得到当地黎民无私的帮助，这就是黄道婆在崖州真诚地待人，从而感动他人，最终获得他人信任的真实写照。

（三）真诚学习，成为黄道婆的成功之母

以诚学习则无事不克，以诚立业则无业不兴。黄道婆的言行告诉我们这一真谛。崖州是黎族哈方言的聚居地，哈方言是黎族五大方言中人口最多、分布最广的一支，其地域环境较为复杂，经济生活水平较高。因此，哈方言服饰是黎族各方言区中种类最多、文化内涵最丰富的服饰种类。

哈方言传统妇女服饰分为自纺、自织、自染、自绣，其纺织技术经过千百年的发展，已达到非常高超和成熟的水平。特别是它的四大制作技艺及工艺流程纺、染、织、绣等，各具地方特色。哈方言妇女的纺织工艺有麻纺和棉纺两大类，纺制工具有纺轮、纺坠、纺车、脱棉籽机、弹棉弓、绕线车等。染色也是哈方言妇女早就掌握的技艺，她们把这项技术充分运用到民族服饰制作工艺中，她们将染料植物配以草木灰、螺灰、泥巴等，加工成红、黄、蓝、黑、绿、褐等染料，浸染麻、棉等纱线，然后纺织衣物、被褥等用品。黎族民间娴熟的染色技术，使黎族传统服饰更加绚丽多姿、精美艳丽。织绣是哈方言区妇女服饰制作技艺中的重要工序，精良的织造工艺是哈方言妇女心灵手巧、聪明才智的体现。

哈方言妇女的织造工艺按照织物结构的不同，可以分为平纹素织和提花织两大类。提花织技术较为复杂，既有提综织造，也有局部通经断纬的挖花工艺，黎族妇女筒裙的花纹图案均是以提花织法织造而成，提花织工艺是黎族纺织技术在中国纺织史上的一大贡献。哈方言妇女所织造的织锦品，是通过提花综与地综的交替提综织造完成的。黎族的刺绣历史悠久，黎族刺绣不仅内容丰富，题材多样，风格各异，而且还出现了多种刺绣技法，如平绣、挑绣、补线绣、贴布绣、连珠绣及双面绣等，突出了黎族妇

---

① 帅倩编著：《中华科技故事》，四川人民出版社2014年版，第126页。

女服饰的独特风格。然而,崖州地域广阔,在古代交通不便的情况下,黄道婆要学习黎族各支系不同款式类别的织锦,谈何容易!哈方言区妇女服饰种类多样、特征鲜明、图案丰富、色彩斑斓,是黎族社会族群认同的文化符号,是区分黎族内部不同血缘族群的重要标志。黄道婆真诚地学习,把主要精力放在黎族妇女的工艺流程和纺织品图案的学习应用上,最后她学成回归故里,为我国纺织技艺的改革创新做出重大贡献。

二、包容是黄道婆逆境求生存、创新求发展的智慧与能力

黄道婆在崖州30多年的生活以及返乡后的无私奉献都充分体现了她包容的智慧。

在古代,海南交通不便,地处祖国边缘,孤悬海外,偏僻路遥,生活艰辛,是贬官发配之地。宋代大诗人苏轼谪居海南3年,他在《倦夜》一诗中,表达了同样的心境,诗曰:"倦枕厌长夜,小窗终未明。孤村一犬吠,残月几人行。衰鬓久已白,旅怀空自清。荒园有络纬,虚织竟何成。"表达了诗人孤寂清凉的思乡之情,抒发了壮志未酬的感慨。后来他与黎族、汉族等同胞朝夕相处,兴学育人,赢得海南黎汉同胞的关心和信赖,致使他发出"九死南荒吾不恨,兹游奇绝冠平生"①"我本儋耳人"②"海南万里真吾乡!"③的感叹。苏轼视岛为乡的真挚感情,使他忘记自己是一个贬客,热情地写下《书海南风土》《伏波庙记》等大量吟咏海南山川胜迹和风土人情的诗篇,培养了一代黎民和求学之士。

黄道婆在海南生活30多年,与苏东坡3年相比,是多么漫长,她在这期间的学习和磨炼中,练就了豁达坚强、善良仁爱的品格,造就了她宽容大度、博爱包容的胸襟。正是这包容的智慧使黄道婆不断发现新事物。同时她在与黎民相处的过程中,学会用包容的智慧去接纳陌生的人群。由于在黎、汉关系中她不断升华自己包容的人格,牢固树立博爱的心境,始终对别人心存感恩的情怀,因此黄道婆终能在困苦、复杂、漫长的人文环境里活出真正的人生。至今,虽然我们没发现她给后人留下多少文物遗存,但是她将江南棉纺技艺与黎族织锦工艺成功融合,在生活学习中坦诚

---

① 苏轼《六月二十日夜渡海》诗句。
② 苏轼《咏海南》诗句。
③ 苏轼《咏海南》诗句。

沟通，以博大的胸怀容纳入黎族妇女优秀的麻纺和棉纺的技艺成果。特别是她致力于对纺织工具的更新与改造上，体现了她真挚的情感包容、行为包容的智慧。此外，她对黎族纺织技艺进行传承与创新，终于使"松江布，名天下"。总之，她的包容不仅在黎汉人民之间搭建大爱的平台，而且她还用包容的智慧从心底感动他人而最终获得他人的信任。

除此之外，黄道婆的包容还体现在不忘初心，常常思念家乡。每次想起家乡的贫穷和人们劳作的艰辛，她便百感交集，用包容的智慧去不断开辟新的纺织领域。经过30多年对纺织的执着学习与追求，她以一种"遗爱在桑梓，有志复赤子"的情怀，搭上海船，回到了故乡，最终取得纺织机具的改进和纺织技艺的创新。

回到家乡，黄道婆无私地向乡亲们传授崖州的纺织技术。为进一步提高工作效率，她潜心研究并创造出更先进的纺织工具，设计出一套轧籽、弹花、纺纱、织布的操作方法。她教人们制造轧车，改进弹棉花的工具，把手拨的小竹弓改为用槌击的大弓。同时，她改进了纺纱的工具，把只能纺一根纱的手摇纺车改为能同时纺三根纱的脚踏纺车。为了让纺织品更加美观，她又教大家把花卉、鸟兽等各式各样的图案织进织物中。就这样，在黄道婆和家乡人民的辛勤创造下，图案生动、色彩艳丽的"乌泥泾被"应运而生，不久便闻名全国。后来，在乌泥泾从事纺织业的人日益增多，黄道婆的棉纺织技术和她改进的设备传遍了江浙一带。黄道婆新式的棉纺技艺极大地推动了松江地区棉纺织业的发展。到了明代，乌泥泾所在的松江成了全国棉织业中心，赢得了"衣被天下"的声誉。

黄道婆以包容的智慧，为自己赢得了精彩和传奇的人生，促进棉纺织业的兴旺发达和经济社会的进步，造福百姓，恩泽后世，功德无量。

三、创新是黄道婆事业成功的关键

黄道婆对纺织技艺的发明创造，离不开她那执着的创新精神，当年她就是以这种强烈的创新思维和创新意识，致力于纺织业的改革和创新。

埃米尔·左拉曾经说过："如果你问我来到这个世界干什么？我的回答是：我要在这儿有声有色地生活。"① 由于黄道婆有着强烈的创新精神，在学习黎族纺织技艺的过程中，她针对哈方言妇女服饰的制作技艺及工艺

---

① 〔美〕汤姆·彼得斯：《汤姆·彼得斯论创新》，海南出版社2000年版，第541页。

流程，在纺车上作"创新"的文章，制造出三锭脚踏新式纺车。在不断改良黎族妇女纺织工具的同时，也改进、提高、丰富了黎族的提花织工艺。她将黎族妇女最擅长的"错纱配色、综线挈花"等工艺，融合江南地区丝纺织工艺进行技术提升，使得黎锦中出现了更加丰富的花草、鸟兽、折枝、团凤和棋局等花纹图案。哈方言抱怀小支妇女织的单面锦①，就是纺织技术创新后出现的新锦种，光彩夺目，烂然如画。

  元朝元贞年间，约 1295 年，她从崖州返回到乌泥泾。回到乌泥泾后，她致力于改革家乡落后的棉纺织生产工具，把自己丰富的纺织经验和织造技术毫无保留地传授给故乡人民。在教导家乡妇女学会黎族的棉纺织技术的同时，着手改革出一套"捍、弹、纺、织"的工具。黄道婆把江南原有的丝麻织作技术和黎族棉织技术融合在一起，总结出一套先进的"错纱配色、综线挈花"工艺，同时在黎族纺织技艺的基础上，结合乌泥泾当地的生产状况，创造出一套新的先进实用的纺织工具。②她发明了轧棉机、弹棉机和当时世界上最先进的纺纱机，并且创造了"错纱配色"，织成的布花纹图案甚是美观，举世闻名。

  综上所述，黄道婆的人文精神特质，可以概括为六个字：真诚、包容、创新。真诚使她热爱生活，拜师学习，成为杰出的棉纺织革新家，赢得了人民的爱戴和敬仰；她用包容的智慧去安排自己的人生；用创新精神去攻克创业的难题。因此，黄道婆的人文精神不仅是过去、现代还是将来，都是值得我们学习、传承和弘扬的。

---

① 参见王儒民《黎族服饰》，南方出版社 2014 年版，第 60 页。
② 参见〔元〕陶宗仪《南村辍耕录》，中华书局 1959 年版，第 297 页。

崖州被　乌泾被　蓝印花布被

何继英[*]

元代陶宗仪《南村辍耕录》卷二十四"黄道婆"条云："闽广多种木棉，纺织为布，名曰吉贝。松江府东去五十里许，曰乌泥泾。其地土田硗瘠，民食不给，因谋树艺，以资生业，遂觅种于彼。初无踏车椎弓之制，率用手剖去子，线弦竹弧置案间，振掉成剂，厥功甚艰。国初时，有一妪名黄道婆者，自崖州来。乃教以做造捍弹纺织之具，至于错纱配色、综线挈花，各有其法。以故织成被褥带帨，其上折枝团凤棋局字样，粲然若写。人既受教，竞相作为，转货他郡，家既就殷。"元代王逢《梧溪集》卷三《黄道婆祠（有序）》云："黄道婆，松之乌泾人。少沦落崖州，元贞间，始遇海舶以归。躬纺木棉花，织崖州被自给。教他姓妇不少倦。未几，被更乌泾名，天下仰食者千余家。……辞曰：前闻黄四娘，后称宋五嫂。道婆异流辈，不肯崖州老。崖州布被五色缫，组雾䌷云粲花草。片帆鲸海得风归，千柚乌泾夺天造。"

以上这两段记载清楚写明，黄道婆从崖州回到家乡，借鉴和吸取黎族织造崖州被的经验和方法，织造出的被子开始仍叫崖州被，时间一长，因为是在乌泥泾当地织造的，可与"崖州被"媲美，又称"乌泾被"。一时间"乌泾被"和棉布深受人们喜爱，远近闻名，成了畅销品。史料记载明代成化年间，乌泥泾一带人家，受官府之命，专为皇家织造御用龙袍，图案有龙凤、斗牛、麒麟、云彩、象眼等，有力地推动了松江府新兴棉纺织业的迅速发展。至明代松江成为全国棉纺织业的中心，民间当时传说"买不尽松江布，收不尽魏塘纱"，一时间"松江布"名闻遐迩，享有"松郡之布，衣被天下"之誉。明代松江生产的棉布史料记载有三梭布、飞花布（丁娘子布）、高丽布、兼丝布、尤墩布、上元大红布、云布、红云布、斜

---

[*] 何继英，上海博物馆研究员。

纹布、药斑布（蓝印花布）等近百个品种，其中以三梭布、兼丝布、药斑布（蓝印花布）最为著名。

本文主要对崖州被、乌泾被与上海松江明代墓葬出土的蓝印花布被的关系做一探讨研究，以求教于各位专家学者。

崖州被是"黎锦""龙被"的称谓之一，织造地最早在崖州，故称。崖州被是黎族在纺、织、染、绣四大工艺过程中难度最大、文化品位最高、技术最精湛的织锦工艺美术品，为历代皇朝进贡的珍品，在元代已驰名四方。一幅黎锦，通常长8尺，宽5尺有余，一般由三幅布料拼接而成。锦面一般分成三部分，即蓝天、绿地和白色的空间。图案有云彩、红日、龙、凤、狮子、山水、花鸟、虫草、亭台楼阁、几何图形等，生动活泼、雄伟壮观，把人间生活和自然景象融会在五光十色的图案之中。黎族人民常在喜庆之日，挂起龙被，象征吉祥。在举行隆重丧礼时，将龙被覆盖在灵柩上，以示死者身份高贵。一幅黎锦的价格也是很昂贵的，曾相当于10头牛的价格。

黄道婆从崖州回到故乡上海后，不仅将多年从黎族人民那里学来的织造技术，在棉花加工、纺纱等方面进行改革创新，设计出一套先进的生产工具，完成了从轧籽、弹花到纺纱织布整套生产新工序外，还把在崖州向黎族妇女学会的织造崖州被的经验和方法，如怎样将"错纱配色、综线挈花"等技术传授给乡里人。姊妹们见崖州被精美漂亮，又有黄道婆这样的好老师言传身教，便纷纷前来学习并以此为业。在被、褥、带、帨上织出丰富的、灿烂夺目的、具有江南特色的"崖州被"，同一匹匹松江布一起自给和出售。遗憾的是，在黄道婆的家乡上海，至今没有发现黄道婆亲手教、织的元代乌泾被，但1965年上海闵行区马桥镇三友村明墓出土的4条蓝印花布被（图1），上面都印有繁复而生动活泼的白色花纹，蓝白两色搭配自然。笔者认为，蓝印花布被同乌泾被有一定的渊源关系。

蓝印花布，是印染了图案的棉布，宋代至明代时在上海地区称"药斑布""浇花布"，崖州叫"斑布"或"盘斑布"。据记载，这种斑布早在唐代的振州延德郡（今宋代崖州西南沿海地区）已闻名遐迩，成为贡品，而在上海及江南地区出现稍晚。元孔克齐《至正直记·松江花布》记载："近时松江能染青花布，宛如一轴院画，或芦雁、花草尤妙。"明洪武《苏州府志》卷四十三"土产"条中说它产于苏州府嘉定区，制法是在白地上留下图案，将其他部分染成蓝色。《故苏志》卷十四"土产"中记载道："药斑布，亦出嘉定县境及安亭镇。宋嘉泰中有归姓者，创为之，以布抹灰药，而染青，候干去灰药，则青白相间，有楼台、人物、花鸟、诗

崖州被　乌泾被　蓝印花布被

图1　上海闵行区马桥镇三友村明墓出土的蓝印花布被

词各色，充帐幔衾帨之用"。明正德《松江府志》记载：药斑布"出青龙重固（今上海市青浦区重固镇），其法以皮纸积背如板，以布幅方狭为度，簇花样于其上，将染，以板覆布，用豆面等调和如糊，刷之候干，入靛缸浸染成色，暴干拂去，药斑纹烂然"等。上述记载反映药斑布在上海的染织时间，即在宋末元初，和黄道婆从崖州返回故乡的时间大致相当，不排除是黄道婆从崖州带回家乡传授而兴盛起来的。

药斑布以花色分"括印花"和"刷印花"两种。括印花，乃以灰粉渗胶矾，涂作花样，随意染何色而后刮去灰粉者，既在白布上印蓝色花纹；刷印花，乃以木板刻作花卉、人物、禽兽，以布蒙板而砑之，用五色刷其砑处，华彩如绘，为蓝地白色花纹。花纹主要采用点、短线，以点到线，点线结合。点的形状各式各样，常见有圆点、椭圆点、逗点、顿号、三角形、不规则形等，短线有横线、竖线、弧线等。① 由于是单色印染，工艺的局限性比较大，松江织染工中的能工巧匠们充分发挥自己的聪明才智，在单纯的白布、蓝布上印染纹样，并注重在纹样的意匠上下功夫，用短线和圆点塑造形象、构成图案，创造出素丽多样的蓝白艺术，受到人们的欢迎，成为明朝松江布中最著名的一种，产品远销到南洋一带，可见于元末明初诗人熊涧谷《木棉歌》："秋阳收尽枝头露，烘绽青囊翻白絮。"《上海县竹枝词》："布刷花形杂龙凤，踏光坚实乱绒松。双单印与阴阳

---

① 参见林志猛、邓铭瑶《传承棉织文化　弘扬民族精神——黄道婆文化研讨会专家主旨演讲摘要》，《三亚日报》2017年5月18日。

印,印就诸花布色浓。"直到20世纪70年代,蓝印花布在上海仍很流行。

结合上海松江一座明墓出土的蓝印花布裙(图2),宝山明成化庚子(1480)黄孟瑄夫妇墓中夫人脚穿的蓝印花布鞋(图3),是在白布上印蓝色花卉,花纹较单一,为一簇簇花朵,同记载的"括印花"布相同。闵行马桥明墓出土的4条蓝印花布被面,蓝地白花,花纹图案繁复而布局有序,同"刷印花"的做法相同。

图2 上海松江明墓出土的蓝印花布裙

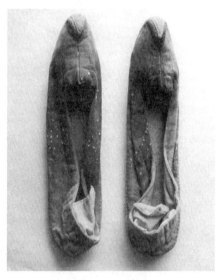

图3 上海宝山黄孟瑄墓出土的蓝印花布鞋

这4条蓝印花布被面,皆长约2米,宽约1.7米,三幅拼成。被里为白布。分别为:

菱形方格纹蓝印花布被面(图4),长1.94米,宽1.62米,三幅拼接,图案相同。每幅宽52厘米。整幅被面从上到下为,上部蓝色边沿,宽36厘米。中间一条花鸟纹边框,上边一横排连珠纹带,一横排短横线,下亦一横排短横线,边框宽13.5厘米,内缠枝菊花、缠枝牡丹花和两只凤鸟结合在一起。下部同上部尺寸、布局完全相同。中间主题图案基本呈正方形,为连续菱形方格,正中心4格为一组,上下格内各印一只凤穿牡丹图案,上格凤首朝下,尾上扬弯曲呈圆弧形,下格一只凤首朝上,双翅舒展。左右方格内各印一只狮子,在花丛中滚绣球,左边狮子蹲踞,左爪踩在绣球上。右边狮子奔跑状,前爪扑向绣球,周围格内花卉纹,排列布局整齐有序。

图 4 菱形方格纹蓝印花布被面

庭院人物蓝印花布被面（图 5），长 1.92 米，宽 1.47 米，三幅拼接。其中两幅宽 51 厘米，一幅宽 44 厘米。幅宽 51 厘米的白布上显现泛黄细隐条，条宽 0.3 厘米，似为黄丝麻质地。被面上下留天、地 33 厘米和 31 厘米，左右窄边。整体花纹四边框，上下绘花鸟，左右绘狮子滚绣球图案。中部主体图案为一棵参天松树，一棵高大的芭蕉树和庭院回廊，树下两个贵妇人坐在回廊里。左边贵妇发髻高盘，戴发簪、额带饰、耳坠等，身着华丽服装，肩披霞帔，双手于胸前坐榻上。右边贵妇装束同左边妇人，坐在榻沿面对左边妇人，二人似在闲聊等候。左侧立一侍从，似在向主妇禀报。右侧一侍从双手端盘朝主妇走来。画面左侧为山峦、树木、亭阁庙宇、崎岖小路从山上弯曲而下。一匹马昂首、四蹄矫健飞奔。马上骑着一头戴乌纱帽的官人，策马扬鞭，身后跟着两个挑行李的侍童。整个画面的寓意似为，在鲜花盛开、春光明媚的春天，两个身着华丽服装的贵妇人坐在庭院的竹榻上,左右各立一仆人伺候,她们盘算着官人该回来了。枝头上的喜鹊唧唧喳喳报喜来了。这时骑马官人及侍童,沿着羊肠小道路从山上弯曲而下,朝庭院飞驰而来。春风得意马蹄疾,从官人的满面春光、骏马的扬蹄飞奔就可以知道这位官人是胜利归来。

图5　庭院人物蓝印花布被面

庭院二人对弈图蓝印花布被面(图6),长2.05米,宽1.64米,门幅宽0.55米。上下留37厘米和41厘米的蓝色空间。四面边框均为缠枝菊花。上边框下一横排三个桃形开光,各饰花鸟折枝纹,每开光内两只小鸟栖息枝头上,三组又相映成趣,左边鸟首右向,右边鸟首左向,中间的两只一左一右,自成一体,又成一个整体。中部主体图案远山近水庭院人物。尽管画面已磨损漫漶不清,细辨可见中下部一庭院,回廊环绕内一对夫妇坐圆鼓形凳上对弈。左边男主人,头戴尖顶帽,低头拱背,双目注视棋盘,右手拈棋子,准备落棋。右边妇人,头戴花冠,面相丰腴,神态雍容,双目前视,双手插袖拢,面对棋盘冥思。男主人背后站立一个侍从,

崖州被　乌泾被　蓝印花布被

双手捧物。妇人右侧一女侍，眼看棋盘，臂靠在台子上。庭院外左侧一棵高大芭蕉树，枝叶繁茂，树下二人，上半身已模糊不清，存下半身，面朝主人走去。右侧亦二人，身着长袍仅存痕迹。回廊内外溪水、花草、树木和山脉等，一派江南园林景象。

图6　庭院二人对弈图蓝印花布被面

松竹梅图蓝印花布被面（图7），三幅缝成，每幅门面宽52厘米。上、下蓝地分别为41厘米和35厘米。四面边框饰缠枝菊花纹。上边框下一横排三个开光，中部开光长方形，左右椭圆形，开光内各饰双鸟折枝纹。开光下部一道回廊柱带饰。中部图案严重磨损，模糊不清，可见松树、竹叶、梅花枝、花草、星宿图等，可能为松竹梅图。这条被面四角有黄色绸挂襻，襻长3.5厘米，宽1.8厘米。

图7　松竹梅图蓝印花布被面

这4条被面，每条上的花纹，都由三幅拼成一幅完整的图案，应该是先构思、设计出整幅被面图案，再实施。由于受布面宽度限制，每条被面要刻左中右三条板，而且三个板上的花纹既能相对独立，又要成为整体的一部分，设计要求还是比较高的。要先将设计好的整条被面的花纹，刻在三块木板上，染印成品后再缝合在一起。

上海明墓出土的这4条蓝印花布被面，皆长6尺、宽5尺左右，同崖州被的尺寸相当；崖州被宽用三到四幅布拼接，蓝印花布被面用三幅缝合，也大同小异；崖州被面各分为三格，即蓝天、绿地和白色的空间。中间2/3的锦面，是工艺的杰作。蓝印花布被面上下留天地，左右留空白，

崖州被 乌泾被 蓝印花布被

约占布面1/3，主体图案占2/3，二者也基本相同；最关键的是工艺图案，崖州被中的人物、云彩、龙、凤、狮子、山水、花鸟、虫草、几何图形、亭台楼阁等在蓝印花布被面花纹中几乎都有，二者之间关系紧密。乌泾被源自崖州被，蓝印花布被又是乌泾被的继续和发展。

　　黄道婆的故乡在上海，直到今天，家乡人们还在传诵着这样的歌谣："黄婆婆，黄婆婆，教我纱，教我布，两只筒子两匹布"和"沙冈田亩木棉多，纺织功开黄道婆。徐相早忧棉利尽，合求变计种桑禾"，以歌颂黄道婆对家乡人民做出的巨大贡献。后一首诗中提到的徐光启，也是上海人。黄道婆与徐光启，两人住地相邻，都在今天的上海徐汇区。黄道婆是一位目不识丁、童养媳出身的乡村农妇，而徐光启是一位学识渊博、官居宰相的朝廷要员。二人地位悬殊，却同被后人歌颂，一起被联合国教科文组织誉为世界级科学家。由此可见黄道婆对后人的影响之大。

黄道婆的北归与元初海南

王献军[*]

黄道婆，宋末元初人，是我国历史上杰出的棉纺织革新家，为推动我国古代棉纺织业的发展做出过卓越的贡献。然而，由于黄道婆乃当时的一介布衣，芸芸众生中的普通一员，不为世人所知，所以关于她的历史资料少之又少，其中最为可靠的是元人陶宗仪的《南村辍耕录》和王逢的《梧溪集》中对黄道婆的记载。从陶、王二人的记载中我们知道，黄道婆是松江乌泥泾人（今上海华泾人），少年时离家出走，漂泊到海南崖州地区30多年，在元朝初年或元贞年间"始遇海舶以归"，回到家乡松江乌泥泾，改革了家乡的棉纺织工艺，使广大百姓普遍受惠。黄道婆逝世后，当地乡亲感激涕零，为之建祠祭祀。

关于黄道婆北归松江的时间，《南村辍耕录》上讲是在"国初时"，即元朝立国不久；《梧溪集》上讲是在"元贞间"，即元成宗在位的元贞年间（1295—1297）。这两个时间大体上不矛盾，我们基本上可以确定是在元初世祖忽必烈在位的至元年间和成宗铁木耳在位的元贞年间，即1271—1297年之间。黄道婆北归的途径是乘海船，即史料中所谓的"海舶"。黄道婆北归的原因，《梧溪集》上也提到了，是"不肯崖州老"，也即年龄很大了的黄道婆要叶落归根，不愿意老死于崖州。除此之外，史料中对于黄道婆北归的原因再无更多的记载。

叶落归根，漂流异乡多年，年老了要返回故乡，固然是中国人普遍认可的一种观念。我们知道，有这种观念的人的确不少，但不见得人人都能最终成行。因为许多工作在异乡，年老了想回故乡但由于种种原因又回不去，最终老死在异乡的人的确太多了。因此，笔者结合元初的海南形势，认为黄道婆之所以能在元初北归松江，除了她本人不肯老死崖州外，还有

---

[*] 王献军，海南师范大学文学院教授。

元初海南动荡的局势促使她北归以及海南在当时中外海上贸易中的特殊地位为她的北归提供了便利条件。

一、元初海南动荡的局势促使了黄道婆北归

元初，元将阿里海牙平定海南时，就遇到了宋朝琼州安抚使赵与珞等人的激烈反抗，元军是经过了一番苦战之后才最终将海南岛纳入元朝版图的。此后，各地小型的反抗屡有发生，整个社会处于动荡之中，不过这些反抗对海南尤其是地处海南南部黄道婆所在的崖州影响不是太大。元初对海南崖州局势影响较大的有两件事：一个是元世祖忽必烈使用黎兵对安南的进攻，另一个是元世祖忽必烈于至元年间发动的对黎区的大规模战事。

元朝初年，国力强盛，朝廷频繁发动对外战争，企图使周边国家臣服。为了迫使安南臣服，至元二十年（1283）忽必烈曾派大军攻入安南，但未达到目的。至元二十四年（1287），忽必烈再发大军进攻安南，这一年的正月"发新附军千人从阿八赤讨安南，又诏发江淮、江西、湖广之蒙古、汉、券军七万人，船五百艘，云南兵六千人，海外四州黎兵万五千人，海道运粮万户张文虎、费供展、陶大明运粮十七万名，分道以进"①。同年九月，"海南琼州路安抚使陈仲达、南宁军总管谢有奎、延栏总管符庇成，以其私船百二十艘，黎兵千七百余人，助征交趾（引者按：即安南）"②，这次动用海南黎兵出征安南，人数达一万余人，应该说是规模较大的。而出征安南的港口基地，史料上并无明载，笔者认为就应当是在崖州。因为崖州在海南来说距安南最近，且又有现成的港口，作为出征安南的港口基地来说是再合适不过的。不过，随之带来的肯定就是对当地社会的巨大影响，徭役、赋税必定不会少，对当地居民造成的骚扰也会很大，社会局势应该说是不太稳定的。

至元十六年（1279），元朝平定海南，设置海北海南道宣慰司管辖海南各地。然而，海南境内的广大黎区并未真正降服，元朝政府在黎区的统治很不巩固。于是在至元二十八年（1291）五月，琼州路安抚使陈仲达向元世祖献平黎之策，得到首肯。元朝政府在做好了充分的准备之后，于至元二十八年（1291）十月庚午向黎区发起了全面进攻。元人邢梦璜曾撰写过一篇《至元癸巳平黎碑记》，对这次平黎战争进行了详细记录，全文

---

① 《元史》卷二〇九《列传第九十六·安南》。
② 《元史》卷十四《本纪第十四·世祖十一》。

如下：

　　皇元以神武一万方，自邃古正朔未加者，梯航悉服。海南一岛四州，蚤列职方，乃百峒中蟠，黎岐宅焉。犹雕题禽行，侵轶我疆场，虔刘我编氓。至元辛卯夏丁酉朔。安抚使陈仲达诣阙奏曰：天以皇帝合德，俾作民主，大一统无外。蠢兹獠黎，敢抗天威。愿假臣兵数万，以陛下声威，比及三年，庶克底服。帝曰俞。遣蒙古军二百，汉军二千，顺化新附军五千，乘命载道。复虑权轻，请以重臣董师。命未下，军已行。十日丁丑渡海，修械峙粮，佐以民兵万有四千。师甫集，而天下不憖遗，帅星宵陨。天子乃命湖广行中书省平章政事阔里吉思督视。十一月壬子，至师。以仲达嗣谦亨领万户。墨缞即戎，继厥先志。分命副元帅王信伯、颜于思，万户教化杨显祖、韩旺，领蒙古、汉军、顺化军。广西宣慰杨廷璧、副使林应瑞、副万户秦彪、千户蔡有闾等，领诸黎兵。镇抚高祐，领帐前拔都军南番兵。庚午，攻大塘、清水。十二月己丑，擒贼符某。明年春正月，传首诸峒。二月，师次万安，破清塘等峒。三月，次南宁，戮符蔡等贼。值潦暑瘴兴，乃暂振旅息威。冬十月丙午，复攻陈萃，捣梁六犊之穴。凡十余战。十二月丙辰，得降贼不杀。用其计，遣陈谦亨、林应瑞，往擒六犊，戮以衅鼓，贷其胁从。明年春二月，取黎苎。降王即，执王嗣，戮千余人。转攻陵水，降陈子渊，执黎福平，复普调、乌石等七十寨。三月，班师如初。其鸟兽散者，柔惠招谕。七月辛酉，平章召赴阙，以善后事宜授元帅朱斌。十月戊申，西征儋黎。师次铜鼓。十一月己未，高祐奉檄来趣师。十七日会于茶根。十二月晦，分遣士卒抵古振州。斌攻其南，祐攻其西，谦亨攻其东，尽复故土。春正月壬子朔，登山刊石，昭神武功。翼日勒五指山。越三日丙辰，勒黎婺岭。二月壬午朔，凯还。先是平章纳省幕乌古孙泽议，分立黎学，谕教新附。分遣廉干，招徕未降，爱编户入籍，属儒学李元吉、王季恭等掌之。统门路得峒六百二十六，户口四万七千有余。立屯田万户，以邓高领之。置定安、会同二县，设万全寨。三年底绩，堪垂万禩矣。①

---

① 〔元〕邢梦璜：《至元癸巳平黎碑记》，见〔清〕张嶲等纂《崖州志》卷十九《艺文志一》，广东人民出版社 1988 年版。

黄道婆的北归与元初海南

至元二十八年（1291）开始的这场平黎战争，结束于至元三十一年（1294），前后时间长达3年多，动用军队2万余，战事范围波及海南的中部、西部和南部，取得的战果丰硕，史称元军在这场战争中深入"千万年人迹不到之处"①，致使"黎巢尽空"②，是一场亘古未有的平黎战争，"是役也，自开郡以来所未有"③。这场规模空前的平黎战争，震动了整个海南，对崖州的影响尤其巨大，因为当时的崖州境内黎人甚多，元军进入崖州进行了作战，并且胜利之后还在当地刻石留念。由于这场战争，整个崖州社会处于动荡之中是不言而喻的。

总而言之，以上元朝初年发生的两件大事对当时的海南特别是崖州产生了很大的影响，使当时的崖州显得极为混乱和动荡。众所周知，一个老年人最为渴望的是社会的太平安定与祥和，而元初海南尤其是崖州的社会却无法给晚年的黄道婆带来这些感受，因此黄道婆才坚定了离开崖州这个动荡之地返回家乡松江以安度晚年的想法。尽管以上只是推测，但也合情合理。

二、海南在中外海上贸易中的特殊地位为黄道婆的北归提供了便利条件

在中国古代，长期以来一直存在一条进行中外海上贸易的海上丝绸之路，海南岛在海上丝绸之路中一直占据着一个特殊的地位，因为它是印度、阿拉伯国家以及中南半岛国家来往中国的必经之地，是南海海路的一个中转站、补给站。在宋代，朝廷曾专门设立过市舶司，以开展对外贸易尤其是对东南亚多国的贸易。那时的海南岛沿海多地港口众多，因此能成为当时海上丝绸之路上过往商船的避风港和补给基地。不过，到了宋末，由于王朝更替和社会动荡，中外海上贸易一度受到影响。

元初，随着元王朝政权的逐渐巩固，中外海上贸易也慢慢得以恢复，海南在中外海上丝绸之路上的特殊地位也开始得到元王朝的认可和支持，其标志便是"海南博易提举司"（又称"海南博易市舶提举司"）的设立。

---

① 〔明〕唐胄：《平黎总论》，见《传芳集论》，收录于王国宪等编《海南丛书》，民国初年（1912年）海南书局铅印本。
② 〔清〕顾炎武：《天下郡国利病书·广东下》，四部丛刊本。
③ 〔明〕唐胄：《平黎事以备后论》，见《传芳集论》，收录于王国宪等编《海南丛书》，民国初年（1912年）海南书局铅印本。

《新元史》载:"至元二十二年(1285)立市舶都转运司。二十五年(1288),改海南博易市舶提举司。"① 《元史》也记载,在元世祖至元三十年(1293)九月乙丑,"立海北、海南博易提举司,税依布舶司例"②。以上两条史料虽然记载的"海南博易提举司"的设立时间略有不同,但大体可以确定的是在13世纪八九十年代,反映出当时的中外海上贸易已经恢复,元政府设在海南的、管理中外海上贸易的机构已经设立并开始运转。随之而来的自然是大量从事海上贸易的商船——"海舶"频繁往来于海南沿海以及停泊于海南各港口,所以黄道婆可能是在好多年没有遇到海船后,才终于"始遇海舶以归"。也就是说,元初中外海上贸易的恢复,以及海南在这一贸易中的特殊地位为黄道婆的北归提供了一个客观的便利条件。

---

① 〔清〕柯劭忞:《新元史》卷六十二《百官志八》。
② 《元史》卷十七《本纪第十七·世祖十四》。

黄道婆与中国古代的棉纺织业
——兼论三亚市建立黄道婆纪念馆的必要性

吴建新[*]

黄道婆是研究中国棉纺织史绕不开的人物。必须将这个普通人物放在棉纺织史的背景下,才能看清楚她的历史地位,以及海南棉纺织业、江南棉纺织业之间的关系。

一、关于先秦到宋元海南黎族的木棉栽培与纺织业

古代木棉的别称有"吉贝""古贝"等。清代著名学者赵翼《陔余丛考》卷二十九对木棉的别称做了梳理。其观点在历史上很有影响。他说:"《南史·林邑传》亦云:吉贝者,树名也,其花如鹅毳,抽其绪纺之作布,与纻布不殊。是六朝以前木棉布乃吉贝树之花所成,系木本而非草本。今粤中木棉树其花正红,及落时则白如鹅毳,正《南史》所云吉贝树也。"赵翼虽来过广东做官,竟然不知道粤中"花红"的木棉是攀枝花,"落时则白如鹅毳"的棉絮纤维极短,只可以充实枕头而不能纺织。《南史·林邑传》所记载的"吉贝"是生长在热带和亚热带的木本棉,其絮纤维长,能抽纺成布。这种木本棉,在先秦以前就分布在包括海南在内的南亚、东南亚广大地区。

《尚书·禹贡》中早有"岛夷卉服,厥篚织贝"的记载,有不同的解释,却比较一致认为其中的"岛夷"就是指东南海岛(包括海南岛)之夷,"织贝"是印度梵语"木棉"的音译。海南岛黎族人民至今仍称整株

---

[*] 吴建新,华南农业大学教授。

的棉花为 Jibei，称絮为 bei。① 汉代和六朝时期的文献对华南的木本棉有明显的记载，显示这一作物栽培和加工业的连续性。《后汉书》记载的"广幅布"可能就是吉贝织造的。至于海南的木本棉栽培和纺织业记载更明显。东汉杨孚《异物志》曰："儋耳夷……纺绩为业。"② 《南州异物志》曰："五色斑布似丝布，古贝木所作。此木熟时，状如鹅毳，中有核如珠珣，细过丝绵。人将用之，则治出其核，但纺不绩，任意小抽相牵引，无有断绝。欲为斑布，则染之五色，织以为布，弱软厚致，上毳毛。"③

汉六朝和唐时岭南土人制作的棉布传到岭北。唐人诗歌称之为"桂布"，其实是包括了海南、高州等地的吉贝布。白居易有诗云："桂布白似雪，吴绵软于云。布重绵且厚，为裘有余温。"④ "吴绵细软桂布密，柔如狐腋白似云"⑤。"桂布"是对海南、广西、广东一部分地区人民所种植的多年生木本棉制作的布匹的称呼，"布重绵且厚"表明用木本棉制作的棉布保暖作用很强。

宋代，海南的棉纺业成为重要的商品。《宋史·崔与之传》载琼州以吉贝织为衣衾，工作出自妇人。妇人就是黎族妇女。宋代一本专门记载海南的《琼管志》云："吉阳地狭民稀，气候不正，春常苦旱，涉夏方雨。……妇女不事蚕桑，止织吉贝。"⑥ 关于海南木本棉的贸易，在宋代笔记《诸蕃志》中有多处记载。由于东南沿海对木棉织品的巨大需求，木本棉在福建也有栽培："闽岭以南多木棉，土人竞植之。采其花为布，为吉贝。"⑦ 历经长期经验积累，宋代岭南棉织品的技术已经非常成熟。北宋文献记载闽广的纺织技术："土人摘取去壳，以铁杖捍尽黑子，徐以小

---

① 参见彭世奖《莫负英明书信史　清风扫地更无遗——试评〈广东省志·农业志〉古代部分的美中不足》，见氏著《中国农业历史与文献研究》，世界图书出版公司2016年版，第100-107页。

② 转引自〔宋〕李昉等《太平御览》卷七百九十，中华书局1960年版，第3502页。

③ 转引自〔宋〕李昉等《太平御览》卷八百二十《布帛部七》，中华书局1960年版，第3650-3651页。

④ 〔唐〕白居易：《新制布裘》，见《全唐诗》卷四百二十四，中华书局本，第4668页。

⑤ 〔唐〕白居易：《醉后狂言酬赠萧、殷二协律》，见《全唐诗》卷四百三十五，第4823页。

⑥ 〔宋〕王象之：《舆地纪胜》卷二百一十七《广南西路·吉阳军·风俗形胜》，引《琼管志》，江苏广陵古籍印刻社1991年版，第953页。

⑦ 〔宋〕庞元中：《文昌杂记》卷中，续四库全书本，子部1265册。

弓弹令纷起,然后纺绩为布,名曰吉贝。今所货木绵,特其细紧者尔。当以花多为胜,横数之得一百二十花,此最上品。海南蛮人织为巾,上出细字,杂花卉,尤工巧,即古所谓白叠巾。李琮诗有'腥味鱼中墨,衣成木上绵'之句"①。这一记载对木棉的去壳、脱籽、弹花、纺线,织造的各个技术环节描述都很清晰,其布细密紧致、花色多样斑斓,显示高超的纺织技术。南宋时海南的织造技术又有了提高,《岭外代答》记载海南黎族妇女"衣裙皆吉贝,五色烂然。无有袴襦,徒系裙数重"②。"五色烂然"形容木棉布的精美。③

可见,从先秦到宋代的闽广地区主要是海南黎族地区的木本棉的栽培和长期的纺织技术积累,是黄道婆传播棉纺技术到松江的基础。

二、关于黄道婆的史迹梳理

黄道婆的事迹在明代海南及广东的方志中没有记载,仅见于元末明初陶宗仪《南村辍耕录》卷二十四:

> 闽广多种木绵,纺织为布,名曰吉贝。松江府东去五十里许,曰乌泥泾。其地土田硗瘠,民食不给,因谋树艺,以资生业,遂觅种于彼。初无踏车椎弓之制,率用手剖去子,线弦竹弧置案间,振掉成剂,厥功甚艰。国初时,有一妪名黄道婆者,自崖州来。乃教以做造捍弹纺织之具,至于错纱配色、综线挈花,各有其法。以故织成被褥带帨,其上折枝团凤棋局字样,粲然若写。人既受教,竞相作为,转货他郡,家既就殷。未几,妪卒,莫不感恩洒泣而共葬之。又为立祠,岁时享之。越三十年,祠毁,乡人赵愚轩重立。今祠复毁,无人为之创建。道婆之名,日渐泯灭无闻矣。

从这一记载看,松江府乌泥泾最初是没有木棉栽培的,其人"因谋树艺,以资生业,遂觅种于彼",从文中看,当是宋代的事。"觅种于彼"是从闽广一带引入木棉——当是一年生的可以越冬的草本棉。在 12 世纪

---

① 〔宋〕方勺:《泊宅编》卷三,见《宋元笔记小说大观》第 2 册,上海古籍出版社 2007 年版,第 2118 页。
② 〔宋〕周去非:《岭外代答》卷二《外国门上·海外黎蛮》,第 19 页。
③ 参见〔宋〕赵汝适《诸蕃志》卷下《附海南》,台湾文献丛刊,第 62 页。

中后期，在华南引种或在华南培育成一年生可以越冬的草本棉，才逐步传到长江流域。漆侠认为，松江当地在黄道婆到之前木棉纺织业已经有了一定的基础，只是"无踏车椎弓之制"，结合《至元嘉禾志》的记载，可以看出它们之间的一致性。① 长江流域获得草本棉种是容易的事，但并不一定获得完整的纺织技术，故乌泥泾人只是懂得"用手剖去子，线弦竹弧置案间，振掉成剂，厥功甚艰"，纺织的效率很低，织造的成品质量也不好。元代植棉纺织在江南已经是非常普遍的事，当与纺织技术的传播有关。

《元史·世祖本纪》记载，至元二十六年（1289），"置浙东、江东、江西、湖广、福建木棉提举司，责民岁输木棉布十万匹，以都举司总之"。《南村辍耕录》成书时间很长，但书中城朱元璋的军队为"集庆军""江南游军"，又书中"至正丙午夏六月，江阴孙作大雅序"，则《南村辍耕录》全书成于至正丙午之前，书中所说"国初时，有一妪名黄道婆者，自崖州来"，则黄道婆传播纺织技术是在元初。文中又说松江人接受了纺织技术，黄道婆去世时乡人为之立祠纪念，"越三十年，祠毁，乡人赵愚轩重立。今祠复毁，无人为之创建"，都是在元代的事。这段史实也正符合宋以后草本棉传播的历史过程。②

一般认为黄道婆创造了"纺、弹的工序与机器"，这其实是一种误解。木棉的栽培和"纺、弹的工序与机器"是海南黎族人民以及华南少数民族的创造。元代以前不少文献都记载了这一点，以《岭外代答》的记载最为明显。《岭外代答》记载："雷、化、廉州有织匹，幅长阔而洁白细密者，名曰慢吉贝；狭幅粗疏而色暗者，名曰粗吉贝。有绝细而轻软洁白，服之且耐久者。海南所织，则多品矣：幅极阔，不成端匹，联二幅可为卧单，名曰黎单；间以五采，异纹炳然，联四幅可以为幕者，名曰黎饰；五色鲜明，可以盖文书几案者，名曰鞍褡；其长者，黎人用以缭腰。"③ 所记载的二幅的"黎单"、四幅的"黎单""鞍褡""缭腰"都是极其精美的棉纺织品。如果没有长期的纺和织造的技术积累，是不能造出如此精美的成品。《南村辍耕录》记载黄道婆"乃教以做造捍弹纺织之具，至于错纱配色、综线挈花，各有其法。以故织成被褥带帨，其上折枝团凤棋局字样，

---

① 参见漆侠《宋代植棉考》，见氏著《求实集》，天津人民出版社1982年版，第122页。

② 参见游修龄主编《中国农业百科全书·农史卷》，农业出版社1995年版，第212页。

③〔宋〕周去非：《岭外代答》卷六《服用门·吉贝》，丛书集成初编本，第66页。

粲然若写。"这些产品都与宋代文献记载的黎族和雷、化、廉州等地的纺织工艺相似。只不过，文献亦显示，黎族的纺织工艺虽然精美，但是效率很低。可能黄道婆学习了黎族的棉纺织工艺之后，进行了改造，生产效率和工艺水平都大大提高，使之符合乌泥泾人规模性商品生产的要求。从这个角度看，黄道婆是一个伟大的纺织业改革家，对元明清时期的纺织业有伟大的贡献，无论如何都是正确的。赵翼认为"木棉布行于宋末元初"①，这一推论也是大致正确的。宋代一年生木本棉虽传播到长江流域，但完整的棉纺技术江南人还未掌握，元初时黄道婆将海南的纺织技术传到松江府乌泥泾，再逐步传遍大江南北。江南成为中国最重要的棉业栽培地和纺织业中心，而江南的纺织业技术又通过耕织图、农书以及各种途径传到华北，由此而影响中国传统的小农经济中耕织结合的形式的转变；由此而引起宋元间中国纤维作物从麻葛转为棉布，是当时中国作物结构的重要变化之一。

三、论三亚市建立黄道婆纪念馆的必要性

三亚市位于海南的最南端，它在中国历史上的重要地位还未被挖掘透彻。例如，古代三亚是海上丝绸之路的一个重要节点，古代不少的商船，经过的贡船在这里补给，或直接在这里和广东、海南、福建的商人进行交易。三亚其实是一个重要的水上交通站点。黄道婆或是通过这个海上交通的节点来到三亚的，然后又从这个交通节点回到松江老家。

黄道婆虽然是一个普通妇女，但是她在中国棉纺织业史、华南和江南地区的经济文化交流史上却有重大的贡献，而且对少数民族黎族的技术加以发扬光大，也做出了重大的贡献。因此，挖掘这一个普通历史人物的事迹，弘扬黎族的历史文化，是三亚地区历史学者和有关部门的责任。

笔者认为，在三亚建立一个以黄道婆和中国棉纺织业史、少数民族纺织业史结合的主体申报历史遗产，以及建造一个纪念园，是十分必要的。

第一，可以考虑申报一个"黄道婆与黎族棉纺织业"的历史遗产项目。虽然黄道婆没有多少的文献记载，但《南村辍耕录》的记载是真实的。加上黄道婆的事迹和黎族的棉纺织业结合起来，以文献资料和能够搜集到的实物，以现代展览的多种科技手段展示，说明黄道婆传播的棉纺织

---

① 〔清〕赵翼：《陔余丛考》卷二十九。

术是以黎族千百年的技术积累为基础的。如果要做到这一点，就需要三亚有关部门做大量的基础工作。

第二，建立一个以黄道婆和中国棉纺织业史、少数民族纺织业史结合的纪念馆。古代华南少数民族的纺织术内容丰富，如葛、麻、竹、藤等纤维的利用，历史上都有记载，而黎族以木本棉纺织为特色，所以对棉纺织术有独特的贡献。如果以黄道婆作为纪念馆的中心人物，背景是华南少数民族的纺织史，以对江南的影响作为衬托，内容就不会与江南的黄道婆纪念馆雷同而有自己的特色。

另外，三亚的黄道婆纪念馆还可以和中国妇女史中的妇女纺织业结合起来。这是因为中国古代的妇女有很多以纺织出名的人物，如清人陈康祺记载："国初上海又有丁娘者，织布甚新，因名丁娘布。朱竹垞集中，有谢汪舍人丁娘子布诗。"（《郎潜纪闻三笔》卷九）类似的例子在各地方志中记载还有很多。当然，这些都只是为了衬托黄道婆作为古代纺织妇女的杰出代表。

具有悠久历史的三亚市不能只有海滩和别墅，必须要有属于自己的人文文化，黄道婆纪念馆就是彰显三亚历史文化的不可多得的题材。此文为个人管见，谨供参考。

黄道婆文化精神及其弘扬

许桂灵　许桂香[*]

黄道婆是我国棉纺织业的先驱、杰出的棉织业革新家、汉黎民族友好团结的象征。她一生致力于发展棉纺织事业，并为此做出了巨大的贡献，其事迹彪炳于我国和世界科技史册。她的人文精神和卓著的贡献，可称为"黄道婆文化精神"，具有丰富的文化内涵、鲜明的文化特质和风格，是我国传统科技文化的一块瑰宝，应充分发掘、传承、弘扬，为建设海南特区和国际旅游岛服务，为"一带一路"建设提供历史文化支持。

一、黄道婆文化精神的特质

黄道婆，一说松江乌泥泾（今属上海市）人，大约生于南宋理宗淳祐年间（1241—1251）。关于黄道婆的事迹，在古代正史中未见记载，地方志只稍有提及。光绪《崖州志·杂志二·遗事》仅引陶宗仪《南村辍耕录》中黄道婆回故乡、教当地人以"做造捍弹纺织之具，至于错纱配色、综线挈花，各有其法"，以及使乌泥泾人受益，纺织业发展起来，"竞相作为，转货他郡"。黄道婆去世后，当地人"共葬之，又为立祠，岁时享之。越三十年，祠毁，乡人赵愚轩重立。今祠复毁，无人为之创建。道婆之名，日渐泯灭无闻矣"[①]。郭沫若点校的《崖州志》未对此作任何评价，历史上关于黄道婆其人其事的记载，存之甚少。但在民间，她早年的悲惨遭遇和对棉纺技术的贡献，却在崖州、上海地区长期流传，后又经文人编写的故事、民歌、童谣，以及有关论文、著作等却不少，说明黄道婆的事

---

[*] 许桂灵，中共广东省委党校教授；许桂香，贵州民族大学副研究员。
[①] 参见〔清〕张嶲等纂，郭沫若点校《崖州志》卷二十二《杂志二》，广东人民出版社1983年版，第513页。

迹流传很广，深入人心，已成为一种文化符号。集体记忆无意识，由此汇聚而成的黄道婆文化精神具有丰富的文化内涵、风格和特质。这里仅作粗浅探讨，以就教于方家。

（一）超越海洋冒险精神

据黄道婆的同乡、元人王逢《梧溪集》卷三《黄道婆祠（有序）》中记载："黄道婆，松之乌泾人。少沦落崖州，元贞间，始遇海舶以归。"据传说，黄道婆小时为童养媳，因不堪忍受家庭虐待，后伺机逃出家门，躲在一条船上，历尽艰难险阻，漂泊到崖州。她进入崖州黎区后，向黎人学得了一手高超的纺织技术，后回到故乡，将之传给故乡人，使当地的纺织技术得以大大改良，极大地提高了当地的纺织生产水平，产生了极大的经济效应，改变了当地的经济社会面貌。她也得到了很高的社会回报，成为蜚声中外的纺织技术革新家。

黄道婆作为一个弱女子，要从上海乘海船到海南三亚，海程上千千米，途经东海、南海，风波险恶，历来被人视为畏途。宋代苏东坡过琼州海峡时，"舣舟将济，股栗魂丧"[1]。甚至直到交通颇为发达的明代，进入海南的人，仍然"稍有识者，当少知避"[2]。其时过琼州海峡尚且被视为是入海南的一个巨大障碍，更何况是要渡过波涛汹涌的东海和南海，变幻莫测的海况对每一个航海者都是一个极大的挑战。尽管黄道婆是由于某种原因或机遇躲上船的，但要经受住海上长途颠簸的考验，不仅要有冒险的心态，不惜以生命为代价的价值观，还要有敢于面对大海、挑战大海的勇敢、大无畏的精神，这些与海洋文化风格都是一致的。加之宋元时期实行开放政策，海洋经济的崛起，但贫富差异日趋扩大，浙闽海盗应运而生，南海海盗也接踵而起，相互策应，活动非常频繁，且十分猖獗，为祸也更为惨烈。南宋宁宗赵扩嘉定年间（1208—1224），真德秀奏曰："比年以来，海盗不时出没，米商舶贾，间遭劫掠。"[3] 元朝政治苛暴，实行高压的民族政策，南人受压迫最深，反元斗争也最为剧烈。特别是外贸第一大港泉州，首为海盗劫掠的对象。史称自元顺帝至正八年（1348）三月，"福建盗起""大者据州县，小者雄乡里"[4]。这必然涉及整个东南海面，

---

[1] 〔宋〕赵适汝：《诸蕃志》卷下《海南》。
[2] 〔明〕唐胄：《正德琼台志》卷四十二《杂事》。
[3] 〔宋〕真德秀：《西山文集》卷七。
[4] 〔元〕贡师泰：《玩斋集》卷六。

严重危害海上航行的安全。在这种自然和人为的险恶背景下,黄道婆远涉鲸波,不仅去程乘坐海舶,30多年后从海南返回故乡,也乘"海舶以归"。这同样需要胆识、勇气和毅力。只有具备海洋文化冒险性素质的人,才能做出这种超乎常人的行为,黄道婆即为其中之一。

(二) 汉黎民族平等精神

黄道婆从相对富饶的江南,进入蛮荒落后的海南,从汉族地区转入熟黎地区,无论生活环境还是民族环境都发生了重大的改变,这需要坚韧和良好的心态去调适,黄道婆是完成了这个转变的。

元代是民族矛盾和阶级矛盾尖锐激化的时代,海南"黎乱终元之世"不绝。① 元统治者对黎族人民进行了前所未有的武装镇压,用兵范围包括大部分军州。例如从至元二十八年(1291)开始,兵分四路,奋师大战,"深入千万年人迹未到之处,刻石黎婆五指山而还,增户至九万二千二百有零,自开郡以来未有能过之者也"②。是役前后三年,"剿平""归降"黎峒626个,户口4.7万有余③,占全岛总户数51%。元人在军事行动过后,除设置县治以外,还根据海南多荒地的情况,建立屯田机构。如元统二年(1334)设置"湖广黎兵屯田万户府,统千户一十三所,每所兵千人,屯户五百,皆土人为之,官给田土、牛、种、农器,免其差徭"④。这样,宋代已属熟黎地区的崖州,元代扩大了它的范围,提高了接受汉文化的程度,有助于黄道婆与黎族共处,向黎族学习棉纺技术。因此到了元代,随着棉花迅速从闽广向长江流域推进,海南岛成为棉花向北推广的基地。"夫木棉产自海南,诸种艺制作之法,骎骎北来,江淮川蜀,既获其利"⑤。元代海南所产棉布有染色的、斜纹的,兼有几何图案。崖州纺织的棉线如布帛一样,绣上人物和花鸟,名为"帐房"⑥,非常精湛,说明元代黎区的棉纺业十分发达,为黄道婆学艺提供了良好的条件。只是关于黄道婆在崖州的资料非常少,难以具体反映她向黎族学习的情况。不过,黎族民间故事"黄道婆在崖州"却提供了一些可供参考的资料。故事说黄

---

① 嘉靖《广东通志》卷六十八《外志五》。
② 〔明〕唐胄:《正德琼台志》卷十《户口》。
③ 参见道光《琼州府志》卷三十八。
④ 《元史》卷三十八《顺帝一》。
⑤ 〔元〕王祯:《农书》卷二十一《木棉序》。
⑥ 〔元〕陶宗仪:《南村辍耕录》卷二十四《黄道婆》。

道婆来到崖州,落户在黎寨内草村。过了几天,州官来了命令,不准她在内草村安家落户,她只好搬到保定村居住。在那里,她经常与村民一起琢磨纺纱织布工艺,并且织出了一幅色彩鲜艳夺目的"崖州被"。第二天,头人来取这幅崖州被,准备起程上贡朝廷。但头人很快发现并大吃一惊,美丽的"崖州被"一夜之间变成了一幅黑粗布。头人气得牙齿咯咯作响,命令差人马上捉拿黄道婆并将她处死。但差人到达保定村时,黄道婆早已出逃。① 这类故事在崖城地区流传甚广,虽不一定是历史,但总有它的现实根源,说明黄道婆和黎人关系甚好,深得当地人的爱戴。因此她一旦有难,即得到黎人百姓的全力帮助,使她脱离险境,真正是汉黎一家,不分你我。

(三) 汉黎民族团结友爱精神

黄道婆亡命崖州,得到当地黎族同胞的同情、关怀和帮助,与她们共同生活了几十年。她虚心向黎族学习棉纺技术,黎族同胞也毫无保留地将自己的棉纺技术传授给她,一起谱写了一段体现汉黎人民团结友爱精神的历史。

黎族先人在汉代就创造出了闻名遐迩的"广幅布",即棉布,为中原统治者滥征的对象。经历史发展,到宋元时期,崖州的棉纺技术,已超过闽、广地区。周去非《岭外代答》称:"吉贝(棉花)……雷、化、廉州及南海黎峒富有",而"海南所织,则多品矣。"② 内中有"间以五彩,异纹炳然"的"黎饰";但也有不少是从汉人那里学到的技术,包括"锦彩",拆取其色丝,间木棉挑织而成的"黎幕","青红间道,桂林人悉买以为卧具"的"黎单";"用贝饰纺线,以五色绣成若锦"的"黎襂"③;以及"五色鲜明,可以盖文书几案"的"鞍褡"。④ 此外,宋时海南已生产备受后人称赞的"白氎",为"东粤(即广东)棉布良苦不一,最美者白氎"⑤。这种棉布北宋时已在黎区出现。宋人方勺《泊宅编》记海南黎

---

① 参见徐华龙《黄道婆的传说与现实》,《广西师范学院学报》(社会科学版) 2001年第4期。
② 〔宋〕周去非:《岭外代答》卷六。
③ 参见〔宋〕范成大撰,严沛校注《桂海虞衡志校注》,广西人民出版社1986年版,第170页。
④ 参见〔宋〕周去非《岭外代答》卷六。
⑤ 〔清〕李调元:《南越笔记》卷五,中华书局1985年版。

族有一种织着细字、杂有花卉的"白氎布",显示出黎族同胞精湛的纺织技术,其织布所用的色丝是通过闽广商人以沉香、吉贝交换得来的。黄道婆到了崖州后,与黎族姐妹一起生活,在她们的热情帮助下学会了一整套棉纺织的技术,也积累了丰富的生产经验,为她以后成长为一个著名的棉纺技术革新家,奠定了坚实的技术基础。

有必要指出的是,在封建社会对黎族充满偏见和歧视的背景下,一方面是黄道婆能以自己的虚心诚意、友好之心赢得黎族同胞的信任,黎族同胞不仅和她结下了深厚的友谊,还将本民族的棉纺技术传授给她;另一方面,也充分反映了黎族人民能正确区分汉族封建统治者与普通汉族百姓之间的差别,平等友好、一视同仁地对待像黄道婆这样的普通汉族妇女。因此,在民族平等方面,黄道婆与黎族同胞的关系,可视为这方面的范例。基于此,黄道婆文化精神,不但具有历史意义,还具有现实意义。

(四) 技术创新精神

黄道婆在崖州生活的后期,当地爆发了大规模的黎族武装起义,元朝统治者对此进行了残酷的军事镇压,使崖州的社会经济受到了极大的破坏,棉纺业一片残破凋零。在这种背景下,黄道婆被迫离开崖州,乘海船回到松江乌泥泾,将在崖州学到的纺织技术教给当地人民,实现了棉纺技术的一次重大创新。元人王逢《黄道婆祠(有序)》诗序谓之:

> 躬纺木棉花,织崖州被自给。教他姓妇不少倦。未几,被更乌泾名,天下仰食者千余家。及卒,乡长者赵如珪为立祠香火庵。①

而元代陶宗仪《南村辍耕录》则稍为详尽:

> 闽广多种木棉,纺织为布,名曰吉贝。松江府东去五十里许,曰乌泥泾。其地土硗瘠,民食不给,因谋树艺,以资生业,遂觅种于彼。……国初时,有一姬名黄道婆者,自崖州来。乃教以做造捍弹纺织之具,至于错纱配色、综线挈花,各有其法。……人既受教,竞相作为,转货他郡,家既就殷。未几,姬卒,莫不感恩洒泣而共葬之。又为立祠,岁时享之。②

---

① 〔元〕王逢:《梧溪集》卷三,中华书局1985年版,第117页。
② 〔元〕陶宗仪:《南村辍耕录》卷二十四,中华书局1959年版,第297页。

这两部著作都记载了黄道婆在乌泥泾革新棉纺技术的事迹,都说黄道婆自崖州归来,并教其家乡妇女棉纺技术,实际上这些技术应包括两地,即黄道婆在崖州和乌泥泾同样学习和创新了这些技术。而不只是在一地,否则就会抽掉了黄道婆这些技术创新的基础。即她先在崖州掌握了这些技术,才能带回家乡,而不只是在乌泥泾才革新出这些技术,两地有不可分割的关系。

参照元代王祯《农书》的解释,黄道婆治棉工具主要包括:一是揽车,又叫轧车或踏车,是轧棉籽的工具。以它轧棉籽比以前用手剖棉籽或使用铁筋、铁轴辗压,"工利数倍"①,大大提高了劳动生产率。二是弹弓,为弹松棉花的工具。过去弓长仅1尺、4寸或5寸的线弦竹弓,属小弓,用手指弹拨,效率低。到14世纪,小弓换成大弓,长约4尺多,效率明显提高。三是纺车,即纺纱用工具。我国用单锭式手摇纺车织麻。黄道婆大胆创新,把手摇式纺一根纱的踏车改造为一手能纺三根纱的三锭脚踏纺车。其速度快,产量高,效率高,工效提高了2~3倍。这是一项重大的发明,为当时世界上最先进的纺纱工具。至今在黄道婆祠塑像神龛里仍保留有一架三锭脚踏车,即据100多年前乌泥泾百姓继承黄道婆发明创造的三锭脚踏纺车仿造的。四是织,即织布机。其中有一种提花织机,能织出各种纹样的花布。此外,据传黄道婆对木棉卷筳、轩床、拨车、线架等轧纺工具也进行改进,都明显完善了纺织技术,提高了劳动生产率,是前所未有的技术革新。② 由此产生解放生产力的巨大效应,是黄道婆文化精神的最本质之所在,也是一种革命性的力量。

(五)无私奉献精神

黄道婆为我国纺织业技术进步,无私奉献了毕生精力,堪称封建社会中国妇女先进精神文化的一个楷模。

黄道婆的无私奉献,惠及崖州和松江。海南黎族以先进棉纺技术和织品闻名。早在宋代,黎族"妇女不事蚕桑,惟织吉贝、花被、缦布、黎

---

① 〔元〕王祯:《农书》卷二十一。
② 参见施联朱、容观琼《历史上黎汉民族团结友谊的光辉篇章——记我国著名女纺织技术革新家黄道婆向黎族人民学习棉纺织技术的事迹》,《中央民族学院学报》1977年第4期。

幕"① 为业。黄道婆到达崖州后，在向黎族妇女学习的同时，也一定会与她们一起，大力改良棉纺技术，推动海南纺织业进步和发展。明清时期，黎族棉纺技术又有了很大的进步，其时黎族妇女已用"吴绫越锦，拆取色丝，间以鹅毳之绵，织成人物、花鸟、诗词，名曰黎锦。浓丽可爱"，达到了"机杼精工，百卉千华，凌乱殷红，疏绤蕳暑，密斜弭风"②，"黎锦光辉艳若云"③ 高度发达的技术水平。这对黎区社会经济发展，无疑是起到积极推动作用的。只是在封建社会，妇女社会地位低下，尤其是黎族没有自己的文字，所以海南地方志书没有记录黄道婆的事迹和贡献，但不能据此而否定黄道婆的业绩。

在松江乌泥泾一带，黄道婆的贡献几乎家喻户晓。她回到家乡，发展和推广在海南学到棉纺技术，使江南一带，一时弹弓铮铮，布机轧轧，响遍村镇各个家庭、各个角落。以织布为生者，很快增加到千余户。④ 原本"民食不给"的乌泥泾，多变为"家既就殷"的富饶之区。松江一带生产的被、褥、带、帨（手巾）上作折枝、团凤、棋局、字样等花纹鲜艳活泼、栩栩如生，"粲然若写"。⑤ "乌泥泾被"因此名闻全国，畅销各地。元末大德年间（1297—1307）松江一带的税收，还增加了丝、棉两项,⑥ 反映了蚕桑、植棉业在农业中的地位上升，改变了它们在宋末元初的地位。到明初，长江流域治棉生产发展速度已超过闽、广。明初又强制推广植棉至全国，使棉布成为全国普遍衣料。乌泥泾人民继承黄道婆创新棉纺技术，进一步发展了新花式品种，纺造出象眼、绫文、云朵等美丽花布。至明成化年间（1465—1487）江南纺织品已为宫廷使用，"织造龙凤、斗牛、麒麟袍服，而染大红、真紫、赭黄等色……一匹有费至白金百两者"⑦。松江府成为我国棉花生产、加工和集散中心之一。"日产万匹"，"北鬻秦晋，南远闽粤"，取得"衣被天下"的盛誉。明末徐光启说江南一带"不蚕而绵，不麻而衣，利被天下"，赞黄道婆造福江南居民300多年。另一位清人张春华说黄道婆从崖州回到故乡，"携粤中木棉，教人播

---

① 〔宋〕赵汝适：《诸蕃志》卷下《海南》。
② 〔清〕屈大均：《广东新语》卷十五《货语·绵布》。
③ 〔清〕程秉钊：《琼州杂事诗》全一卷，清光绪十四年刻本。
④ 参见〔元〕王逢《梧溪集》卷三。
⑤ 参见〔元〕陶宗仪《南村辍耕录》卷二十四。
⑥ 参见〔清〕宋如林等《松江府志》卷二十《田赋志》。
⑦ 〔明〕徐光启：《农政全书》卷三十五《木棉》。

种,又倡为纺织,数百年利赖实自道婆开之"①。此评价公允,非常恰当到位。

黄道婆无子无孙,一生奉献给我国纺织事业,作为一位伟大的纺织革新家,受到我国人民和世界科技史专家的高度评价。黄道婆逝世后,当地人为其集资公葬,立塑像,建祠,享受数百年香火。清人秦荣光一首《竹枝词》咏曰"乌泥泾庙祀黄婆,标布三林出数多。衣食我民真众母,千秋报赛奏弦歌"。一首在当地世代相传的歌谣则唱道:"黄婆婆,黄婆婆,做是做,吃是吃,一天能织三个(匹)布。黄婆婆!黄婆婆!教我纱,教我布,两只筒子两匹布"②。

而元代诗人王逢在黄母祠上题词,更表达了江南人民对黄道婆历史功绩的崇敬和怀念心情。

> 前闻黄四娘,后称宋五嫂。
> 道婆异流辈,不肯崖州老。
> 崖州布被五色缫,组雾紃云粲花草。
> 片帆鲸海得风归,千柚乌泾夺天造。③

中华人民共和国成立后,黄道婆墓地修建为墓园、立碑;中国历史博物馆设立其塑像;中国科学院出版《中国古代科学家》一书,将其列为我国古代优秀科学家之一;英国科技史专家李约瑟博士在《中国科学技术史》中的《纺织技术》一章,专门论述了黄道婆对世界纺织技术的巨大贡献,故她可称为世界级的历史名人,其精神文化从中国走向了全世界。

二、黄道婆精神文化的弘扬

黄道婆作为一位棉纺技术革新家,以及汉黎民族友好交往的代表,在她身上体现的一系列文化精神,至今已成为一种文化符号和集体记忆,留

---

① 〔清〕张春华:《沪城岁事衢歌》,见《上海掌故丛书》第一集。
② 参见施联朱、容观琼《历史上黎汉民族团结友谊的光辉篇章——记我国著名女纺织技术革新家黄道婆向黎族人民学习棉纺织技术的事迹》,《中央民族学院学报》1977年第4期。
③ 〔元〕王逢:《梧溪集》卷三,中华书局1985年版,第117页。

存于海南和上海人民的心中，也是中华文化的卓越代表。只是关于黄道婆文字资料甚少，遗迹遗址也不多，这给对她的研究和文化精神的继承和弘扬带来一个困难，但也并非无所作为，依个人管见，可从以下诸方面着手，大力弘扬黄道婆文化精神。

其一，将黄道婆冒险、平等、团结、友爱、创新、奉献的文化风格，整合为一种文化符号，即"黄道婆文化"，作为一个文化概念，在海南、上海地区进行宣传推广，继及其他地区。将黄道婆打造成类似冼夫人式的巾帼英雄，作为封建时代的女性英雄人物，弘扬她在发展生产力，建立和平、友爱、平等民族关系方面的典范作用和积极贡献。

其二，以口述历史方式，追记、补充关于黄道婆在崖州、在松江地区活动和事迹，作为进一步发掘、梳理研究"黄道婆文化"的基础。

其三，黄道婆一生大部分时间在崖州和松江地区度过，她革新、创造了纺织工艺，相信在两地纺织业中仍会留下不少印记，故应采取"将今论古"方法，剖析两地现今民间尚存棉纺技术、工具，从中寻长它们的历史渊源、技术进步，梳理它们的演化过程、特点，以及当今的遗迹遗存（包括物质和非物质文化遗产等），有望从中找到有用的素材，供相关的研究参考。

其四，黄道婆其人其事，长期湮没无闻，虽在不同时代也有过其应有的地位和影响，深受群众爱戴，被请入庙中供奉，但与其历史功绩、作用和影响仍不相称。在当今背景下，黄道婆的成就和文化精神，完全可以纳入"一带一路"建设的范围，为实施这一倡议目标服务，故应通过多种形式，宣传、弘扬黄道婆文化精神，这无论对海南还是对上海而言，都有共同的历史渊源和集体记忆，完全可以由双方联合，或两地各有侧重地开发这笔宝贵的历史文化资源。

三、小结

黄道婆作为我国历史上一位伟大的绵织业革新家，从松江流落至海南崖州，向黎族人民学习先进的棉纺技术，后带回家乡，促进了当地棉花种植和棉纺织加工业发展，极大地改变了江南的社会经济面貌，其事迹甚为感人。在她身上反映出来的超越海洋的冒险精神，与黎族同胞平等、和谐相处的团结友爱精神，以及在棉纺技术上创新和无私奉献精神，这些文化特质和风格皆可归结为"黄道婆文化"精神，这种精神无论古今都受到了充分的肯定和高度的评价。因此我们应在进一步深入研究的基础上，树立黄道婆作为棉纺革新家、汉黎民族团结、友好相处代表的形象，大力弘扬其文化精神品格，为当今海南、上海地区的文化建设服务，为"一带一路"建设提供历史文化支持。

从普通劳动妇女至荣登神榜的黄道婆

林日举*

黄道婆不过是一位普通劳动妇女，既出身微贱，又生活坎坷，就连自己的名字也没留下来。然而，逝世后却荣登中华"神榜"，成为中国人心目中的"纺织女神"，这可谓是中国文化现象中的一个特例。之所以如此，是因为她有着不一般的人生经历，并在不一般的人生经历中承担着不一般的历史角色，实现了她不一般的人生价值。

一、黄道婆不一般的人生经历

黄道婆不一般的人生经历，是以少年时流落到崖州为起点的。最早记载黄道婆事迹的，是生活于跨元明时代的陶宗仪。他在其《南村辍耕录》卷二十四《黄道婆》中记载：

> 闽广多种木棉，纺织为布，名曰吉贝。松江府东去五十里许，曰乌泥泾。其地土田硗瘠，民食不给，因谋树艺，以资生业，遂觅种于彼。初无踏车椎弓之制，率用手剖去子，线弦竹弧置案间，振掉成剂，厥功甚艰。国初时，有一妪名黄道婆者，自崖州来。乃教以做造捍弹纺织之具，至于错纱配色、综线挈花，各有其法。以故织成被褥带帨，其上折枝团凤棋局字样，粲然若写。人既受教，竞相作为，转货他郡，家既就殷。未几，妪卒，莫不感恩洒泣而共葬之。又为立祠，岁时享之。越三十年，祠毁，乡人赵愚轩重立。今祠复毁，无人为之创建。道婆之名，日渐泯灭无闻矣。

---

* 林日举，海南热带海洋学院教授。

陶宗仪的《南村辍耕录》告诉人们：在元朝统治中国的初期，老妇人黄道婆回到乌泥泾①，她教故里的人们改造纺织工具，为他们传授纺染技术。在黄道婆的教导下，人们争相学习纺染技术，提高了生产效益，渐渐地富裕起来。没过多久黄道婆便去世了，受其恩惠的本地乡民无不悲痛洒泪，共同为她举行公葬，并立祠祭祀，以作为永久纪念。30年后祠宇因兵灾而毁，乡人赵愚轩重修。至陶宗仪在松江府生活的年代里，祠宇再一次遭毁。

陶宗仪，字九成，黄岩人，《明史·文苑》中有他的传；正德《松江府志》中把他列为"流寓"，说他为了"避兵"，居家于松江府城北泗水之南，"诸生买地结庐，遂居以老，晚益闭门著书"。江阴人孙作于元朝至正丙午，即至正二十六年（1366）为陶宗仪《南村辍耕录》写的叙中云："余友天台陶君九成，避兵三吴间，有田一廛，家于松南。作劳之暇，每以笔墨自随，时时辍耕……遇事肯綮，摘叶书之，贮一破盎……如是者十载，遂累盎至十数。一日……萃而录之，得凡若干条，合三十卷，题曰《南村辍耕录》。"据"如是者十载"之语推测，陶宗仪写作《黄道婆》的时间当在至正十六年至二十六年（1356—1366）。对于陶宗仪的《南村辍耕录》，孙作评价道："上兼六经百氏之旨，下极稗官司小史之谈。昔之所未考，今之所未闻。其采摭之博，侈于白帖；研核之精，拟于洪笔。论议抑扬，有伤今慨古之思；铺张盛美，为忠臣孝子之劝。文章制度，不辨而明；疑似根据，可览而悉。盖唐宋以来，专门史学之所未让。"陶宗仪居松江府时，距黄道婆回归故里乌泥泾的年代也不过六七十年时间，黄道婆教授松江地区妇女纺织技术所产生的效益应仍在延续，他在《南村辍耕录》中记载黄道婆之事迹，应是可信的。

又一生活在元明时代的人物王逢，在他的《梧溪集》卷三《黄道婆祠（有序）》之"序"中记述了黄道婆的生平事迹：

> 黄道婆，松之乌泾人。少沦落崖州，元贞间，始遇海船以归。躬纺纱木棉花，织崖州被自给，教他姓妇不少倦。未几，被更乌泾名，天下仰食者有千余家。及卒，乡长者赵如珪，为立祠香火庵，后兵毁。至正壬寅，张君守中，迁祠于其祖都水公神道南隙地，俾复祀享，且征逢诗传将来。辞曰：

---

① 陶宗仪在《黄道婆》中记："国初时，有一妪名黄道婆者，自崖州来……"来，也有"回""还"的意思，详见《辞源》。故本文中在这里用"回到"这一词语。

从普通劳动妇女至荣登神榜的黄道婆

> 前闻黄四娘，后称宋五嫂。道婆异流辈，不肯崖州老。崖州布被五色缫，组雾䌖云粲花草。片帆鲸海得风归，千柚乌泾夺天造。……道婆遗爱在桑梓，道婆有志覆赤子……

王逢这一叙述写于元朝至正二十二年（1362）间，对黄道婆生平的叙述比陶宗仪的《南村辍耕录》更清楚，他叙述的主要是黄道婆在乌泥泾的事迹，从中我们得知：黄道婆少年时流落崖州，于元代元贞年间回到久别的故乡；她怀有棉纺的绝技，并耐心地把"织崖州被"的技艺教给故里的"他姓"妇女；不久，松江的棉纺业发展起来，产品遍销各地，棉纺业也成为松江地区的主要产业，从事棉纺业的人家就有上千家之多。由于黄道婆为家乡人民做出不可磨灭的贡献，逝世后乡长赵如珪带领乡民为之"立祠"，以作永久的纪念，后因发生兵灾，祠宇遭毁，至元朝至正二十二年（1362），上海县知县张中在"其祖都水公神道隙地"重建黄道婆祠，并请王逢写诗、传纪念。

王逢，据《明史》卷二百八十五《王逢传》记载："字原吉，江阴人。……太祖灭（张）士诚，欲辟用之，坚卧不起，隐上海之乌泾，歌咏自适。洪武十五年以文学征，有司敦迫上道。时子掖为通事司令，以父年高，叩头泣请，乃命吏部符止之。又六年卒，年七十，有《梧溪集》七卷。"依此可知，王逢生于元延祐六年（1319），卒于洪武二十一年（1388）；他避居松江乌泥泾至卒时，共计居松江乌泥泾20年之久。正德《松江府志》把他列为"流寓"，与他同时代的周伯琦曾说他"遭时多虞，以客为家"[①]。对于王逢的《梧溪集》，与王逢同时代的诗人杨维祯称《梧溪集》之诗，"皆为他日国史起本，亦杜史之流欤"[②] 即把王逢的诗与杜甫的诗相比。此外，《钦定四库全书提要·梧溪集七卷》中这样评价道："……集中载宋元之际忠孝节义之事甚备，每作小序以标其崖略，足补史传所未及，盖其微意所寓也。"王逢在乌泥泾生活的时代，离黄道婆自崖州返回乌泥泾故里时也只有六七十年的时间，那时松江乌泥泾人仍然受惠于黄道婆传播的棉纺织技术，关于黄道婆的民间口碑应犹在，他应上海县知县张中之邀作《黄道婆祠（有序）》时，肯定经过一番深入的了解，因此说，他在《梧溪集·黄道婆祠（有序）》"序"中所记黄道婆的生平事迹，应是属实的。

---

① 〔元〕王逢：《梧溪集·周伯琦序》，北京师范大学出版社2016年版，第4页。
② 〔元〕王逢：《梧溪集·周伯琦序》，北京师范大学出版社2016年版，第6页。

除此之外，黄道婆流落崖州时，也曾在崖州民间留下传说，如经符策超整理的《黄道婆的传说》或《黄道婆在崖州》就是其中一则。这则传说的故事梗概如下：

750多年前的一个寒冷的冬夜，崖州（今三亚市）的崖城镇内草村来了一位衣着褴褛的小姑娘。她站在一位黎族老大妈的屋檐下躲避风雨。

原来姑娘名叫黄道婆，出身于松江乌泥泾一个贫苦农民家庭。她八岁当童养媳，受尽虐待和欺凌。她为了冲破婆家的禁锢，就悄悄躲进黄浦江边一艘海船的舱底。她未曾知道这艘海船要到的地方是遥远的海南岛，于是她跟随着海船来到了海南岛南端的崖州。

黎族老大妈同情她的遭遇，认她为女儿，不仅在生活上给予无微不至的照顾，还给她传授纺纱织布的技术。心灵手巧的黄道婆很快就掌握了黎族的纺织技术和工艺，织出色彩鲜艳、有奇花异草飞禽走兽等花纹图案的筒裙和被面来，很快她的美名传遍四方。有一天，一位自称富翁的外地商人窜进家里，要用高价买她的纺织品，说是要作为贡品献给皇朝。黄道婆坚决地拒绝了。

过了几天，头人果然来了命令："不准黄道婆在内草村安家落户。"于是在一个漆黑的夜里，认她为女儿的黎族老大妈带她悄悄离开，到远离内草村二百多里的保定村的亲戚家里安置。很快，黄道婆又跟保定村的姐妹们打成一片，经常在一块琢磨纺纱织布工艺，纺织技术又提高了一步。一天，多建峒的头人又忽然登门，要黄道婆在三天之内织出当代最美最美的崖州被，作为贡品献给皇帝。这回她没有当面拒绝，在当天晚上就织出一幅精美的崖州被。第二天，多建峒的头人依约而来，取了美丽的崖州被就得意忘形地离开了。没想到了第二天这幅美丽的崖州被却变成了一幅粗黑布，他气得牙齿咬得格格响，立即差人把黄道婆抓来处死。原来，黄道婆有意捉弄他，把容易变色的植物染料染上崖州被，当天看来十分鲜艳美丽，隔天却全变成了黑色。黄道婆知道头人一定会来抓她处罪，便在黎胞姐妹的帮助下逃进了五指山腹地。

不知在那里住了多长时间，她才重返自己的家乡，把黎族的先进纺织技术传授给乡亲，并在原基础上加以改进，织出的产品驰名中外。①

这则传说故事充满传奇色彩，也有许多斧凿的痕迹。然而其中毕竟也有"历史的影子"。从这则传说故事中我们看到的历史的影子有：黄道婆流落崖州真有其事，在此期间，她生活在黎族人民中间，得到黎族人民的关照，并虚心向黎族人民学习传统的棉纺技艺，并把这一技艺北传。

结合陶宗仪《南村辍耕录》、王逢《梧溪集》的记载和海南民间流传的《黄道婆的传说》或《黄道婆在崖州》，我们即可勾勒出黄道婆的生活轨迹来。

首先是黄道婆的生卒年代。《梧溪集·黄道婆祠（有序）》"序"中有"元贞间，始遇海舶以归"的记述，又有"不肯崖州老"的诗句。"不肯崖州老"，可作为"不肯老死于崖州"解。由此可见黄道婆归故里松江乌泥泾时，已是50多岁或至接近60岁了，从元成宗元贞年（1295—1297）往前计算，黄道婆应生于南宋理宗嘉熙末或淳祐初年。又据《梧溪集》中"元贞间，始遇海舶以归"、《南村辍耕录》中"未几，妪卒"之语，可推知黄道婆卒于元朝元贞末或元成宗大德初年。

其次是黄道婆的姓名与称谓。《梧溪集·黄道婆祠（有序）》有"前闻黄四娘，后称宋五嫂。道婆异流辈，不肯崖州老"等诗句，由此可知，黄道婆原被称为"黄四娘"，之后又被称为"宋五嫂"，这也许是因为做了宋家童养媳之故，再后来成为道教神祇"纺织女神"，于是被人们尊称为"黄道婆"。

再次，据《梧溪集》中关于"少沦落崖州"之语以及《黄道婆的传说》或《黄道婆在崖州》的故事梗概，可推知黄道婆于少年时代流落崖州，至元朝元贞年间回到故里，她在海南崖州黎族民间生活至少有30年的光景。

最后，黄道婆回到故里后的岁月里，不仅把从黎族人民那里学到的棉纺织技术传授给乡里的妇女，而且还革新了棉纺技术，成功地推动了棉纺技术的发展，并使之成为当地人民生活依赖的产业。逝世后，乡党为她举行公葬，并立祠纪念，于是她成为中国民间行业神祇——"纺织女神"，永远活在人民心中。

---

① 资料来源：http://www.discoverhain.com/?q = Article/330.

二、黄道婆在不一般的人生经历中充当不一般的历史角色

纵观黄道婆的人生经历，拨去那些传奇色彩，可见其人生经历的坎坷，而且饱含着无数的辛酸。然而，正是在这饱含着无数辛酸的曲折坎坷经历中，她充当了一个重要的历史角色——海南黎族人民优秀的传统棉纺技艺北传的使者。

据有关史料记载，海南岛是世界上最早植棉的地区之一，海南岛的黎族先民，是中华民族中最早掌握精湛纺织技术的族群，也是最早种植棉花并掌握精湛棉纺技术的族群之一。西汉时，黎族先民们即能织出令西汉驻岛官兵垂涎的"广幅布"了；在唐代，海南振州（宋朝改为崖州）黎族的棉纺织品就被列为朝廷的"土贡"，如见于《新唐书·地理志》的振州的"土贡"有"斑布""食单"。至北宋时期，黎族的棉纺织品就曾在杭州和汴京市场上负有盛名，如方勺《泊宅编》卷三评述道："今所货木绵，特其细紧者尔。当以花多为胜，横数之得一百二十花，此最上品。海南蛮人织为巾，上出细字，杂花卉，尤工巧，即古所谓白叠巾。"至黄道婆生活的宋元时期，正是黎族传统的棉纺织业在旧时代发展最高峰的时期。这一时期的海南，非但棉花种植的数量多，是地地道道的南方棉花向北推广的基地，而且新型的棉纺织工具如搅车、纺车、拨车、线架等在黎族地区应运而生，棉纺技艺遥遥领先于全国，所生产的棉纺织品精美绝伦。那时，中原、江、浙等地区的棉纺织技术相对落后于海南。陶宗仪《南村辍耕录》中所记载的"闽广多种木棉，纺织为布，名曰吉贝。松江府东去五十里许，曰乌泥泾。其地土田硗瘠，民食不给，因谋树艺，以资生业，遂觅种于彼。初无踏车椎弓之制，率用手剖去子，线弦竹弧置案间，振掉成剂，厥功甚艰"，正反映了江苏地区棉纺织技术落后的状况。

在这一时代背景下，把海南黎族优秀的传统棉纺技艺北传，就成为十分必要和历史之必然了。有道是"无巧不成书"。正在这时候，少年时代的黄道婆为逃避悲惨的"童养媳"生活，一次偶然的机会就随着远到海南谋生的海船流落到了崖州，并生活在崖州地区黎族人民中间数十年之久，虽然历尽艰辛，但在黎族人民的关照下，她非但顽强地生活下来，还学会了黎族传统的棉纺技艺，在那里，她度过自己人生中如诗如歌的年华。直至晚年她回到了阔别数年的故里，并将所学的棉纺技艺毫无保留地传授给故里的人们，回报生她养她的故土。孟子说："故天将降大任于斯人也，

必先苦其心志，劳其筋骨，饿其体肤，空乏其身，行拂乱其所为，所以动心忍性，曾益其所不能"①。黄道婆一生的经历正应了孟子这句名言，她在经历了自己人生既曲折坎坷又最富有传奇色彩的流落岁月后，回到久违的故里，历史地、客观地成为海南黎族棉纺技艺北传使者。

黄道婆之所以能成为海南黎族棉纺技术北传的使者，是因为她具备了充当北传使者的条件。这从陶宗仪《南村辍耕录》、王逢《梧溪集》和在海南黎族民间流传的《黄道婆的传说》或《黄道婆在崖州》传说中，即可意会。

首先，黄道婆具有坚毅的性格，对于任何困苦的生活她都能应对，对于来自各方强权的压迫和威胁，她都能顶得住。

其次，黄道婆非但对棉纺织业有着执着的热爱，而且虚心好学，刻苦耐劳，具备了中国劳动妇女传统的优良品质，赢得了黎族人民的百般爱戴，并手把手地将黎族传统的棉纺技艺传授给她，而她通过自己的刻苦努力，将黎族民间优秀的传统棉纺技艺集之于一身。

再次，她虚怀若谷，具有创新精神。当她回到故里时，能将她在海南学到的棉纺技艺毫无保留地传授给"他姓妇"，而且教之"不少倦"。与此同时，她刻苦钻研，改进棉纺织工具，大大地提高了棉纺织工效，促进了棉纺织业的大发展。

正因为黄道婆具备了上述优秀品格，所以历史选择了她作为黎族棉纺技艺北传使者这一角色；也正因为她具备了上述优秀品格，因此能把黎族优秀的传统棉纺技艺发扬光大，使之成为松江一带人民生活上依赖的重要产业。

黄道婆把海南黎族人民优秀的传统棉纺技艺北传到松江，又通过松江传到江南其他地区和中原地区，意义可谓重大，恩泽可谓久远。如王祯《农书》卷二十一《木棉序》中云：

> 夫木棉产自海南，诸种艺制作方法，骎骎北来，江淮川蜀，既获其利。

---

① 〔战国〕孟子：《孟子·告子下》，甘肃民族出版社1997年版，第291页。

又如元人谢枋得《谢刘纯父惠木棉布》诗曰：

木棉收千株，八口不忧贫；江东易此种，亦可致富殷。

后来由于江、浙、湖、广等地棉纺业发展起来，元朝在这些行省置立木棉提举司加以管理。至明朝中叶，松江地区男女以棉织业为主业，耕地"大半种棉，当不止百万亩"①，那时的江南地区，"织造尚松江"②，以至到了明中后期，松江成为最先出现资本主义萌芽的地区之一。

由于黄道婆恩泽深远，松江人民自元至明深受其惠泽，所以一直怀念她，纪念她的祠宇屡废屡兴。陶宗仪在《南村辍耕录》中说："今祠复毁，无人为之创建。道婆之名，日渐泯灭无闻矣"，这不过说明当时黄道婆祠毁坏的现实。其实，在松江地区人民的心目中，黄道婆的恩情永存，余泽长远。至明朝中后期又相继有人为黄道婆重修祠宇，如正德《松江府志》卷十五《坛庙·黄婆祠》记：至元季，黄道婆祠又再次毁于兵灾，至明朝宪宗成化年间（1465—1487），"知县刘琬重建"。之后，上海龙华里人张之象曾于嘉靖三十二年（1553），捐地改建黄道婆祠于张家浜听莺桥畔，并作祠记，其中云"吾松之民仰机利以食，实道婆发之，苟被其泽者无忘追本之思，则祠祀可不废矣"③。不到30年祠宇又毁，上海龙华人孙张所望于天启六年（1626）又倡议，于"宁国寺之西偏附建一祠"，改名为"黄母祠"。他还写下《移建黄道婆祠记》，该记中写道："盖衣食之源，妪实开之。恩斯勤斯，等于育我。是所谓众人之母也。而以母道事之，谁曰不然！余乃躬率里人，设苹藻之类，拜于祠下。群情胥怿，神用居歆。众乃合词进曰：'岁比不登，吉贝靡所，获母其阴，相我下土。今抒轴不空，民以康乂。继自今祗奉禋祀，其无斁！'皆再拜，稽首而退，属余记之如此"④。至清代，在上海县城内、城西、虹口、浦东、太仓等先后建起黄母祠、黄母庙、黄母庵。其中，现存至今的龙华村"黄母祠"

---

① 〔明〕徐光启：《农政全书》卷三十《木棉》，曙海楼藏本，道光癸卯二十三年（1843年）。

② 〔明〕宋应星：《天工开物》卷上《乃服》。

③ 〔清〕陈梦雷编：《古今图书集成·明伦汇编·闺职部·艺文一》，中国戏剧出版社2008年版。

④ 〔清〕张所望：《同治上海县志·移建黄道婆祠记》，松江振华德记印书馆，清光绪二十八年（1902年）。

为清雍正六年（1728）修建。

另外，黄道婆逝世后葬于今上海市徐汇区华泾镇东湾村，其墓茔虽历经上千年沧桑，但仍然保存。中华人民共和国成立后，上海市人民政府先后于1957年、1962年、1984年三次重修黄道婆墓。当地人民每年仍自主前往凭吊。

黄道婆逝世后，从松江地区人民为之立祠以作长久的怀念起，黄道婆就荣登"神榜"了，她被人民尊为"纺织女神"。虽然曾有封建统治阶级人物对黄道婆被列为"纺织女神"颇有微词。然而，历史是公正的，衡量历史与历史人物的尺度，永远藏诸人民中间。一个人只要为人民做出了贡献，他（她）就会永远活在人民心中。清乾隆年间的王应奎在《柳南续笔·棉布之始》中即云："今棉之为用，可以御寒，可以生暖，盖老少贵贱无不赖之。其衣被天下后世，为功殆过于蚕桑矣，而皆开自黄（道）婆一人，是不当尸而祝之，社而稷之，与先蚕同列祀典乎？"据了解，在过去的数百年间，每逢四月黄道婆的生日，纺织业界的精英、从事纺织业的人们都纷纷前来拜祭、怀念这位纺织女神。①

三、结语

黄道婆由于有功于故土的人们，以至美名近千年来仍与山川同在，遗韵犹存。她的事迹，再次力证一个历史唯物主义的观点：历史是人民群众创造的；揭示了中华文化一个特殊的现象："神"是人造的，那些有功于社稷和人民的历史人物，总会被人民奉为"神灵"，终会长久地活在人们心中。

---

① 参见东方暨白《民间神佑大通书》，气象出版社2005年版，第261页。

邻里之间，能者为师
——从传承黄道婆精神追溯中国早期的社区教育

宋浩杰[*]

徐汇区历史文化底蕴非常深厚，文化遗产资源十分丰富。在徐汇区的历史长河中，我们拥有千年的龙华古镇、古塔和庙会历史，700年的黄道婆技术革新历史，400年的徐光启中西文化交流融合历史和百年中国近代风云变幻的历史；徐汇区现有"乌泥泾（黄道婆）手工棉纺织技艺""上海剪纸""龙华庙会""黄杨木雕"等非物质文化遗产项目17项、传承基地20处、各级传承人共22名，还拥有徐光启墓、龙华塔、宋庆龄故居、龙华烈士纪念地等各级文物保护单位179处，其中宋庆龄等历史名人故居83处，在全市处于领先地位。它们是我们开展社区教育极好的素材。通过社区教育的平台，让更多的徐汇人了解徐汇的历史，以期在了解中，让更多的人为自己是徐汇人而倍感自豪，也让更多的徐汇人对徐汇明天的发展充满信心。

一、让属于社会资源的文化遗产在社区教育中产生更大作用

社区教育的定义是运用本社区教育、文化等资源以促进本社区人的发展与邻里和睦为目标的一项社会工作。文化遗产属于社会资源，是祖先留下来的物质和精神文化上的财富，是一个民族的灵魂和精髓。保护文化遗产，就是要保住本民族的根和魂，就是要保住民族生命之水源源不断，奔腾不息。保护文化遗产既是一项系统、浩大的工程，也是历史赋予我们的一项光荣而重大的使命。党的十七大报告中明确指出："加强对各民族文

---

[*] 宋浩杰，上海市非物质文化遗产保护协会秘书长。

化的挖掘和保护,重视文物和非物质文化遗产保护。"我们要通过社区教育平台去了解、保护和利用我们民族的文化遗产,这是当今社会赋予社区教育的又一重要内涵。

根据社区教育具有见闻覆盖面广、知识内容全面、影响时间长久和每天耳濡目染的显著特点,近年来,在区委、区政府的领导下,徐汇区社区教育得到了快速的发展,区教育局重视社区教育并形成了"一个体系、两级管理、三级网络"的工作格局。区内的每个街道镇都建有社区学校,它们既拥有师资力量、教育场地和活动设施,又可充分利用各类文化教育资源。通过社区教育的方式让文化遗产走进社区,让市民真正与文化遗产零距离接触。让社区居民了解本民族本地方的文化遗产,激发他们对本民族文化的热爱,树立保护本民族文化遗产的意识和信念。有了对文化遗产保护重要性的认识,社会居民对其保护的热情就随之激增,随之而来的就是居民参与文化遗产保护程度的提高。这是我们学校正规教育无法达到也无可比拟的,它充分体现了社区教育对于提高居民参与文化遗产保护和利用的重要作用。

二、棉纺织技术革新家黄道婆是中国社区教育的先驱

"沙冈田亩木棉多,纺织功开黄道婆。"这句诗中提到的黄道婆,是宋末元初松江府上海县乌泥泾(今上海市徐汇区华泾镇)人,她出生在徐汇,落葬也在徐汇。黄道婆流落至崖州30余年,于元代元贞年间返回故里,将海南学到的棉纺织技术与江南原有的先进麻纺和丝织技术相结合,经过革新与创造,形成了一套与棉纤维相适应的手工棉纺织工艺与工具。棉纺织工具革新以后,黄道婆无私地将棉纺织技艺传授给乡邻街坊,甚至是手把手地进行传授,一传十、十传百,以至纺织技艺迅速地传遍了江南地区,促进了以松江府为中心的江南棉纺织业的蓬勃发展,还辐射到北方许多地区。以乌泥泾为中心的江南地区手工生产的棉布开拓了世界市场,成为畅销国外的重要产品。

试问,在长期的中国农业社会中,有哪一门民间手工技艺的传授能产生如此有效和宏伟的效果?唯有黄道婆的棉纺织技艺!黄道婆这种"邻里之间,能者为师;一技之长,安身立命;辛勤劳动,造福社会"的精神,后人给予了高度评价,并以文字的形式将其记录下来,如宋末元初陶宗仪的《南村辍耕录》记载:"国初时,有一妪名黄道婆,自崖州来。乃教以

做造捍弹纺织之具……人既受教,竞相作为,转货他郡,家既就殷。"如元代王逢的《梧溪集》说黄道婆"躬纺木棉花,织崖州被自给。教他姓妇不少倦。未几,被更乌泾名,天下仰食者千余家"。又如明弘治《上海志·祠祀志》中写道"错纱、配色、综线、挈花,各有其法。教他姓妇,不少倦。自是里中皆效其织,藉为恒业。"再如清代光绪年间,重建黄母祠匾额题跋"昔方伯张公曾颜旧祠曰黄母,谓其我邑纺织之源,而是为众人母,崇报功也",等等。仔细分析上述文字含义,我们可以体会到字里行间流露出来的黄道婆对家乡的热爱之情,这就是我们今天要倡导的社区教育的精神。这种精神体现了当前社区教育的核心要素。东华大学教授赵文榜在《黄道婆与棉纺织技艺革新》一文中说"1869年,全国远距离销售的棉布中,松江府的七县一厅占全国销售总数的三分之二",赢得了"松郡棉布,衣被天下"的美誉。明末清初,松江府已成为全国生产棉布的中心,黄道婆对棉纺织的技术革新,在当时世界上也达到了最高的水平,当时的江南也是全世界经济最发达的地方之一。

追根溯源,我们可以毫不夸张地说,黄道婆是中国社区教育的先驱,是中国早期社区教育最成功的典范,也是中国手工棉纺织业的鼻祖。黄道婆所在的家乡——华泾镇,由于她的无私奉献和热情传授,成为当时和谐富有的社区。黄道婆身上体现出来的社区教育思想和精神,在今天的社会中还始终闪耀着它的光芒。

三、在社区教育平台上继续传承和弘扬黄道婆无私奉献精神

上海最主要的两位古代名人——徐光启和黄道婆,都在徐汇区,这是我们徐汇区人的骄傲。黄道婆和徐光启是我们的"衣食父母",黄道婆的技术革新解决了普通百姓的穿衣问题,徐光启的科学实验解决了普通百姓的吃饭问题。近年来,华泾镇利用社区教育的平台开展了多项宣传展示传承"乌泥泾(黄道婆)手工棉纺织技艺"的活动,主要表现在:

(1)利用各种渠道开展非物质文化遗产创作活动。合作创作越剧小戏《黄道婆》,积极创编黄道婆纺棉操、纺织舞等。

(2)开展"非物质文化遗产进社区"活动。举办"黄道婆纺棉歌"橡筋操的推广,举办主题为"快乐学习·创意人生——黄道婆纪念馆日"活动。

(3)利用各种资源在社区举办非物质文化遗产保护成果展示展览。举

办"迎世博盛典,展棉纺文化——乌泥泾(黄道婆)手工棉纺技艺展演活动",组织了乌泥泾(黄道婆)手工棉纺织技艺的五位传承人和三个传承基地的40多名学生集中展示他们精湛的三锭纺车纺纱技艺,等等。

在这里值得我们学习和着重提出的是"黄道婆纪念馆"的几位女士,她们在乌泥泾(黄道婆)棉纺织技艺项目被列入国家级非物质文化遗产名录后就在黄道婆纪念馆内积极学习棉纺织技艺,并在学习中逐渐成为项目传承人。现有的区级传承人李晓明就是其中的典型代表。成为传承人以后,李晓明就积极担当园南中学棉纺织技艺的指导老师,手把手指导学生学习棉纺织技艺,掌握三锭纺车棉纺技术,培养学生达百名。百名学生从不了解到了解到崇敬黄道婆,并在各种场合展演活动中努力宣传黄道婆,为学校、为徐汇区争得了荣誉。在这里,我们还要着重提出的是地处华泾地区的紫阳中学和地处长桥地区的园南中学,他们为传承和保护黄道婆手工棉纺织技艺,指定年级,确定学生,坚持数年,学习三锭纺车操作,取得了不菲的成绩。尤其是园南中学,他们把黄道婆棉纺织技艺的内容编写成教案。2017年上半年,园南中学开展关于学习、传承黄道婆棉纺织技艺和爱国精神知识为内容的三堂公开教学课。课堂教学活泼,师生互动热烈,一场扣人心弦的学生辩论赛和三锭纺车的精彩展演给我们留下了深刻印象,在社会上也屡屡受到好评。

今后我们要积极主动和区教育局一起,加强文教的紧密结合,让中华民族文化遗产成为徐汇社区教育的重要内容,反过来,又通过社区教育的平台营造了解黄道婆、学习黄道婆、热爱黄道婆和传承黄道婆精神的浓厚氛围,让徐汇社区教育之花,徐汇文化遗产传承、保护和利用之花开得更加鲜艳夺目。

古崖州是中国棉纺织技术的源头

李养国[*]

一、崖州在海南历史上的独特地位

大家都知道海南别称"琼崖",但可能不知道历史上实际是"崖"在前,"琼"在后,或者说先有"崖"后有"琼"。唐代以后海南先后设置过三州(唐高祖时为崖州、儋州、振州),五州(唐高宗时为崖州、儋州、振州、琼州、万安州),四州(北宋以后为琼州、崖州、儋州、万州),其中崖州无论在"三州""四州"还是"五州"中,都是卓尔不凡的,表现在以下几个方面。

(一)崖州是海南第一州

西汉武帝开始在海南开疆拓土,于元鼎六年(前111)遣伏波将军路博德平定南越国,在海南岛建立珠崖、儋耳2郡,领16县。后因朝廷横征暴敛,黎族先民(时称"俚""蛮")连年起义,汉昭帝始元五年(前82)撤销儋耳郡,元帝初元三年(前46)又诏弃珠崖郡,从此海南与中央政权的直接联系中断了500多年,在行政上降格为县,属合浦郡辖,岛上没有行政实体。直到南朝梁大同年间(535—545),由于冼夫人"和辑百越"政策的感召,海南俚人(即黎族先民)千余峒自动归附冼氏,冼夫人故请命于朝,在汉废之儋耳郡地置崖州。[①] 在此之前,海南未设过州,崖州是海南最早的州。至唐高祖武德五年(622),始增设儋州(今儋州)和振州(今三亚,宋后称为"崖州");唐太宗贞观五年(631)才建琼

---

[*] 李养国,海南省地方史志办公室原主任、副研究员。
[①] 清雍正《广东通志》、清道光《琼州府志》、清光绪《崖州志》等多部古籍均有记载。

州；唐高宗龙朔二年（662）才设万州（时称"万安州"）。

（二）崖州与冼、黄两位伟大女性有特殊缘分

古崖州与历史上两位最伟大的女性——冼夫人和黄道婆都有缘。崖州是冼夫人首设，隋文帝赐予维护民族团结与国家统一的冼夫人的封地（时称"汤沐邑"，有1 500户）便在崖州（时称"临振县"），同时封其儿子冯仆为崖州总管（《北史·谯国夫人传》），孙子冯盎袭位。崖州又是黄道婆流落避难、长期生活之所，也是她学习与革新棉纺织技术、成就其"纺织女神"英名的地方。应该说，崖州跟中国历史上这两位伟大女性的缘分是深厚的，是别地所无的、崖州永远的荣誉和闪光的名片，对冼夫人文化和黄道婆文化这两座非物质文化宝库的纪念、发掘和研究，是崖州乃至三亚市长久的重要文化工程。

（三）崖州曾是管辖全海南的行政机构

崖州首设时是管辖全海南，包括广袤的南海，时间从南朝梁至隋末唐初，一直是海南的最高行政管辖机构；到唐太宗贞观元年（627）又曾升为崖州都督府统辖全海南军事海防。当然，崖州分三个时期三个地点。最早由冼夫人奏请建立的崖州，州治在现儋州中和镇；唐初崖州移至北部，辖地包括今之海口、琼山、文昌、澄迈、临高一带；北宋初期，宋太祖开宝五年（972）才移到三亚，州治在今崖城。尽管时空有变化，但"崖州"作为一个行政建制的名称，从初设起一直延续下来，从西北部移至北部再迁到南部，而且在南部的时间最长，约达千年；在西北部仅70年左右，北部也只有300多年。

即使在不管辖全琼的时期，虽然历代行政建置不断变化，崖州的行政管辖范围仍远大于一般的州县，多数时期包括西部的乐东、东方（感城），东部的陵水，北部五指山腹地、保亭和琼中等部分地带；而辽阔南海中的西沙群岛、南沙群岛（古称"千里长沙""万里石塘"），也长时间归入它的政区范围。清光绪三十一年（1905）四月还曾升格为崖州直隶州，直属广东省辖，下领原崖州和万县（原万州，今万宁）、陵水、感恩、昌化4县以及南海群岛"千里长沙""万里石塘"。（见《清史稿·地理志》）从而实行以五指山为界与琼州府南北平行分治的行政区划，形成琼南建置史上的"大崖州"格局，并为后世实行少数民族自治区域与海南汉区南北分辖奠定了基础。至于现在的崖州（今三亚）在地理区位、国防战略、经济建设、旅游文化等方面的重要性，就更众所周知，不必赘述了。

(四)崖州是"海上丝绸之路"的经停重镇

崖州在地理区位上具有独特的战略地位。汉代开辟"海上丝绸之路"(唐称"通海夷道")以后,历代商贾都取道琼南崖州,经由南海及其诸岛,把丝绸、瓷器、黎锦、玳瑁,以及槟榔、香料、珠贝等土特产品与南洋群岛、印度洋沿岸直至南欧、东北非一带国家和地区进行经济文化交流。

古崖州海岸线长,拥有众多水深风平的良港,史志等古籍所载大小港口就有天涯口、大疍港(亦称"崖州港")、临川港(今三亚港)、保平港、新地港(宁远河北岸)、番坊港(州治西南三里许水南村旁)、禁港、榆林港、铁炉港、望楼港,等等,其中"天涯口"是1000多年前崖州最早的古码头,大疍港、临川港也都是千年古港。加上古崖州资源丰富,盛产珍珠、玳瑁、沉香、水晶、黎锦、槟榔等奇珍异宝及各色土产。其中珍珠、玳瑁、藤器、盘斑布、香料、南药等,不单是中原商贾抢购的热销商品,更是进贡朝廷的珍奇特产。因此,崖州作为南海水路中土最前沿和外船入华的首站,自然就成了古代海上"丝路""棉路"必经的一个重要停泊港和补给点。

二、黎族是棉纺织技术的首创者

(一)海南黎族同胞是棉纺织技术的发明者和首创者

中国是世界上发明纺织技术最早的国家之一。新石器时代晚期,即传说中的黄帝时代(距今4000多年),中华民族的祖先就已生产出丝、麻(葛)织品。后来又出现了毛织品,并于汉代在世界上开辟了中外交流的"丝绸之路"。不过,棉花在中国种植时间较晚,现代史学研究者认为"宋以前,大约有一千余年之久,棉的种植始终是局限于边疆少数民族之间,而未在中原地区广泛传播"[①]。且棉花为短纤维,纺织难度较中长纤维为甚〔丝为"长纤维"或"连续纤维";麻(葛)和毛为半长纤维〕,因此棉纺织技术发展比丝、麻纺织相对较晚。然而,在中华版图最南端的

---

① 赵冈、陈钟毅:《中国棉纺织史》,中国农业出版社1997年版,第1页。

古崖州是中国棉纺织技术的源头

海南岛,古代岛民——黎族先民却率先发明了棉纺织技艺,这是有历史典籍佐证的。

中国最早的古籍《尚书》(约成书于3000年前的商周时代,一说春秋战国时代)中的《禹贡》篇,就已有"岛夷卉服,厥篚织贝"的记载。"岛夷"即海南岛上少数民族,当时只有黎族先民;"卉服"包括棉、麻纤维织物;"贝"为黎语棉花的音译,古代海南黎族"以织贝为业"①。据专家们考证,这说的就是海南少数民族的棉织品②。上海纺织科学研究院专家指出:海南岛"天气炎热,土壤肥沃,并略带碱性,尤以崖州一带最宜棉花生长,是我国棉花原产地之一"③。古人对此多有论列,如"黎幕,出海南黎峒"(宋范成大《桂海虞衡志》),"今所货木棉特紧者,当以花多为胜,横数之得一百二十花,此为上品。海南蛮人织为巾,上出细字杂花卉,尤工巧,即古所谓白叠布"④。这里"海南蛮人"为史家对黎族的称谓。至今仍被誉为艺术精品和中国纺织史上"活化石"的黎锦,早在2000多年前的海南岛就已是民间生活用品。《中国纺织发展简史》一文对"黎锦"做了如下解释:"黎锦在春秋时期就有盛名,是中国最早的棉纺织品。"综上可见,海南黎族棉纺织品距今至少已有3000多年历史。

贵州民族大学民族科学研究院副研究员许桂香就黎族棉纺技术进行了以下论述:"历史考古发现,在黄道婆客居崖州之前,(海南)当地的植棉和棉纺织技术已走在全国前头,这为黄道婆到此学艺和革新纺织技术,奠定了深厚基础。"

《中国棉纺织史》称中原地区的棉纺织技术到"宋末元初才有突破",这与黄道婆在崖学习和革新黎族棉纺织技术并传播到长江流域的史实是一致的。该文也记述了黎族妇女"手工搓捻"棉纱"卷成纱锭",织成"宽五尺"的"宽幅布"(即汉代所称的"广幅布"),又称"桐华布",或"黎幕"(宋赵汝适《诸蕃志》中称呼)、"黎单"(宋范成大《桂海虞衡志》中称呼)等。《后汉书·南蛮·西南夷列传》:"武帝末(汉武帝后元

---

① 〔宋〕祝穆:《方舆胜览》卷四十三。

② 参见《尚书孔传》"南海岛夷,草服葛越";容观琼《释"岛夷卉服,厥篚织贝"——兼谈南方少数民族对我国古代纺织业的贡献》等。

③ 上海市纺织科学研究院:《纺织史话》,上海科学技术出版社1978年版,第69-70页。

④ 〔宋〕方勺:《泊宅编》,转引自中国人民政治协商会议三亚市委会编《三亚史》,人民出版社2015年版,第224-225页。

二年间即公元前87年），珠崖太守会稽孙幸调广幅布献之。蛮不堪役，遂攻郡杀幸。"2000多年前黎族棉织品已成为朝廷贡品，可见那时棉纺织技艺已达到很高水平。

我国中原地区丝麻织品尽管发展很早、水平很高，然而棉布比丝、麻、毛织品透气性和吸水性好，皮肤接触质感较舒服，生产工序相对较少（例如比丝绸省去养蚕、缫丝等前期工序），投入会相对减少，价格自然相对低廉，因此更受人们的欢迎。棉织品一旦传播，立即引起经济、文化的重大变革，这是完全合乎规律的。

（二）宋元时崖州黎族聚居地棉纺织技术已很发达

近年有人提出，棉纺织技术诞生于海南岛，但不一定是黎族人的"专利"，也可以是海南汉人首创的。笔者认为此论不能成立。

大家知道，黎、苗、回、汉是海南的4个世居民族，其中，原住民（先住民）是黎族。汉武帝在海南开设珠崖、儋耳二郡时，海南岛上只有黎族先民（古称"俚""僚""蛮"等），其他民族都是汉代以后才断断续续迁移入琼的；而汉代郡县官员甫一踏上海南岛，就已看见了当地的棉布。《汉书·地理志》载："（当时海南岛）民皆服布如单被，穿中央为贯头。"由此可以断定，黎族是中国最早发明和使用棉纺织品的民族。宋范成大《桂海虞衡志》记载，"黎单""黎幕"早在宋代以前已远销大陆。

宋元时期，崖州州城还比较萧条，"户口都无二百家""麋鹿时时到县衙"（宋丁谓《到崖州见市井萧条赋诗》），那时崖城一带基本上还是黎族同胞聚居地。当时崖州黎族妇女棉纺织技艺已很高超，所织崖州布、崖州被（即著名的"龙被"）工艺精细、色彩艳丽、花纹图案优美，"崖州布被五色缫，组雾纴云灿花草"［元王逢《黄道婆祠（有序）》］。"其上折枝团凤，棋局字样，粲然若写"（元陶宗仪《南村辍耕录》）。崖州黎女将棉花摘下后，去除棉籽，"女伴自施针笔，为极细卉飞蛾之形，绚绚以偏地淡粟纹，有晰白而绣文翠者，花纹晓潦，工致极佳"，"间以五彩，异纹炳然"（宋周去非《岭外代答》）。清代进士程秉钊（安徽人）在其《琼州杂事诗》中称赞"黎锦光辉艳若云"。上海市博物馆研究员何继英认为，古崖州纺织技艺"多有史料称颂"，其中"崖州被"是"黎锦""龙被"的称谓之一，是黎族在纺、织、染、绣四大工艺中难度最大、文化品位最高、技术最精湛的织锦工艺美术品。经过黄道婆的学习推广，"崖州被"进入江南地区，并衍生成为新的具有江南特色的纺织产品。

现存的很多高质量的古代黎锦文物，多发现于崖州，如龙被、壁挂等，至今崖州仍有流传在民间的纺织技艺。事实上，黄道婆就是在崖州居住、学习、继承和革新棉纺织技术的，应该说这不完全是偶然的。因为"她（指黄道婆）生活过的水南村（今三亚市崖城镇水南村）是黎族聚居的村庄，当时是崖州黎锦纺织工艺技术较发达的村庄之一，黎单、黎被、黎幔、黎幕等崖州黎锦早已闻名于世"①。因此，棉纺织技术的发明权属于黎族，汉人是没有理由争的。

三、黄道婆是革新和传播棉纺织技术的第一功臣

这一点已是众所周知，没有疑问，故无须赘述。关于黄道婆其人，据《辞海》（上海辞书出版社1980年版）、《辞源》（商务印书馆1988年版）和《中国历代人名大辞典》（上海古籍出版社1999年版）等历史典籍和其他文物古迹可知，黄道婆亦称黄婆，宋末元初松江乌泥泾人。生于公元1245年，卒年不详，为童养媳，少年时逃亡至崖州，向崖州黎族妇女学习棉纺织技术，并加以改革创新。成宗元贞间（1295—1297）附海舶归，教乡民制造捍弹纺织之具，错纱配色、综线挈花，各有其法，利被一乡。《纺织史话》一书记载黄道婆出身于贫苦的农民家庭，"为生活所逼，十二三岁就做了童养媳。"因忍受不了"公婆的恶骂和毒打"，"逃到一座道观"，后又恳求观主的师姐（来自海南崖州）带她乘船"漂泊到了崖州"。② 这样算起来，如果黄道婆是十四五岁流落到崖州，则她在崖居住约三十六七年，符合许多书籍"近40年"的说法。

《纺织史话》还写道："黄道婆除了在棉花加工和纺纱技术上敢作敢为，大胆革新以外，表现在织造方面，同样有杰出的建树。她把从兄弟民族那里学来的织造技术，加上自己的实践，融会贯通，总结成一套比较先进的'错纱，配色，综线，挈花'等织造技术……广传于大江南北。""这种（改革后的）弹弓，于十五世纪传入日本，当地叫作'唐弓'。""十八世纪后期，松江布与江南一种紫花布以'南京布'的名称从广州出口，1819年曾经达到330万匹以上。西方资产阶级学者也不得不承认中国

---

① 费孝通主编：《中国少数民族大辞典·黎族卷》，香港当代文艺出版社2005年版，第318页。

② 上海市纺织科学研究院：《纺织史话》，上海科学技术出版社1978年版，第68-69页。

'土布供给我们祖先以衣料',真可谓'衣被天下'。"①

可以毫不夸张地说,是黄道婆把崖州黎族同胞发明的棉纺织技术经过革新、改造,传播到我国中原地区,进而经过丝绸之路传播到中东、欧洲乃至世界各地的。著名的英国科学家、诺贝尔奖得主李约瑟博士长期研究写成的巨著《中国科学技术史》,对此也做出权威性结论,并对黄道婆给予高度评价②;联合国教科文组织把黄道婆列为世界级科学家。

至于黄道婆是哪里人,是汉族还是黎族,这两个问题是联系在一起的。"科学无禁区",这些是可以继续讨论甚至争论的。但改变历史的结论要非常慎重,一定要秉持科学态度。对历史问题应采取"四不主义"态度(不能掩盖、不能歪曲、不能篡改,更不能捏造),必须有可靠的史料史实为证据。否则,不能妄下结论。

---

① 上海市纺织科学研究院:《纺织史话》,上海科学技术出版社1978年版,第73-76页。

② 李约瑟20世纪80年代还来过海南黎族苗族自治州作调查研究,我当时在自治州党委工作,有幸见到这位老先生。

古崖州是中国棉纺织技术的源头

附：李养国与周济夫关于崖州的咏和诗二首①

七　律

（将往三亚崖州区参加黄道婆文化研讨会有感一首以赠）

周济夫

山海钟灵蕴育之，此间自古富传奇。
周廓具眼开仙景，毛守迷踪剩秘思。
授艺黄婆衣天下，登瀛钟子踞鳌跂。
人才继起看今日，正是崖州丕振时。

七　律

（接济夫咏崖诗，遵嘱循其意而和之）

李养国

天涯何故海山奇？宇宙钟灵造化之。
冼太黄婆流惠泽，周廓毛守富才思。
黎胞首创棉纺布，仲实承传丘海资。
纵目鉴真登岸处，崖州展翼奋飞时。

---

① 冼夫人首置崖州，其封地"汤沐邑"即在此；崖州才子钟芳字仲实，史誉之为"上接文庄下启忠介"的"岭海巨儒"。

关于建设黄道婆文化公园的构想

林志坚*

黄道婆是我国棉纺业的先驱，13世纪杰出的纺织技术革新家。她将在海南崖州学得的棉纺织技术带回家乡。在上海松江一带推广传播。并经过改革，创造出一整套先进的棉纺工具和纺织技术。不仅泽被故里，造福一方，也极大地推动了我国棉纺业乃至社会经济的发展繁荣。上海人为黄道婆修墓建祠、勒石树碑，至今享祭不绝。然而，作为黄道婆生活了30多年的第二故乡崖州，至今没有为这位我国历史上的传奇人物、中外闻名的棉纺织革新家建造任何纪念物，实属文化三亚建设上的憾事。

为此，笔者建议在黄道婆生活超过半辈子的崖州地区建造黄道婆文化公园，展示她一生所做的贡献，既是为了纪念这位驰名海内外的女科学家，打造黄道婆文化品牌，建设文化三亚、发展旅游产业，更是为了弘扬她不畏艰辛、敢为天下先、极力争取的创新精神，以激励后来者。本文拟从建设黄道婆文化公园的重要意义、指导思想、建设内容等几个方面来谈一些构想，就教于各位专家学者。

一、建设黄道婆文化公园的重大意义

关于黄道婆的籍贯，有人说是上海乌泥泾人，有人说是海南崖州人。史学界聚讼纷纭，各持己见。但她在崖州生活30余年（一说33年或说37年），向黎族人民学习棉纺技术，则是公认的史实。她一生约有3/5的时间在崖州度过，她的事业也发轫于崖州。可以认定，在崖州（今三亚崖城）建设黄道婆文化公园，具有确凿的古史依据和地理踪迹。上海方面也十分支持我们的建设意向。他们认为，纪念和宣传黄道婆是我们炎黄子孙

---

* 林志坚，三亚市原副市长、人大常委会副主任。

的共同责任。北有上海,南有三亚,两地的纪念文物和古迹可以互为印证,互作补充,互相映衬。同时,他们还提出了沪亚合作,交流展览,共同发展弘扬黄道婆文化,共享黄道婆文化品牌的初步设想。我认为现在建设黄道婆文化公园具有十分重要的历史意义和现实意义。

(一)建设黄道婆文化公园,为三亚打造一个中国级乃至世界级的名人文化品牌

史书说,黄道婆在崖州向黎族人民学艺30余年,元代元贞年间(约1295—1297)渡海北上回到上海松江府乌泥泾定居。她将改进了的捍、弹、纺、织工具,以及错纱、配色、综线、挈花等工艺传授给当地人民,推动了苏杭地区棉纺业的大发展,为中国与世界纺织工业做出了巨大的贡献。马克思在《资本论》里说过,当未发明珍妮纺纱机时,德国有人发明了一种有两个纱锭的纺车,但能够同时纺两根纱的纺织工人却几乎和双头人一样不易找到。可见黄道婆在这方面的成就之卓著。她是一位贫民底层出身的、世界级的、值得歌颂的伟大历史人物。

史学界与科技界公认,黄道婆是我国13世纪杰出的棉纺手工业革新家。中国历史博物馆四大古代科学家的塑像中,她就是其中一位;她与汉代的张衡、元代的郭守敬、明代的李时珍齐名。上海也把黄道婆作为上海古代三位文化伟人之一。黄道婆在中国和世界古代科学技术史上有重要地位。英国著名科学家李约瑟博士在其巨著《中国科学技术史》一书中对其作了高度评价。德国维尔茨堡大学汉学研究所的研究员库恩也曾在《纺织技术》专文论述称,我们"可以了解到西陵氏和黄道婆为何被作为在纺织领域中崇高的神圣来崇拜,并深深地扎根于中国所有的重要经济区。"西陵氏即黄帝的元妃嫘祖,传为"缫丝之神";库恩博士把黄道婆视作"纺织之神",将之与嫘祖并列,足见对其评价之高。联合国教科文组织还把她称为世界级的科学家。

在中国,我们的祖先一直公认黄道婆是"衣被天下"的恩人。元、明、清以来的诗人王逢、秦荣光、高不骞、张春华、胡芳、朱凤洲等,写了大量的诗文赞颂她的事业和功德。其中,王逢的诗记述她崖州学艺的成功最为生动——"崖州布被五色缫,组雾纠云灿花草",意谓黄道婆学织的崖州布被,交织着五彩纱线,呈现出云雾花草的图案。在上海的黄母祠,赵朴初先生为她题写门匾,尊她为"元代科学家"。我国中小学语文教材、历史教材和中国通史都载入有关黄道婆的文章和史料。"乌泥泾手工棉纺织技艺"并于2006年被国务院列入首批"中国非物质文化遗产保

护目录"。

（二）建设黄道婆文化公园，是弘扬黄道婆文化和发展天涯历史文化源地的时代要求

黄道婆是中国数千年文明史上少数流传下来的妇女典型之一，是我国古代劳动妇女勤劳、勇敢、智慧、无私的象征。她一生致力于革新棉纺工具，推广棉花种植，传授纺织技艺，为促进经济发展做出巨大贡献，民间百姓奉其为"神"。党和国家领导人以及诸多的中外著名学者、专家来三亚考察时，都曾关切地问到黄道婆在崖州的史迹，可见其影响遍及中国和世界。

时代造就了英雄，也孕育了黄道婆文化，这些文化融入博大精深的炎黄文化之中。首先，黄道婆文化集中反映了中华民族的基本精神，是天涯文化精神的精髓，弘扬黄道婆文化具有深远的历史意义和重大的现实意义。黄道婆文化是我国古代创新文化之一，源远流长，在中国创新文化和精神层面上有着独特价值与生命力，内涵十分丰富，外延也十分宽广，表述各异，但重点包括八个方面的精神，即虚心学习精神、大胆创新精神、踏海学艺的海洋精神、极力争取精神、不畏强暴的叛逆精神、造福人民精神、民族团结精神和发展生产力精神。这些精神对于今天与未来三亚的发展都具有永恒的价值。因此，在人们大力彰显天涯文化的今天，我们有必要在黄道婆所体现的文化精神中去深化对天涯历史文化内涵的理解。其次，黄道婆文化是我们中华民族文化的"根"和"魂"的生动体现。文化是一个民族的根，一个民族的魂，国与国之间、地区与地区之间的竞争，归根到底是文化的竞争。从某种意义上讲，文化决定着三亚经济的发展和后劲。黄道婆文化，是土生土长的天涯文化的重要组成部分，同中华民族文化同"根"同"魂"。

近700年来，黄道婆是一个有史可考的历史人物。从时间上讲，上溯到元代，陶宗仪《南村辍耕录》、王逢《梧溪集》等都为她立传颂功纪德；从空间上讲，上海等江浙一带的人民都为她立庙设祀；从文学艺术角度讲，歌颂黄道婆的诗词歌赋传说古今相沿。

由此可见，黄道婆文化是崖州特别是三亚地区最有影响力、最具地方特色的文化。我们作为后人有责任使之再度成为中华民族传统文化的奇范，在全球化的大舞台上大放异彩。

（三）建设黄道婆文化公园，是挖掘和弘扬崖州地方文化的开创性举措

三亚市的前身古崖州遗存了很多历史人文古迹。例如，祀奉民族英雄冼夫人的"郡主庙"，留宿过放谪相臣赵鼎、胡铨的"盛德堂"，缅怀明代"岭海巨儒"钟芳的"钟筠溪先生故里"，祭享宋吉阳军守毛奎的"毛知军祠"，等等。但经过权衡估量，建设黄道婆文化公园项目，在以上所有人文古迹中，是最迅速发生社会效益和经济效益，最为适应时代潮流，最具有开发价值的一项。以建设黄道婆文化公园作为成功的范例与牵引力，可以将一系列历史名人史迹的文化开发工程带动起来。就其直接效应而论，现在建设黄道婆文化公园，深入研究整理黎族棉纺技术史，宣传光大黄道婆对棉纺工业的贡献，把黄道婆文化品牌辐射至全国乃至世界，这是发掘、弘扬崖州地方民族文化特色，开发、升华、深化和丰富天涯历史文化旅游产业，向国内国外打开三亚窗口的开创性举措，值得大书特书。

（四）建设黄道婆文化公园，为三亚市增添一个历史文化旅游新亮点

三亚旅游一向有十大资源的说法。各类资源多已引起人们的注意并得到开发利用，唯历史文物（文化）这一档有遗珠之憾。三亚市现把崖城作为历史文化名镇来规划开发，具有重要的历史意义。黄道婆文化公园拟选址南山，正好与南山佛道文化旅游相呼应，与南山佛教文化旅游区和大小洞天景区相连，其对面又是古毛知军祠（毛公庙）故址，相去咫尺，且离崖城镇新治所也很近。崖城镇若要真正成为历史文化名镇，需要复原很多历史文物，尤其要重视建设历史名人公园或故居。浙江绍兴市与海南三亚市并列为十佳魅力城市，此前被评为全国历史文化名城，修复的历史名人公园或故居多达 11 处。黄道婆文化公园坐落南山，周边空阔，大有发展余地，将来若考虑重建毛知军祠、冼夫人庙等名人庙堂，可以连成一片，形成规模效应。此项目理所当然成为三亚市新的山水风情历史文化旅游胜地。它集历史、名人、文物、民俗、教化、科技、园艺、风景、物产、生态于一体，其价值足以承传古今，媲美中外。这是中国最南端的一座历史名人文化公园，是一宗公益型的、对三亚发展有贡献的历史文化综合工程。

（五）建设黄道婆文化公园，为对青年一代进行爱国主义教育和科普知识教育搭起一个平台

当前，世界进入知识经济的新时代，我国推行科技兴国的国策，我国的纺织业面临着世界市场激烈竞争的严峻考验。宣传黄道婆这样一个世界纺织技术革新的巨人，用爱国主义和科普知识教育激发下一代青少年，振奋国魂民魂，落实科学发展观，向小康社会进军，这是时代赋予的使命。从这一点上说，把黄道婆文化公园创建起来，对国家、对民族、对历史、对时代、对未来，将具有巨大意义。

（六）建设黄道婆文化公园，有利于促进民族团结与经济文化共同繁荣

黎族植棉治棉技术与黄道婆在棉纺织技术革新上的贡献，是中华民族历史上黎、汉民族科学技术交流的典范，也谱写了黎、汉民族团结进步的灿烂篇章。黄道婆在我国棉纺织史上所做的重大贡献，体现了黎、汉两族人民辛勤劳动的结晶，凝结了黎、汉两族人民的深情厚谊。黄道婆不愧为沟通黎、汉民族文化的使者。黄道婆文化公园建设，再现黎汉两族人民互相学习，共同发展的历史范例，具有极其深刻的教化功能。黄道婆的事业，可与民族英雄冼夫人的勋绩交相辉映，她二人的影响，有利于促进民族团结和经济文化的共同繁荣，造福子孙，永垂千秋万代！

二、建设黄道婆文化公园的指导思想、基本原则和总体目标

建设黄道婆文化公园是一项重大的历史文化工程，但绝不能仅仅局限于狭隘的单一文化的旧观念。我们应将它发展成为富有历史气息和充溢民俗风情，具有地方特色和世界影响的系列旅游文化工程。换句话说，这一工程要突出三亚旅游城市的本色；要与三亚市的旅游产业战略紧密结合；要将其建成特色文化旅游景区；要使之成为海南历史文化旅游长廊上的一个光环；要填补三亚市历史名人文化旅游的空白，产生较好的社会效益和经济效益。同时，还要进一步提高档次，将之与世界文化旅游纽带相连接。既要以历史文化来充实旅游项目，也要以旅游产业来扩大历史文化的宣传和产生经济效益。

建设黄道婆文化公园，弘扬黄道婆文化，打造黄道婆文化品牌必须以

黄道婆文化为纽带，以建设文化三亚、发展天涯历史文化源地为抓手，立足弘扬民族文化和开拓创新精神，聚合各种社会资源，提高三亚市的知名度和文化品位，为经济发展提供载体和平台。规划建设的原则是高水平规划，高标准建设，高效能管理，做到开发与保护并重，经济与文化互动。力争经过不断努力，在黄道婆文化的研究和开发等方面取得突破性进展，即黄道婆文化遗址、历史文物得到全面保护和有效开发，建成以黄道婆文化为主题，集三亚市人文景观、自然景观、民俗风情为一体的现代化旅游体系，成为新的经济增长点。推出一批有分量的研究成果，创作一批有影响的文艺佳作，带动一批有效益的文化产业，使黄道婆的开拓创新精神得到广泛弘扬，将黄道婆文化品牌在全国乃至海外打响，初步形成历史文化与现代文化交相辉映、文化与经济相互促进的格局，为实现三亚国际滨海旅游精品城市奋斗目标提供强大动力和支撑，使三亚成为具有较强辐射力和重要影响力的历史文化名市。

三、建设黄道婆文化公园的若干建议

（一）文化公园的选址

黄道婆故居是文化公园的重要项目之一，因此文化公园选址必须考虑黄道婆故居的遗址。由于时间久远，史学界对黄道婆的故居遗址有不同的意见。有的人认为其故居遗址在水南村，理由是水南白腊根村（三村）有黄姓，可以联上黄道婆。然而据黄氏族谱载，水南黄姓的始祖是元末至正年间迁来，至正元年是1341年，故迁崖时间当在此年之后。而黄道婆在元初元贞年间（约1295—1297）已北上上海，无法挂钩。还有人认为故居遗址在崖城城西，认为城西小学原系广度寺旧址，传说黄道婆皈依道教，居广度寺。黄道婆是不是道教徒，尚无佐证。但广度寺是明清建筑，生于宋元间的黄道婆，怎么住进去了？她是底层人物，何必进入州城？既住州城广度寺修道，怎么又说向黎族学艺？

笔者认为故居遗址应在南山附近的高山村。笔者曾与原市政协主席陈人忠、原市地方志办主任周德光多次专程到崖城、水南、高山、四马等村庄勘查访问，在南山西北麓低坡度的木棉林中，寻找到一处确认为黄道婆故居的遗址，理由如下：

一是民间传说。黄道婆长期居住在水南附近的高山村，而高山村旧址就在南山这一带地方。因其村址在山上，故获名高山村，后因发生山体滑坡灾变（古称山崩），才迁村到平地。清代褚华所著的《沪城备考》卷二曰："黄道婆……少沦落崖州海峤间"，"海"即大海，"峤"即高山或山道之意。褚华的记载，与此处的地理地貌暗合。古代的高山村系黎族村庄（或黎汉杂居）。黄道婆居于此，向黎民学艺，合乎事理。

二是故居地址背山、傍村、带河、向海，十足的山村田园景色。在此处可以眺见宁远河、崖州古城、崖州沙湾和大疍古港（鉴真和尚登陆崖州处）。作为旅游景点，这一处风景奇观，具有很大的开发潜力。还有，不管是哪一派历史学家，不管他认为黄道婆是南人还是北人，都说黄道婆来往于崖州—上海时从大疍港上船下船。登临此一遗址有睹物兴怀的寓意。在故居遥望大疍古港，凭吊沙湾波涛，可以引发无尽的历史遐想，让游人在诗话意境中萌生更多的悬念。

三是故居遗址周边有近千株木棉树，错落成林，开阔壮观。民间传说是古人奉黄道婆为"先棉"之祖，历代手植木棉以纪念她，每年木棉报春，千树万枝，火红天际。在此附建"先棉"故居，是天造地设，天赐之便。

四是交通方便，地理区位优越。选址位于西线高速公路崖城出口通往小洞天景区的中间，处于南山佛教文化区、小洞天和崖州古城三角地带的中心，与这几个著名景点结成一个链条，交通方便，区位适中，条件优越。

（二）文化公园建设的主要内容

（1）重建黄道婆故居。黄道婆居宅为船形茅屋。屋前小苑栽龙血、刺桐、龙骨等南山古树；苑中立仿中国历史博物馆的黄道婆雕像。像（连座）高21米，寓意21世纪的纪念。居中陈放仿真生活日常用具。屋后有水井，灌崖州吉贝园（古崖州棉花小园）。从大门到故居这一段景区的创意为：来到遥远的"天涯海角"，参谒"衣被天下"圣土，怀抱着对往古37载岁月的缅忆，登上21世纪舞台，瞻仰一位世界伟人，寻觅她的历史履印。

（2）建造黄道婆纪念馆。馆匾额挂赵朴初先生题写的"元代科学家黄道婆纪念馆"（拓影）。馆体为二进三开间三合院，设左右陈列廊，砖木结构，青砖黛瓦，明清建筑艺术。馆的正中供黄道婆汉白玉半身座像。周边嵌挂木雕和塑造蜡像，再现黄道婆《机声图》《传艺图》《海舶图》《深山悟织图》等；又分类陈放有关黄道婆史事的几百件文物。环馆建黄道婆功德碑廊，镌古今名人赞颂黄道婆的诗、词、文、赋、书、画、对

关于建设黄道婆文化公园的构想

联、摄影等艺术作品。馆前左侧有望港台。为纪念黄道婆当年眺望河港河舶之处,登台可以望见奔流不息的宁远河,沿河错落的田舍村庄,远远近近的旷野青山,平静无澜的大疍古港,以及若隐若现的帆影。人们在抚揽古今沧桑的情思中,享受观赏景物的乐趣。

(3)建造崖州黄道婆织女村。村中有若干间敞开的茅棚屋,每间置一幅崖州古织机的复制品,配以捍花机、纺车、纱锭等,有真人在操作织布。村中织女皆熟唱"崖州织女歌"(也名"织女怨"),可向游客演艺。游客也可参与上机学织布,学唱歌。在织女的传艺中,凡学会穿织10次布梭者被视为习艺成功,可获奖纪念品。织女村备有自产的民俗色彩绚丽的织物,既作纪念品出售,也作奖品。

(4)附建崖州民俗博物馆。该馆定位为小型的以展示黎族民俗为主的专业性博物馆,主要展示乐东县佛罗镇袁金华收藏的黎族的居住、饮食、衣着、信仰礼仪、生产活动及工具等为主。袁金华收藏的文物不但数量大,而且种类繁多,共计有藏品3 000多件,主要分为五大类:一是崖州古代黎、苗、汉民俗工艺和民间器物700多件(其中黎汉古代纺织工具6套共100多件;崖州古代纺、染、织、绣挂锦和黎、苗服饰300多件;崖州黎、苗、汉族古代生产、生活器具300多件)。二是崖州古代玉器、铜器、铁器、古钱币等500多件。三是崖州古陶瓷器和日本及阿拉伯国家的精美陶瓷器400多件。四是崖州明清珍贵的黄花梨木家具、艺术根雕80多件。五是古老的藏金石、石斧、石铲、石犁等古石器100多件。这些文物重见天日后,可帮助我们揭开许多崖州历史之谜,填补崖州历史研究上的许多空白。它不但对研究古崖州的政治、经济、历史、文化、宗教等方面有重要作用,而且对今天发展文化事业和文化产业,让更多的人了解天涯历史文化,弘扬优秀民族文化,发展文化旅游产业,富民强市也具有重大的现实意义。

(5)附建天涯石景花园。该园的定位:建成国内著名的具有三亚特色的露天碑石博物馆,是一座融碑刻艺术与热带园林风光为一体的大型盆景花卉艺术宝库,是我国最南端的碑石文化公园和集生态文化、碑石文化、花卉文化以及热带滨海风光为一体的生态文化旅游休闲胜地。天涯石景花园内有书画陈列馆、游廊、碑亭等设施。在园中广植海南热带奇树、名木、名花。搜集海南的自然奇石布置在树荫下,经过艺术设计,在石头上题刻古代名家以及近现代诗人、学者、书画家、科学家、国家领导人和国外贵宾在海南、三亚留下的诗词墨宝。同时在部分树荫下种植热带花卉和盆景,把石、花、诗融为一体,不但为游客创造一个良好的休闲度假环境，而且还能成为书法爱好者欣赏书法珍品的宝库和后人学习书画艺术的课堂，成为展示和销售各种热带盆景花卉精品的天地。

(6) 建永久性黄道婆文化研究会会址。

(三) 打造黄道婆文化系列品牌

黄道婆无疑是三亚最突出的人文代表，建设黄道婆文化公园项目，可以配套开发一系列文化工程，打响黄道婆文化品牌。通过拓展黄道婆文化品牌市场，获取更多的经济效益。一是公开向国内外征集黄道婆文物，包括古今有关史、文、书、画、摄影等艺术作品等，积累文化宝藏；二是发行黄道婆纪念邮票、纪念币；三是筹办世界级的黄道婆文化学术会议，编写黄道婆乡土教材，摄制黄道婆电影、电视、戏剧、歌曲；四是策划有市场潜力的黄道婆商标，开发陆海交通领域的黄道婆街、路、桥，黄道婆号航船、游船等；五是在城市建设中，黄道婆应该是城市雕塑、广场、公园等不可缺少的文化主题，成为三亚国民教育不可或缺的教材。要采取得力措施，防止黄道婆非物质文化遗产继续流失，并通过文艺等各种形态，使人们通过艺术了解一个真实而伟大的三亚。用这种办法来传承历史，弘扬文明，与时俱进，纪念这位伟大的纺织革新家，使她的英名和功绩在广大人民群众中代代相传。

(四) 把此项目列为三亚市文化产业重要项目

市政府从土地、政策、资金等方面给予大力支持。成立项目筹建领导小组，协调解决开发建设中碰到的各种问题。搞好招商引资，统一规划，精心组织，做精做美。聘请一些老同志和文史方面的专家为顾问。确保项目开发的高速度、高水平、高质量顺利推进。

创建黄道婆纪念园的思考

罗灯光[*]

作为联合国教科文组织确认的世界级古代女科学家，黄道婆一生与三亚和上海结缘。在三亚，她度过了极其宝贵的青少年和中年时光，纺纱织布，勤劳敬业，拜师学艺，发明创新，计有37年之久，然而深感遗憾的是，关于她在三亚的事迹，海南明《正德琼台志》和清《崖州志》除转录元陶宗仪的《南村辍耕录》外未见有其他记载，三亚也没有保留和确认的相关遗址、实物。如果说，没必要对前人求全责备的话，那么自中华人民共和国成立以来，三亚也没有举办过任何纪念活动，没有建造过任何专门的纪念性园馆，黄道婆事迹及黄道婆文化濒临失忆境遇。这丢失了700多年的责任，三亚必须承担起来。如今，崖州区深明大义，召开黄道婆文化研讨会，群贤毕至，议论风生，研讨成果的诞生顺理成章。然而，笔者认为，如此研讨并非仅仅坐而论道，应该与应用、实践相结合。因此建议由崖州区选址创建一园、一馆、一雕塑，即黄道婆纪念园、黄道婆纪念馆和黄道婆雕塑，统称为"黄道婆纪念园"。

一、创建黄道婆纪念园的意义和理由

我们不仅为黄道婆曾生活在三亚这块热土感到骄傲，更要为纪念、学习、宣传、研究黄道婆，保护、传承、弘扬黄道婆文化，彰显我们的担当和作为，实现黄道婆由历史名人到历史名人文化的认同，实现黄道婆文化记忆在三亚的重构而感到荣幸。给黄道婆建园、造馆、塑像，是三亚的责任所在，使命所在，光荣所在，因此其意义重大。

第一，在三亚福泽之地创建黄道婆纪念园众望所归。黄道婆"少沦落

---

[*] 罗灯光，海南省散文诗学会副主席，原三亚市作家协会主席。

崖州",居崖大半生,于"元贞间,始遇海舶以归",到达上海。① 在上海,元王逢《梧溪集》说她"教他姓妇,不少倦。未几,被更乌泾名,天下仰食者千万家。"元陶宗仪《南村辍耕录》说她"乃教以做造捍弹纺织之具……未几,妪卒"。这些历史记载表明,黄道婆晚年到达上海之前,对棉纺织机具的改革和技艺的提升,不说已获成功至少也是获得重大的实质性的进展和突破,以至她在上海得以致力于教授和传播、利用和推广她于崖州取得的成果。哺育黄道婆成长为杰出科学家的,是崖州也就是三亚这块神奇的沃土!创建黄道婆纪念园,三亚跟上海一样义不容辞!

第二,为保护、研究和传承黄道婆文化打造基地。这样的园馆既承载着黄道婆文化记忆,又展现了黎族璀璨的纺织文化,潜在地实现了保护与传承黎族纺织文化的价值。而且还应该看到,黄道婆文化是一个极其丰富的矿藏,有待我们持续不断地深入挖掘和充分利用。她的精神、品格和情怀,具有超越时空的魅力,乃不可多得的精神财富和文化源泉。她的发明和贡献以及所形成的文化形态价值是多方面的甚至是世界性的。开辟一方天地打造一个永久性基地,以保护、研究和传承黄道婆文化,展示她的科技成果,弘扬她的科学精神,对宣传科教兴国兴市,具有难能可贵且不可替代的作用。

第三,为市民游客缅怀与学习黄道婆提供载体和平台。中国散文诗学会蔡旭副主席认为,黄道婆对精神文明的历史贡献与对物质文明的历史贡献同样巨大,笔者颇为赞同,譬如她学习钻研,吃苦耐劳;不墨守成规,创新超越;和睦相处,无私奉献等。她的杰出成就,说明了社会底层普通劳动者也是科学技术、发明创造的主人,妇女在科学发明中同样可以大显身手,少数民族对中华民族科学文化做出了巨大的贡献。黄道婆正是人民群众尤其是基层妇女勤劳智慧的代表。因此,市民游客表达对黄道婆的崇敬之心、学习之意、纪念之情,以及开展各种形式的活动需要载体和场地,对市民特别是对大、中、小学学生开展相关教育需要平台和依托,创建黄道婆纪念园时不我待,势在必行。

第四,为发展旅游业创建人文特色景点。创建黄道婆纪念园,增添和丰富三亚的旅游景观,有利于优化三亚旅游产品结构,对三亚较为单纯的滨海观光型旅游产品做补充;有利于发挥名人效应,进一步扩大三亚的国际影响力和吸引力;有利于通过历史文化、纺织科技的活化性展现,增添

---

① 参见〔元〕王逢《梧溪集》卷三。

三亚旅游的文化科技底蕴。展现在世人面前的三亚，就不仅是一个热带滨海的旅游城市，还是一个历史文化积淀深厚、科学技术光彩夺目的神奇城市。

二、创建黄道婆纪念园的基本构想

总的说要创建的项目是"黄道婆纪念园"，园内建造主体建筑黄道婆纪念馆，馆前矗立黄道婆雕塑。

（一）关于黄道婆纪念园

园区面积以 50 亩至 80 亩为宜，届时视征地实际而定，项目性质拟为公益性。除了主体建筑黄道婆纪念馆以外，本园还应建有相应的辅助设施，如停车场、休憩区、园管理机构用房等，尤其要把园区建设成特色鲜明的景观园林。

（1）基调景观。构建原则：本园基调景观必须与全市的基调景观相吻合。海南大学杨小波教授认为，三亚以酸豆树为市树，三角梅为市花，凤凰木、海南红豆加棕榈科植物构建的热带滨海半干旱季雨林、雨林景观及红树林滨河景观基本形成，因此本园景观要融入此景观之中。至于基调景观的配置，可采用杨小波教授的观点，主要配置这些植物：海南红豆、杜果树、海棠树、海南梧桐、美丽梧桐、海南菜豆树、美丽菜豆树、海南龙血树、小叶榕、高山榕、重阳木等多种。灌木与花卉植物视具体情况选择。

（2）特色景观。黄道婆纪念馆景观特点：突出历史，展望未来；突出纤维植物与人类的亲和性。馆周边种两种木棉花，即高大乔木红棉和灌木吉贝，让观众见识寻趣。

（3）小广场景观。景观特点：表达本园的文化性、科技性、休闲性、观赏性，并考虑有利于开展各项与黄道婆相关的活动。小广场分布于全园各处，可立碑命名，如织女广场、吉贝广场、机杼广场等。

（4）艺术景观。壁画、艺术墙、雕塑小品等，内容为棉纺织工具、黎族服装图案、热带动植物、黄道婆传说故事等；有关赞颂黄道婆的诗、词、书法作品。这些可分别置于各个小广场及园区各处。

（二）关于黄道婆纪念馆

仅有园没有馆，园就缺失主题以及阐述主题的内容；仅有馆没有园，馆也缺乏环境和烘托。园需要馆，馆盛主题，主题是命脉。馆在园中，就像红花在绿叶中。三亚作为黄道婆文化记忆的保存媒介，把这个馆建好、布置好，园这一项目也就成功了一大半。

（1）本馆要素。

主题与形象：中国纺织之母。建筑面积：3000～5000 m²。建筑风格：古朴典雅，多重院落，廊亭花窗，小桥流水，温馨农家。既充分利用合适的崖州建筑元素，又蕴含江南水乡韵味。

布展指导思想：黄道婆是上海和三亚共有、共享的名人。本馆布展以黄道婆身世"松之乌泾人"说为基础，按此规划、设计与布置，同时展示黄道婆身世另有一说即"崖州人"说。三亚不管是黄道婆的第一故乡还是第二故乡，为黄道婆建园造馆雕像都在情理之中。

（2）格局与内容。

一是序幕。前言；海南岛地图；古崖州分布图；崖州介绍。悬挂巨幅崖州黎锦。

二是宋末元初黄道婆成长的背景。崖州是原始"吉贝"的产地；崖州"吉贝"的种植、利用和传播；崖州"吉贝"纺织业驰名天下。古崖州"吉贝"纺织工艺和印染技术达到相当高的水平。崖州黎锦驰名天下，系"岁贡"皇帝的珍品。

三是黄道婆物质文化和非物质文化。机具：黄道婆所学习的崖州单锭脚踏纺车等，黄道婆革新后的三锭脚踏纺车等，江南的捍弹纺织机具，可供观众比较、演习、体验；棉纺织品：黎族以崖州被为代表的系列棉纺织品，黄道婆所制作的以乌泥泾被为代表的棉纺织品，由此勾画中国棉纺织技术从古至今的发展变迁轨迹。本部分展示镇馆之宝：明清时期的"龙被"和"黎锦"；技艺：用图画及多媒体演示非物质文化遗产黎族棉纺织技艺。本展厅设置电子触摸屏，以三维动画片帮助观众了解这里所展示的知识。

四是黄道婆精神文化。精神文化是一种思想观念，观众是通过媒介去体会和感悟黄道婆精神文化的，应以场景复原、全（半）景画、连环画等媒介，展示与再现历史过程，描述黄道婆勤奋好学、刻苦钻研棉纺织技术，大胆改革创新棉纺织机具技艺，推动以江南为中心的棉纺织业的发展，为中国棉纺织业做出卓越贡献的一生。

五是黄道婆研究文献。将宋末元初以来，记载黄道婆的文献、史志，有关黄道婆的图书、论文、故事传说、诗词歌赋、书画对联、影视雕像作品、纪念邮票银币、纪念祠堂楼馆资料等悉数收集展藏。

六是各地各族服装。中华服装展，横向展示中华不同地区、不同民族的服装，以展示黎族各支系的服装为主；纵向展示中华服装演变的历史、时装秀。世界服装展，横向展示世界主要地区、主要民族的服装；纵向展示世界服装演变的历史、时装秀。

七是结束部分。黄道婆惜别崖州湾；松江棉纺织业兴盛景象；英国绅士的赞美。

（3）展品来源。

本馆是承载黄道婆文化记忆的媒介，展品是黄道婆物质文化和精神文化的载体，能否把这个馆办好，展品来源是关键。征集宋末元初的展品难度很大，任务艰巨。重庆三峡学院谭晓静指出，所有展品都是一种文化符号，无法征集到的展品可以按照当时当地的模型制作复制品，这虽然不是黄道婆时期的文物，却是黄道婆创造的文化。有了这一理论，展品来源的难题也就破解了。对此，可采取两种方式获得展品：第一，从三亚以及海南各市县黎族农村，再从上海甚至江南农村去征集，并将它们修复完好；第二，制作复制品，这应该是主要的。

（4）布展形式与手段。

承载内容的展示形式和手段要具多样化与现代性，有实物、照片、图表、画作、文字、沙盘、影像、小型雕塑和蜡像情景再现等，恰当引入、使用高科技、声光电手段，强化意图和效果。置电子触摸屏幕，让观众随意浏览黄道婆电子资料，观看黄道婆题材电影、电视剧、电视专题片等。

（5）附属设施：接待与会议中心。

（三）关于黄道婆雕塑

黄道婆雕塑系本园的标志性符号，雕塑重现黄道婆在崖州向黎族人民学习棉纺织技艺的历史情景。

黄道婆这一雕塑，可以是群雕，也可以是单雕，还要在雕塑周边种植本土景观花卉植物，营造三亚特色环境氛围予以衬托。在材料的选择上，该雕塑拟选用花岗岩打造，更好地表现人物高大而淳朴的形象，且与三亚"鹿回头"等著名雕塑风格保持一致。对此，可向全国广泛征集设计稿，同时向雕塑名家约稿，通过层层筛选，推出最优秀的作品，再用招投标方式，提高准入门槛，确定建造施工方，高标准、高质量、高要求完成，这一雕塑必然成为市民游客喜爱的又一道亮丽的三亚风景。

此外，黄道婆纪念园所在的这一条道路，如果还没有名字，则给予命名；如果已经有了名字，那就建议更名。新名或者更改的名字就叫"道婆路"或者"织女路"。

　　黄道婆纪念园馆建立起来，就可加挂三亚市（或者崖州区）黄道婆研究基地、三亚市（或者崖州区）爱国主义教育基地、三亚市（或者崖州区）黄道婆棉纺织技艺培训基地等牌子。如此，就可搜集整理黄道婆故事、传说，开发动漫、影视、图书、各类画作产品；就可创办三亚市（崖州区）黄道婆舞蹈队、服装模特队；就可举办三亚市黄道婆纪念日灵活多样的活动；就可常态化地、更有成效地开展黄道婆棉纺织技艺培训传承工作；就可更好地开展与市内大中小学、宾馆酒店的纵向活动联系及与上海等地的横向学术联系。这样，重构三亚的黄道婆文化记忆就会落到实处。

黄母恩泽遍华夏
——近年来徐汇区传承弘扬黄道婆精神的做法

金志红[*]

松江府乌泥泾（今上海徐汇区华泾镇）是黄道婆的故乡，黄道婆墓地至今位于华泾镇东湾村，1959年被列为市级文物保护单位。2006年，乌泥泾（黄道婆）手工棉纺织技艺被列入第一批国家级非物质文化遗产名录。2007年6月华泾镇的康新琴老人成为第一批国家级非物质文化遗产项目代表性传承人。对于"黄道婆"这个徐汇历史的"老婆婆"，在现代社会弘扬黄道婆的精神，徐汇区进行了如下努力：

2006年成立"乌泥泾（黄道婆）手工棉纺织技艺"保护工作领导小组，确定了华泾镇政府负责保护计划组织实施，徐汇区非物质文化遗产保护领导小组和文化局负责管理、监督，由华东师范大学、上海社会科学院、东华大学等高校专家组成的专家小组负责业务指导。从而形成了项目保护网络，确保了工作的有效衔接和全面铺开。

一、黄道婆精神进社区

（一）建立黄道婆纪念馆

黄道婆作为中国历史上杰出的棉纺织技术革新家，逝世后，家乡乌泥泾的人民为她所建的墓地，约在明清之际荒废。1957年，由上海县人民政府拨款重建。1959年被列为上海市级文物保护单位。1996年，黄道婆墓被徐汇区政府列为爱国主义教育基地。2002年3月由徐汇区文化局和华泾镇人民政府共同出资建造黄道婆纪念馆，2003年3月完工并正

---

[*] 金志红，上海市徐汇区非物质文化遗产保护办公室负责人、副研究馆员。

式对外开放,由华泾镇人民政府管理。纪念馆位于华泾镇徐梅路 700 号,黄道婆墓东侧,占地面积 1 500 多平方米,常年免费对外开放。纪念馆展厅面积 300 多平方米,内有纺织工具、棉纺织品等展品 300 余件以及各类反映黄道婆生平事迹的实物和图片。2004 年黄道婆纪念馆被列为上海市科普教育基地。2016 年,在纪念馆旁又开辟 300 平方米用于传承展示活动,从而进一步提升了黄道婆纪念馆的层次,丰富了纪念馆的内容。

(二) 编印相关书籍及视频影像资料

2006 年与上海电视台合作拍摄了反映黄道婆生平事迹的专题片——《黄道婆》和《被更乌泾名天下》;2008 年文化局与上海社科院文学所合作,编辑出版了上海市非物质文化遗产名录丛书——《乌泥泾手工棉纺织技艺》;2010 年与上海电视台纪实频道合作,拍摄了重点介绍国家级非物质文化遗产"乌泥泾(黄道婆)手工棉纺织技艺"工艺流程即历史文化的纪录片《乌泥泾手工棉纺织技艺》。2015 年,对国家级传承人康新琴进行了口述史料的采录整理和视频档案留存。

(三) 将黄道婆棉纺织技术艺术化

编排黄道婆元素的戏剧、舞蹈,如体现纺织手法技艺的棉纺操、棉纺舞和黄道婆特色主题服装秀。2009 年,由上海徐汇燕萍京剧团创作、编排的原创京剧大戏——《黄道婆传奇》,获得由上海市委宣传部、上海市文化广播影视管理局颁发的 2010 年"上海市新剧目评选展演新剧目奖"和 2010 年"上海市原创剧目贡献奖"。2013 年,徐汇越剧团又打造了越剧新戏《黄道婆》,将这位平民纺织娘的形象再搬上社区舞台。

此外,园南中学学生也参与排练越剧《黄道婆》,参与 2016 年桂林公园"唐韵中秋"的演出。

二、黄道婆精神进校园

(一) 建立传承基地

经过培养发展,至 2016 年,徐汇区已经形成了国家级传承人 1 人、上海市级传承人 2 人、徐汇区级传承人 6 人的三级阶梯传承队伍,并发展了黄道婆纪念馆、紫阳中学、园南中学等三处技艺传承基地。2014 年,

园南中学被上海市教委评为首批"上海市非遗进校园十佳传习基地"。2012年、2014年,园南中学两次承办了上海市的非遗进校园的现场工作会。

(二) 开设黄道婆主题课程

近年来,园南中学立足于"棉纺文化"的建设,在保护和传承乌泥泾(黄道婆)手工棉纺织技艺活动的基础上,不断挖掘区域资源,拓宽社会实践活动渠道。将原来单纯的技艺传承发展为常态化的、独具特色的系列课程和文化活动。通过学校老师的努力,除了开设关于黄道婆的语文课、历史课外,还开设了《衣被天下——黄道婆》《展示纺车技艺,传承棉纺文化》等拓展型课程。

除了理论的教学之外,园南中学致力于黄道婆改进的三锭纺车技艺的学习和传承,组建"纺车班",从而深化了"黄道婆棉纺文化"项目的内涵,优化了相关课程的建设,以便学生参加相关的实践活动项目,推进项目传承。

(三) 开设黄道婆陈列室

2014年,园南中学在校园内筹建了"黄道婆陈列室",作为学生社团活动、探究性学习的场所,以吸引周边小学学生进校参观。同时全年免费向社会开放,充分发挥陈列室的深层辐射作用。

2017年3月底,园南中学将"黄道婆陈列室"扩建成为"黄道婆手工体验室",成为融合历史文化展示、课程教育培训、手工技艺体验为一体的多功能校园非遗文化传承基地。

2017年4月起,园南中学所在的长华学区以黄道婆文化为抓手,实现"一校一品"。在学区所辖各校内推广布艺为主的各类非遗手工艺,如刺绣、布艺、蜡染、布画等与纺织相关项目。

三、全面打造黄道婆文化品牌

(一) 挖掘黄道婆文化

黄道婆是我国古代杰出的棉纺织技术革新家,是上海人民勤劳智慧的象征。长期以来,众多专家学者一直致力于黄道婆棉纺织技艺及其文化内涵、社会价值的挖掘与研究,以追思其重要的贡献。2006年,与东华大

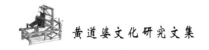

学合作,举办了"黄道婆文化国际研讨会",出版了《黄道婆文化国际研讨会论文集》。2012年,共同举办了"黄道婆与社区教育"研讨会,并编写出版了社区教育读本《传承之路》。

(二) 举办黄道婆旅游文化节

2016年9月,与上海市旅游节活动相结合,徐汇区举办首届"华泾镇黄道婆旅游文化节"。其间,徐汇区文化局、华泾镇邀请贵州黔东南丹寨等地多种棉纺、蜡染技艺的国家级非物质文化遗产项目来沪,共同举办上海徐汇·贵州黔东南布艺交流展。并在土山湾博物馆开设分展厅,与旅游局合作开展黄道婆故里骑行活动,举办最美华泾摄影展。还在华泾镇文化中心进行黄道婆皮影戏首演,参与观众多达数万人,使黄道婆故里——华泾为上海乃至全国人民所知晓。

(三) 使用现代手段宣传黄道婆精神

2015年,区文化局与华泾镇共同启动了《华泾文脉》系列连环画的工作,其中重点就是《黄道婆》,此书已于2016年10月正式出版。之后还利用这部黄道婆连环画进行宣传,送书进学校、进社区,进一步扩大黄道婆连环画在青少年中的宣传,努力使黄道婆连环画成为上海市各中小学的科普书籍,以此提升黄道婆项目在全市乃至全国的知晓度。

2016年,徐汇区通过与上海文广传媒集团炫动传播等机构的合作,开发了包括动画连续剧、短幕皮影戏、主题连环画等内容产品,其重点就是推出12集动画连续剧《中国巧姑娘——黄道婆》,该片是由华泾镇社区文化活动中心联合SMG炫动传播、海南三亚电视台联合出品的,该项目入选了国家新闻出版与广电总局的"中国梦"主题动画扶持计划,已于2016年10月在全国主要少儿及卡通频道首播,为今后在青少年中开展黄道婆非物质文化遗产教育提供了鲜活素材,二次元表现形式和黄道婆科学精神的结合将进一步扩展她作为上海科学创新精神代表人物的历史地位。

四、进一步弘扬黄道婆精神

接下来,徐汇区计划打造黄道婆纪念馆新馆,建立黄道婆文化研究中心,还将与街道等相关机构合作,计划将现有华泾公园以"黄道婆"为主题改建为"黄道婆纪念公园"。

总之，我们徐汇区将继续以"构建中华优秀传统文化传承体系，实现传统文化创造性转化和创新性发展"为引领，挖掘本土文化资源，将文化、商贸、旅游等有效结合，条块联动，全社会共同参与，全面提升黄道婆文化品牌，将黄道婆文化品牌打造成徐汇的一张软实力名片。

共生与共赢：黄道婆文化发展与传承的路径

谭晓静[*]

黄道婆文化，即黄道婆创造的文化，包括物质的和精神的两个层面。具体来说，它是海南黎族棉纺织技艺与上海乌泥泾棉纺织技艺有机结构的物质文化，以及黄道婆勇敢好学、刻苦钻研、大胆革新和无私奉献的精神文化的总和。黄道婆文化具有民族性、地域性、行业性和传承性的特点。

文献记载黄道婆"少沦落崖州"，"国初时，有一妪名黄道婆者，自崖州来"都足以说明黄道婆年少时在崖州生活和学习棉纺织技艺。因此，黄道婆文化起源于海南崖州，流变于上海松江，是两个不同地域文化的有机融合。黄道婆年少时向"熟黎"学习了当时较先进的棉纺织技艺，其中包括闽广等汉族的纺织技术和黎族的纺织技术；年老到松江后，便将在崖州学习的棉纺织技术结合江南丝、麻纺织技术进行了一系列革新，创造了具有江南特色的"松郡布艺"。可见，黄道婆文化还是黎族和汉族棉纺织技术的有效整合。从纺织科技的角度来看，黄道婆对棉纺织工具的革新，提高了生产效率，推动了以松江为中心的江南一带棉纺织业的发展，更为中国纺织业的发展做出了巨大的贡献，使中国棉布远销世界各国。

由此可见，黄道婆文化具有极强的纺织文化色彩。随着人类社会的进步，虽然手工棉纺织早已淡出了人们的视线，但棉纺织品仍旧常见于人们的生活之中，且黄道婆勤劳勇敢、刻苦好学、大胆创新与大公无私的精神仍是今天新生代以及未来世世代代都应该学习和发扬光大的宝贵财富。从某种程度上来说，黄道婆文化更具有传承性，以至700年后的今天，她仍旧被人们所记忆。

---

[*] 谭晓静，三峡学院公共管理学院副教授。

共生与共赢：黄道婆文化发展与传承的路径

一、黄道婆文化发展的时代际遇

（一）历史文化保护的需要

文化是一个国家、一个民族的重要标志，不同国家、不同民族独特的文化和传统是其赖以生存、延续的必要条件。不论是物质文化还是非物质文化遗产都承载着人类的智慧、人类历史的文明与辉煌，都是文化永续传承的媒介，有着不可估量的价值。当人们在追求物质利益最大化的时候，社会发展以"经济优先"为原则。在改革开放 40 年中，人们的物质生活得到了满足。当人们满足于物质财富而转向精神文化追求时，这才猛然发现，我们周围已存在多年的那些历史文物、传统文化、民间工艺不是湮灭在经济辗碾的车轮下，就是被遗弃在废墟中。于是，各个国家各级政府又不惜重金来挖掘、抢救和保护那些消失的、濒临消失的和被遗弃的古文物、古建筑、历史文化等。1982 年，我国颁布了《中华人民共和国文物保护法》，2003 年 10 月 17 日，《保护非物质文化遗产公约》（以下简称《公约》）在联合国教科文组织第 32 届大会顺利通过，这是人类历史上非物质文化遗产保护事业的重要里程碑。我国于 2004 年 8 月批准加入了《公约》，成为第六个加入《公约》的国家。与此同时，在历史文物、传统文化的挖掘、整理过程中，许多文化又被整理者进行了有选择性的取舍、修改和重构。

在历史文物保护的催生下，黄道婆墓得以被认定为上海市文物保护单位，而在海南却没有遗存与黄道婆这位历史人物相关的墓、碑等标志性建筑物。依据扬·阿斯曼的文化记忆理论，历史文物的保护实为历史文化的保护，因为文物是承载文化记忆的媒介。一定意义上说，历史文物的保护唤醒了许多历史记忆，重新展现了与之相关联的文化内涵。在非物质文化遗产的挖掘、整理、保护和传承过程中，黄道婆与上海松江手工棉纺织业以及海南黎族织锦纠结在一起。2006 年，黄道婆与松江手工棉纺织成功列入国家级非物质文化遗产名录。而黎锦尽管于 2009 年顺利列入世界遗产名录，却与黄道婆的关联度不大，原因在于当今的黎锦纺织技艺水平依然停留在宋元时期，完全没有革新过。

黄道婆年轻时在海南崖州向黎族（熟黎）学习了当时较为先进的手工棉纺织技艺，年老时北上来到上海松江乌泥泾，并将纺织技艺进行传播、推广和创新，促进了松江一带棉纺织业的迅速发展，使"乌泥泾被"响彻

127

世界各地。换句话说，黄道婆成长于海南，学艺在海南；传艺在上海，成功于上海。历史的车轮总在绵绵不断地前行。春来秋去无数，暑往寒来难计。时间的久远，让现代人追忆黄道婆时却发现，她没有在海南留下一物一迹，一文一纸。而在上海却完全相反，墓、碑依在，史志记载连续，部分老人对黄道婆的恩惠崇拜不减，记忆犹新。可见，上海人民乃至江南人民都享受了黄道婆的遗泽。

在海南或者说在黎族历史社会的发展变迁中，黄道婆是不可或缺的一页，海南人民也已关注到了历史名人对当地社会发展的影响力。20世纪80年代，文人周振东先生可说是文化自觉者的领头人，首先从文字上论证了黄道婆是崖州黎族织女。随后，同样的声音总在不断地呼出，尽管很微弱。2005年，崖城镇被国家评定为历史文化名镇，重建、修复崖城为凸显黄道婆文化在海南社会中的重要地位提供了良好的契机。在崖城修复的孔庙中，就立了黄道婆铜像，简介称崖城养育了历史名人黄道婆，而黄道婆又无私地将家乡的纺织技艺传到江南，伴随着江南棉纺织业的知名度的提高，黄道婆也闻名于世。可见，上海与海南都在此背景下强化着黄道婆历史记忆。

（二）文化产业发展的需要

党的十六大报告指出，发展文化产业是市场经济条件下繁荣社会主义文化、满足人民群众精神文化需求的重要途径。完善文化产业政策，支持文化产业发展，增强我国文化产业的整体实力和竞争力。党的十七大报告又称，文化越来越成为民族凝聚力和创造力的重要源泉、越来越成为综合国力竞争的重要因素，丰富精神文化生活越来越成为我国人民的热切愿望。要坚持社会主义先进文化前进方向，兴起社会主义文化建设新高潮，激发全民族文化创造活力，提高国家文化软实力，使人民基本文化权益得到更好保障，使社会文化生活更加丰富多彩，使人民精神风貌更加昂扬向上。

为了满足人民精神文化生活的需要，文化产业在国家政策和资金的保障下迅速崛起，特别是文化旅游产业几乎成为文化产业的支柱力量。换而言之，当下旅游业发展的核心是文化，文化是旅游的灵魂。此时，文化旅游作为旅游业的一个分支被独立出来，并呈现出蓬勃发展之势。有学者调查，英、美、日、德、法、澳等国的旅游者无一不例外地把"与当地人交往，了解当地文化和生活方式"当作出境旅游的三大动机之一。各国去欧洲的旅游者，有65%的人是进行文化旅游。在20世纪70年代，美国、西欧各国的文化旅游创汇占旅游创汇的比重达10%左右,并且每年都有明显增长。① 美国加利福尼亚州洛杉矶文化旅游负责人罗伯特·巴雷曾说:"文化旅游大概是美国增长速度最快的旅游项目,因为各个城市发展,文化旅游可以获得相当可观的收入。"据统计,1996年,有5 400万美国人进行了至少一次161千米的旅游活动,参观博物馆和历史景点。有3 300万人专门为参加文化活动或艺术节而旅游。在美国人中,27%的人每年要把数十亿美元花在文化旅游上。②

在国内,文化旅游业作为一种全新的旅游形式,不仅受到广大旅游者的青睐,而且引起了旅游管理等相关部门的高度重视。1989年,国家旅游局汇编《中国旅游文娱活动介绍》一书,常年不断地印发给各旅游企事业单位,以供安排旅游文娱活动所用。同时,国家旅游局还组织策划各种文化旅游项目,如1994年的中国文物古迹游、1995年的中国民俗风情游、1998年的华夏城乡游、2002年的中国民间艺术游、2003年的中国烹饪王国游、2004年的中国百姓游等,都充分体现旅游中的中国文化魅力。可见,文化旅游已发展成为一项全民参与的活动。

随着文化旅游业的日益兴盛,历史名人走进了旅游业的视野,各地区为了彰显地方特色,大打历史名人文化牌。历史名人文化在旅游文化中占据了十分重要的位置。特别是近十年来,在文化旅游发展中出现了一个热门话题——名人故里之争。诸如:湖南、陕西、山西三省争炎帝;山西的垣曲、翼城、沁水、洪洞争舜帝;河南、安徽争老子;山西临泉、河南新蔡争姜子牙;湖北、河南争诸葛亮;辽宁的辽阳和铁岭争曹雪芹,等等。历史名人故里之争实际是文化资源的竞争,都希望本地区是该名人文化发展的核心。从某种意义上讲,名人故里争论的存在,实际上是本土文化精英利用历史文献记载的偏差,修改或是重构某种历史记忆,而取得合理存在的理由。在此种背景下,黄道婆文化成为文化旅游产业发展的重要文化资源。

(三) 城市精神发扬的需要

城市精神是城市的灵魂,是城市文化的核心,是一个城市通过历史积淀而形成的精神品格,是一个城市在现实生活中形成的价值体系。城市精

---

① 资源来源:http://www.ctnews.com.cn/gb/2000/11/17/zglby/zhxw/2.htm。
② 参见玉东《美国旅游业中"增长最快的项目"文化旅游》,资料来源:http://www.linktrip.com/works/last.asp?id==360。

神也是一个城市综合竞争力的重要体现。城市精神既以观念形态、心理状态等形式存在于城市居民的大脑中，如城市居民的价值观、精神境界、理想信念、伦理道德、思维方式、文化传统、风俗习惯等，同时也表现为市民的行为方式、行为规范。① 城市精神还是城市特色的鲜明体现，是一个城市的品牌，这个品牌当然应该是独特的、别具一格的、个性鲜明而不同于其他城市的。应该说，这个品牌的差异性越大，所产生的效应就会越强烈。例如，浪漫与时尚是巴黎的城市精神；干练、优雅、合作，是东京的城市精神；富有梦想、创造、竞争，是纽约的城市精神；历史和现实和谐统一，人与自然和谐统一，是伦敦的城市精神。正因为有了这些城市精神，纽约、伦敦、巴黎和东京的城市竞争力才得以有效提升，拥有了无限商机，得到了快速发展。②

尽管三亚在现代化进程中迅速崛起，但其文化与市民精神的现代化发展则相对滞后。与其他大城市相比，三亚的弱点与差距越来越表现在软实力方面，甚至可能成为三亚现代化发展的一个"瓶颈"。当人们准备记忆这个城市时，却发现对城市的文化记忆，缺乏深厚的都市文化底蕴，人们无法从现有的文化心理结构中获得足够的心理支撑力量来直面三亚城市的发展。三亚迫切需要建立自己的精神文化。2006年8月，三亚市委成立了《三亚城市精神与文化建设专题研究》课题组，邀请专家学者进行专题研究。2008年8月，在专家研究和群众讨论的基础上，三亚概括提炼了五条城市精神候选用语：极力争取、扎实创优、美丽创世、开拓创新、开放包容，并通过多种形式让广大干部群众和市民讨论评选。最后，组委会共收到投票175 446票，"极力争取"获票占78.8%而获准为三亚"城市精神"表述用语。"极力争取"是指抓住机遇、排除万难、积极健康的价值取向和只争朝夕、追求卓越的精神品质。"极力争取"的精神与"美丽三亚、浪漫天涯"的城市名片有着内在的联系，是"美丽、浪漫"背后的精神动力和支撑。③ 一定意义上，"极力争取"是对三亚过去发展历程实践经验的总结，亦是对三亚未来发展目标的价值取向和期许。

三亚是一座充满活力、充满激情、充满梦想的年轻城市。三亚在"极力争取"中所表现出的吃苦耐劳、自强不息、包容和大胆创新的优秀品

---

① 参见尹继佐《培养上海城市精神》，社会科学院出版社2004年版，第15页。
② 参见王强《论城市精神与提升城市竞争力》，《沈阳建筑大学学报》2009年第7期。
③ 资料来源：http://news.163.com/09/0430/16/58505US4000120GR.html。

质，与黄道婆身上折射出的勤劳勇敢、刻苦学习、大胆创新和无私奉献的精神不谋而合。这些品质是黄道婆得以成为我国古代著名棉纺织革新家的内在动力，也是彰显三亚城市精神的必需。

二、黄道婆文化发展的文化价值

（一）历史传承价值

谈到黄道婆文化，我们不得不提黎族的黎锦，以及黄道婆与乌泥泾手工棉纺织。黎锦和乌泥泾手工棉纺织都已被列入国家非物质文化遗产名录。因此，我们从非物质文化遗产的角度来审视黄道婆文化记忆在海南重构后的文化价值。从根源上来说，非物质文化遗产是"一种集团或个人的创造，面向该集团并世代流传，它反映了这个团体的期望，是代表这个团体文化和社会个性的恰当的表达形式"[①]。非物质文化遗产是反映了民众集体生活，并长期得以流传的人类文化活动及其成果，具有不容忽视的历史文化价值。

在纺织史的长河中，黎锦是厚重的历史积淀。《后汉书》卷八十六《南蛮列传》记载："武帝末，珠崖太守会稽孙幸，调广幅布献之，蛮不堪役，遂攻郡杀幸。"那时，黎族人民穿的贯头上衣就是用"广幅布"制成。这种布是黎族妇女用多年野生木棉制作而成。三国吴国人万震在《南州异物志》中写道："五色斑布似丝布，吉贝木所作。"唐代中叶，黎族妇女纺织的龙被、食单和盘斑布，被列为朝廷贡品。宋代黎族妇女把棉纱和丝组成经纬纱，运用五色斑斓的线织成色彩鲜艳的花纹图案，所织"广幅布""黎锦""黎单"深受中原人民喜爱。元代，黎族的棉纺织技术发展到兴盛时期，其双面绣技艺和立体花纹图案的"黎锦光辉艳若云"的高超技术水平，使所产"吉布"（棉布）远销我国江淮、川蜀等地。根据陶宗仪《南村辍耕录》记载，黄道婆于元贞年间，带着黎族的棉纺织技艺来到了上海松江乌泥泾，并结合当地丝麻纺织技术进行了一系列改革和创新，创造了具有江南特色的纺织技艺。明朝时期，松江府已成为最大的棉纺织业中心。棉布"寸土皆有"，织机"十室必有"之说。明朝中期以后，棉布成为全国流通的商品，也成为人民普遍使用的成衣原料。而明清

---

① 《中芬民间文学搜集保管学术研讨会文集》，中国民间文艺出版社1987年版，第18页。

时期,黎族棉纺织技术更胜一筹,黎饰、黎单、黎幕、黎布、黎锦、绒织毡等以"细密莹白""绣人物、花鸟、诗词""浓丽可爱"而远销内地。其棉布精品,价值之昂贵竟"有十金一具者"①。黎族是一个没有自己文字的民族,黎锦是黎族妇女源自生活的独特创造,因此可以说,黎锦浓缩了黎族的历史与文化。它渗透着黎族人民的社会生产、文化生活、爱情婚姻、宗教信仰的活动。黎族妇女用简单的纺织工具纺出了精湛的布艺,表明黎锦的珍贵,更需要我们保护和传承。而乌泥泾的棉纺织,因为黄道婆革新了纺织工具,提高了生产效率,获得了"衣被天下"的美誉。它促进了生产力的发展,推动了社会前进的步伐。

因此,黎锦和乌泥泾纺织技艺蕴藏着两个民族的文化基因和心理特质,是几百代人相传沉积下来的民族的思想精髓和文化理念,是民族的灵魂和民族文化的本质和核心。可以说,发展黄道婆就是传递和保存纺织历史文化。

(二) 审美艺术价值

少数民族非物质文化遗产中有许多天才的艺术创造,无与伦比的艺术技巧、独一无二的艺术形式,能深深打动人类心灵、触动人类情感。通过这些少数民族非物质文化遗产中的艺术作品,我们可以形象地看到当时的历史事件、人的生存状态和生活方式、不同人群的生活习俗以及他们的思想与感情、艺术创作方式、艺术特点和艺术成就。在少数民族非物质文化遗产中,不仅民间文学、表演艺术有审美价值,就是其民族社会习俗、服饰织染、婚丧礼仪等也普遍涉及美的内容,具有重要的审美艺术价值。②

黎锦是黎族妇女源自生活的独特创造,其图案是各方言的标志性符号,有专家称其为黎锦的"甲骨文"。黎锦艺术充分体现了黎族妇女的创造才能和艺术造诣。她们用夸张变形的几何图案、想象丰富的抽象艺术,创造了人形纹、自然界纹、动物纹、文字纹等。黎族妇女在长期的社会生活实践中创造出黎锦织绣的艺术图案,反映了她们对生活、对劳动、对大自然的无限热爱之情。据考证,黎族各地区的花纹图案首先是根据生活环境、地理环境中所见到的自然形象,加工变形制作而成,而且从平原向山区逐渐演变:居住在深山地区的黎族多喜欢用水鹿、鸟兽、彩蝶、蜜蜂、

---

① 〔清〕张庆长:《黎岐纪闻》,见《小方壶斋舆地丛钞》第九帙。
② 参见蔡丰明《中国非物质文化遗产的文化特征及其当代价值》,《上海交通大学学报》2006年第4期。

共生与共赢：黄道婆文化发展与传承的路径

小爬虫、木棉花、泥嫩花、龙骨花等作为图案模本。而聚居在平原地区的黎族则喜欢以江河中的游鱼、溪边的虾、池畔的青蛙和田间里的鹭鸶等动物作为织锦图案素材。①

"乌泥泾被"是黄道婆将从黎族人民那里学来的纺织技术，结合自己的实践经验，总结出来的一套比较先进的"错纱配色、综线挈花"等织造技术，在松江一带热心传授。当时乌泥泾出产的被、褥、带、帨等棉织物上有折枝、团凤、棋局、字样等各种美丽的图案，鲜艳如画。如此，黎锦和乌泥泾被等是黎族和江南汉族棉纺织艺术品，均具有很强的艺术审美价值。

（三）科学认识价值

少数民族非物质文化遗产作为历史发展的产物，是对历史进程中不同时代生产力发展状况、科学技术发展程度、人类创造能力和认识水平的原生态的保存和反映。每个民族的文化遗产中或多或少可能会有一些不科学的东西或陋规恶习，这些东西应该被禁止、取缔。但是少数民族非物质文化遗产更多存留了当时人们的思想认识水平、生活情感态度、科学发达程度、风俗信仰禁忌等社会历史文化内容，具有一定的科学研究的价值。少数民族非物质文化遗产的科学认识价值是指某些文化遗产本身就具有相当高的科学含量和内容，有较多的科学成分和因素。②

存续3000年的黎锦工艺，被誉为中国纺织史上的"活化石"。织绣黎锦具有一套科学的工艺技术，黎锦的纺、染、织、绣工艺，是科学技术价值的体现。黎锦涵盖了历史、科技、艺术、民俗、地理、气候、人类学、民族学、民俗学、文化学等诸多综合信息。黎锦是中国古老的棉纺织品，远在春秋时期就负有盛名，对中国纺织业的发展起到了举足轻重的作用。黄道婆与乌泥泾被融合了黎汉纺织技艺，促进了棉纺织生产技术的改革，推动了城市商品经济的繁荣。对黎锦和乌泥泾被棉纺织品及纺织工具的展览，不单单是物品的呈现，还包含着纺织工艺、纺织工具结构等内在的科学价值。

---

① 参见陈澄泉、宋浩杰《被更乌泾名天下》，上海古籍出版社2007年版，第403页。
② 参见张世均《我国少数民族非物质文化遗产的价值》，《西南民族大学学报》2007年第7期。

三、共生共赢：黄道婆文化发展与传承的路径

（一）文化共生理论

1. 从需要视角看文化共生

"共生"概念来自生物学界，它由德国著名真菌学奠基人 De Bar（1831—1888）首创。其意指不同种类的生物密切生活在一起的共栖、共存状态。各生物之间为了生存的需要，而必须从另一方身上获得满足需求的资源。因此，生物共生表现的是一种相依为命的互惠互利关系，共生双方通过这种关系而获得生命，失去了其中任何一方，另一方都不能生存。需要并不是人类所特有的现象，而是一切生命体所共同具有的现象。因为生命体作为一种基因存在的方式，它总是不断地与外界环境进行物质、能量和信息的交换，从而保障自己的生存和繁衍。生物之间仅是为了满足生存的需要而相互依存，而人是社会性生物，有着多层次的需要。

在经济全球一体化、文化多元化的背景下，文化不再以纯粹的文化现象存在，它更多的时候是以一种资源形式渗透到经济领域，也就是说文化的经济功能在当今表现得淋漓尽致，如有"文化就是今天的经济""文化经济一体化"之说。从某种意义上说，人类对文化资源的占有欲望越来越强烈。不同国家、不同民族、不同区域都在竭力挖掘传统文化、历史文化，打造文化品牌，带动地方经济的发展。城市中的创意产业、动漫产业、时尚产业雨后春笋般地涌现出来；乡村文化旅游、红色旅游、民族文化旅游、历史名人遗迹旅游等都无不与文化相关，都是当下文化产业迅猛发展的结果。胡锦涛在党的十七大报告中指出："当今时代，文化越来越成为民族凝聚力和创造力的重要源泉、越来越成为综合国力竞争的重要因素，丰富精神文化生活越来越成为我国人民的热切愿望。"[①] 可见，文化作为国家、民族和区域的象征符号，既具有区别与他国、他族和异地的作用，更有强大的经济功能。

随着社会的进步，生产力的提高，人们的生活水平由物质追求转向了精神追求，实际上是最高层次的需要，即自我价值的实现。因此为了满足

---

① 《高举中国特色社会主义伟大旗帜 为夺取全面建设小康社会新胜利而奋斗》，人民出版社 2007 年版，第 33 页。

人们娱乐、休闲、健身、求知、审美、交际等精神需要和求知需要,在国家文化发展纲要的指导下,在城市修建了体育中心、文化艺术中心、群众艺术馆、博物馆、图书馆、文化主题公园等;在农村建起了电脑室、运动场、图书阅览室、农家书屋等。一方面,文化可以满足人们的精神需要;另一方面,文化可以作为一种资源创造着满足需要的手段。在文化系统中,各发展主体之间因对文化资源的需要,相互之间建立了文化共生关系。

2. 从共生关系看文化共生

社会由人构成,人生活在社会系统之中。社会共生关系存在于人类社会的方方面面,只要涉及人,就有共生关系的存在。个人、家庭、组织、社区、经济领域、政治领域、文化领域、国家之间等,都要发展,都需要某种资源来满足发展,因此他们之间都存在共生关系,都有共生问题的存在,都是研究共生的视阈。

社会共生关系必须具备三个基本条件:第一,共生主体。社会共生关系的主体是人以及由人构成的组织,因为社会关系就是人的关系,人理应是主体。第二,资源要素。社会主体之间的共生关系以资源为纽带。资源在这里指在一定的时间、地点、条件下,能产生某些效能以满足人的需要。例如,物质类、精神类、劳务类等。第三,约束条件。约束条件是指共生关系的各主体都必须遵守的条件。任何共生关系,都存在约束条件,一旦失去这些约束条件,那么这组共生关系就无法存在。我们通常所说的法律、道德、风俗习惯、宗教、意识形态、约定等都是约束条件。[①] 将社会共生论具体到文化系统,可将文化共生界定为,它是以人或由人构成的组织为共生主体,以文化资源为共生纽带,在一定约束条件下形成的共生关系。这里的文化共生不是文化单元之间的共生关系,而是社会各主体因对文化资源的需求而建立的共生关系。这里的文化资源泛指一切满足人类需要的文化。

第一,互斥型文化共生模式。互斥是指两个事物之间互相排斥的行为。在互斥型文化共生中,各共生主体为了自我发展的需要,便在一定的约束条件下,对有限的文化资源进行竞争,都希望能够占有更多的文化资源,于是各共生主体之间便产生了纷争、矛盾和冲突。由此"公平""和谐"等概念正是应对这些冲突和矛盾而提出的,如公平竞争、公平交易、

---

① 参见胡守均《社会共生论》,复旦大学出版社2010年版,第3—10页。

教育公平、和谐社会、和谐文化、和谐家庭，等等。此时，各共生主体之间处于"各人自扫门前雪，莫管他人瓦上霜"的状态，呈现出一种互相排斥的共生模式。

第二，互补型文化共生模式。互补是指两个事物之间在差异中寻找趋向同一的要求和态势。绝对的同一不可能互补，互补是在差异中的互补，没有差异就失去了双方互补的必要前提；绝对的差异亦谈不上互补，互补是在一共同统一体内的互补，没有同一，也就失去了互补双方的本质维系。互补型文化共生是指各共生主体在发展过程中，随着互动频率的增多，深度的增强，彼此之间互依互存的关系更加紧密，在对文化资源的获取中，由竞争转向妥协。即各共生主体之间为了生存和"自我实现"，他们在寻求资源的过程中发生联系。为了获得更多的资源，双方发生斗争；因为需要对方，双方又只得妥协。可见，互补型文化共生是建立在互斥型文化共生基础之上的。各共生主体之间表现为一种相互吸收、取长补短的互补型共生模式。在互补型文化共生模式中存在两种共生关系：第一种，文化资源交换型共生关系，它是指各共生主体之间都拥有对方所需要的文化资源，因为需要对方，所以达成交换资源的共生关系。第二种，文化资源共享型共生关系。在这个共生界面中，各共生主体之间必须同时需要这种文化资源，并且该文化资源又是存在的。

第三，和谐型文化共生模式。众所周知，社会发展存在不平衡性。不同的个人、群体、民族、国家都不可能处在同一发展水平界面之上，因此就有了穷人与富人、发达国家与不发达国家、先进民族与落后民族等之分。由此，社会共生系统中的各主体之间同样存在不平衡性，依据需求层次理论，各主体根据自己发展的需要，方与他人建立共生关系。纵观文化系统的共生关系，要达到和谐共生的最高境界，必须经历互斥型共生和互补型共生两个阶段。而文化系统的和谐共生模式只有当整个文化资源的交换与共享达到一种平衡，且各共生主体的价值观念也要达到相当的高度，即掌握对文化资源追求的"度"时，才能实现。

（二）黄道婆文化资源共享与共生发展

历史记忆中的黄道婆是宋末元初中国伟大的棉纺织技术革新家，生于南宋末年淳祐年间，年少时在海南崖州生活并向黎族人民学习了先进的棉纺织技术，晚年在上海松江乌泥泾推广棉花种植、传授棉纺织技艺、革新棉纺织工具，推动了以松江为中心的江南棉纺织业的发展，为中国的棉纺织业做出了卓越的贡献，她被联合国教科文组织确认为世界级古代女科学家。自 20 世纪 80 年代至今,上海为了体现其历史文化名城的悠远历史及深厚文化,通过修建黄道婆纪念馆,先后三次召开黄道婆学术研讨会,拍摄黄道婆电影、纪录片,出版书籍,申报非物质文化遗产名录等复兴黄道婆文化的活动。而海南怀着依托黄道婆文化品牌提升三亚城市品位和发展文化旅游的设想,先后两次召开了黄道婆学术研讨会。由此观之,上海与海南以黄道婆文化为纽带而建立了资源共享型的文化共生关系。这里的约束条件是历史事实。

依据文化共生互补理论,上海与海南建立的资源共享文化共生关系应该属于文化互补型共生模式。但笔者对主体双方在共生关系中的接触、沟通及互动结果进行考察后发现,上海和海南建立的文化共生关系处于互斥向互补过渡的文化共生模式中。上海和海南最初都希望通过合作,共同打造黄道婆文化品牌,实现经济双赢,但结果却没能找到共同发展的切入点。最终,双方各自为阵,自寻发展契机。从共生视角来看,共生主体双方都想获得黄道婆文化的优势地位。双方在互动中,虽没有明显的矛盾和冲突,也没有达成合作的意向。但双方在各自发展过程中,又都不可避免地会涉及对方。例如,上海召开黄道婆学术研讨会时会邀请海南黄道婆研究学者参加,海南在宣扬黄道婆文化在海南社会中的重要地位时,也会提到黄道婆在上海传授并创新了黎族的棉纺织技艺。同时,双方又都只侧重于与本地相关的那一部分,如上海侧重黄道婆的贡献,海南则强调黄道婆艰苦学艺的精神。

文化共生模式因共生主体通过竞争而产生冲突与矛盾向需要对方而导致妥协的不断变化中。笔者以为,基于上海和海南两个发展主体应该改变思想,不再深究历史记忆记录者的过错,而是携起手来,分享黄道婆文化资源的福祉,共同打造黄道婆文化品牌,发展文化产业,一起建设黄道婆文化,让这个延续了 700 年的优秀文化精神永续保存和传递下去。

四、小结

纵观黄道婆文化,它是物质文化和精神文化的结合,是黎、汉传统文化的整合。它使上海和海南纠结在一起,无论我们在上海或在海南谈黄道婆,都无法避开对方的"目光"。上海为凸显历史文化名城的悠远历史和深厚文化,需要"黄道婆名人效应"的点缀;海南为了国际旅游岛的建设,需要黄道婆的社会注意力来吸引国内外旅游人关注三亚,以实现经济利益。笔者建议,上海和海南应携起手来,而不是在宣扬黄道婆文化时只侧重于与本土相关的内容，比如上海强调贡献，而海南则侧重黄道婆艰辛学艺的精神。如果双方能树立共生合作双赢理念，将各自拥有的文化资源进行整合，建立互补型的文化共生模式，于上海、于海南甚至对社会的现实意义将会更深远。

黄道婆研究之我见

高泽强[*]

黄道婆是我国宋末元初一位杰出的女棉纺织技术革新家、纺织家,关于她的记载自元至清均未间断。中华人民共和国成立后,黄道婆的研究得到政府和社会关注,研究专著、论文不断出现,有关传说得到搜集整理,今又在崖州区专门举办"黄道婆文化研讨会",更把黄道婆研究放到了她当年的沦落之地、学艺之乡。非常感谢本次研讨会之邀,仓促撰写此文,就教各位专家学者。

一、两份珍贵的资料

关于黄道婆的史料可说少之又少,最早记载黄道婆的有关史料,仅见两份。

第一份,王逢的《梧溪集》卷三《黄道婆祠(有序)》一文:

> 黄道婆,松之乌泾人。少沦落崖州,元贞间,始遇海舶以归。躬纺木棉花,织崖州被自给。教他姓妇不少倦。未几,被更乌泾名,天下仰食者千余家。及卒,乡长者赵如珪,为立祠香火庵,后兵毁。至正壬寅,张君守中,迁祠于其祖都水公神道南隙地,俾复祀享,且征逢诗传将来。辞曰:
> 前闻黄四娘,后称宋四嫂。
> 道婆异流辈,不肯崖州老。
> 崖州布被五色缫,组雾紃云粲花草。
> 片帆鲸海得风归,千柚乌泾夺天造。

---

[*] 高泽强,海南热带海洋学院民族研究基地副研究员。

天孙漫司巧,仅能制牛衣。
邹母真乃贤,训儿喻断机。
道婆遗爱在桑梓,道婆有志覆赤子。
荒哉唐元万乘君,终靦长衾共昆弟。
赵翁立祠兵久毁,张君慨然继绝祀。
我歌落叶秋声里,薄功厚飨当愧死。

第二份,陶宗仪《南村辍耕录》卷二十四"黄道婆"条:

闽广多种木棉,纺织为布,名曰吉贝。松江府东去五十里许,曰乌泥泾。其地土田硗瘠,民食不给,因谋树艺,以资生业,逐觅种于彼。初无踏车椎弓之制,率用手剖子,线弦竹孤置案间,振掉成剂,厥功甚艰。国初时,有一妪名黄道婆者,自崖州来。乃教以做造捍弹纺织之具,至于错纱配色、综线挈花,各有其法。以故织成被褥带帨,其上折枝团凤棋局字样,粲然若写。人既受教,竞相作为,转货他郡,家既就殷。未几,妪卒,莫不感恩洒泣而共葬之。又为立祠,岁时享之。越三十年,祠毁,乡人赵愚轩重立。今祠复毁,无人为之创建。道婆之名,日渐泯灭无闻矣。

就是这两份最早的珍贵资料,支撑起了今人黄道婆研究的一片天。

王逢(1319—1388)字原吉,号梧溪子、最闲园丁、席帽山人,原籍江苏江阴,后避兵祸于无锡梁鸿山。所著《梧溪集》7卷,记载宋元之际人才、国事,多史家所未备。

陶宗仪(1329—约1412),字九成,号南村,浙江黄岩(今清陶乡)人。元末明初文学家、史学家。自幼刻苦攻读,广览群书,学识渊博。由其门生加以整理,分类汇编成《南村辍耕录》30卷,该书的史料价值和学术价值都很高。

王与陶均为同一个时代的人,生于元代,卒于明初,王比陶年长10岁。他们在黄道婆去世后的20年左右出生,因此对于这两人所记载的黄道婆材料,大多研究者认为真实,可作为信史来看。

二、宋末元初的崖州社会

宋末元初,黄道婆在海南崖州生活学艺,共有37年。那么,宋末元

黄道婆研究之我见

初崖州地区的社会状况究竟是怎样呢？

作为研究者的我们，在研究宋末元初崖州地区时，总会情不自禁地往好的方面来阐述，原因可能是这里曾孕育出一位伟大的女纺织家黄道婆。于是我们总以美好的心态来想象这个地方应该很早就已开发得比较好，政治、经济、文化发展得很不错，这就造成我们忽视了当时崖城地区比起大陆地区甚至本岛北部都落后，忘记了宋元时期整个海南岛在国人的眼里是荒蛮之地，是流放贬官谪臣的地方。

下面我们可从宋元时期被贬到崖州的一些官员的诗句和文献记录中，窥见当时崖州社会的景象。

宋仁宗天圣元年（1023）丁谓被贬为崖州司户参军，初到崖州时，他就赋诗《有感》一首：

> 今到崖州事可嗟，梦中常得在京华。
> 程途何啻一万里，户口都无二百家。
> 夜听孤猿啼远树，晓看潮浪瘴烟斜。
> 吏人不见中朝礼，麋鹿时时到县衙。

这应该是当时崖州社会荒凉萧条状况最为直观的记录。

绍圣四年（1097），苏东坡被贬到海南儋州，并在儋州3年，他那边状况又如何呢？"日与雕题亲"① 要知道儋州是比崖州开发还早的，但黎汉人和谐共处，共居一地，不分你我。

绍兴十八年（1148），胡铨被贬至吉阳军（今崖州崖城），他有诗云"去天万里，身陷九渊，日与死迫"。这根本是一种消极的心态，是崖州社会状况的窘境让他有了这种心态。

淳熙年间（1174—1189），周康到吉阳军（崖州）任知军，他住到州城里，但他看到的是"无市井，每遇五七日，一区黎峒贸易，顷刻即散"（周辉《清波杂志》）；"吏人不见中朝礼"（丁谓《有感》），"僚属一二，皆土著摄官，不可与语"；人死无棺材，挖穴深埋，"上覆横巨木，泥封甚固"，就连前任郡守，"殁于此属，无周身之具，用此殓殡"，"答以素无锯匠"。② 可见当时的崖州市井萧条，人烟稀少。

到宋末，钱塘人周辉的笔下，崖州仍是："抵郡、止芋茨，散数十家，

---

① 《苏东坡全集》续集，卷三，第6页。
② 参见〔宋〕周辉《清波杂志》卷七，知不足斋丛书本。

境内止三百八户，无市井。"①

元文宗天历二年（1329），王仕熙九月被流放到吉阳军（今三亚市崖城镇）。此时不知为何，王心情大好，赋诗《水南暮雨》一首，诗中反映的崖城是这样的：

千树槟榔养素封，城南篱落暮云重。
稻田流水鸦濡翅，石峒浮烟鹿养茸。
明日买山栽薯蓣，早春荷锄剪芙蓉。
客来蛋浦寻蓑衣，黄篾穿鱼酒正浓。

尽管诗写得很美好，但从中也看不到崖州到底发展如何。
至于其他文献资料就更多了。

反映缺粮的，"朱崖军……地窄人少，税米不足，旧年拨昌化军丁税米输之"②。

反映黎汉关系的，汉与"黎僚错杂"③。"距城（今崖城）五七里许外，即生黎所居，不啻数百峒"④。在崖城开设集市，黎人"率皆肩背担负，或乘桴而来，与民（汉人）贸易"。黎人在贸易中学会汉语，经常"十百为群，变服入州、县墟市"⑤。

反映贸易的，在闽广一带主要输入杭州的24种棉纺织品中，来自崖州的产品就有吉贝布、吉贝花布、吉贝纱、海南白布、海南棋盘布等。宋人的笔记里，仅纺织类就有黎单、黎幕、黎幔、鞍褥等，这表明了当时崖州的纺织技术在全国名列前茅。大疍港当时也已成为海南南部有名的商埠。

反映民族矛盾和阶级矛盾的，从至元二十八年（1291）开始，分兵四路，奋师大伐，"深入千万年人迹未到之外，刻石黎母、五指山而还，增户九万二千二百有零，自开郡以来未能有过之者也"⑥。"黎乱终元之世"⑦

---

① 〔宋〕周辉：《清波杂志》卷七，知不足斋丛书本，第3页。
② 〔宋〕李焘：《续资治通鉴长编》卷三百一十《朱初平奏言》，第8页。
③ 〔宋〕王象之：《舆地纪胜》卷一百一十七《吉阳军》，第3页。
④ 〔宋〕赵汝适：《诸蕃志》卷下《海南》，第145页。
⑤ 〔宋〕周去非：《岭外代答》，上海远东出版社1996年版，第36页。
⑥ 〔明〕唐胄：《正德琼台志》卷十《户口》，第26页。
⑦ 嘉靖《广东通志》卷六十八《外志五》。

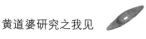

不断。

反映户口人口的，据《元丰九域志》记载，宋元丰三年（1080）全岛10 266户，若按每户5口折算，也就5万余人。到了元代天历二年（1329），户口达到92 244户，人口达166 257口。① 这时户数和人口的增加主要是黎峒的大量归顺，以及汉族百姓的迁移入岛。

三、库恩博士的怀疑

1998年9月，在上海召开的黄道婆专题学术讨论会，收到了来自联邦德国维尔茨堡大学的汉学研究所研究员库恩博士的一篇论文——《关于13世纪的黄道婆的传说——从纺织能手到种艺英雄》。由于库恩博士对中国纺织史研究有较高的造诣，他的论文受到重视，译文并摘要刊登在上海县文化馆编的1990年第4期《春申潮》上。

在这篇论文中，库恩博士有以下的观点：

（1）黄道婆是怎样被人们视为女恩人的？又如何被当作种艺英雄的？对于这个问题的一个初步的、尝试性的回答：是谁最初把纺织技术革新归功于黄道婆？

（2）有关黄道婆的记载，至今尚未发现别的更早的史料能否认这些革新归功于黄道婆，在王祯的《农书》② 中对轧花机改进和弹弓的描写，反映两种工具在王祯生活的时代普遍使用了。黄道婆或许不是作了改革的纺织家。

（3）黄道婆是纺织专家的中国传说如何形成，是因为黄道婆教的"新技术"，为松江府地区开创了美好的生活前景，使原来贫穷的地区成为富庶的植棉区。她去世后，人们为了纪念她而立祠堂，得到政府官员承认，由此一位纺织能手成了一位女恩人。

（4）类似的传说还有黄帝的元妃嫘祖，是因为她发明了种桑养蚕及懂得抽丝织绸制衣而成为"先蚕""始蚕"。两位传说人物的居住区域不同，形成传说的现实原因也务异，但最后都形成了中国人信仰方式：人们向她

---

① 参见《元史》卷六十三《志十五·地理六》，第1538页。
② 王祯（1271—1368），字伯善，元代东平（今山东东平）人，中国古代农学、农业机械学家，他所编纂的《农书》在中国古代农学遗产中占有重要地位，完成于1313年。全书正文计37集，371目，约13万字。分《农桑通诀》《百谷谱》和《农器图谱》三部分。

提供牛、羊等牺牲供品，以祈求有好的收成。

库恩博士的这些怀疑，实是对史学界关于黄道婆以往所形成的定论进行否定。笔者曾与海南大学的周伟民教授就黄道婆进行交谈，他比较赞同库恩博士的观点，认为黄道婆只是一个传说，是众多织锦能手的集中体现。

四、黎兴汤先生的研究

到目前为止，较为全面地对于黄道婆进行研究的，首推黎兴汤研究员。黎兴汤早年就读于广东民族学院，毕业后先后在乐东县政法委、县人事局、县文史办、县文化局等部门工作，曾担任过《乐东文史》主编，现已退休。

1991年，黎兴汤出版了首部专著《黄道婆研究》，共计20万字。该书打破传统惯例，未设章节，以论文形式出现，共有10篇，由当时的中国历史博物馆文物鉴定委员会副主任史树青先生作序，有"附录一：有关黄道婆的部分论文及故事传说"；"附录二：有关黄道婆的部分文献记载及遗迹"；"附录三：有关颂扬黄道婆的部分诗词及民谣"。

第一篇《黄道婆的历史功绩及其他》，作者主要针对库恩博士的怀疑进行了回答，指出黄道婆作为历史人物的传说与作为神话传说的嫘祖不同，黄道婆有史料记载，是真实的历史人物，并如数家珍地阐述黄道婆为棉纺织业所做出的历史贡献，从而维护和树立了黄道婆的作为女纺织家的光辉形象。

第二篇《黄道婆籍贯族属之我见》，作者以陶宗仪和王逢的两则资料为基础，从史书、文物古迹等方面考证出黄道婆非崖州籍人，更不是黎族人，而是地地道道的松江乌泥泾（今上海市龙华乡东湾村）的汉族妇女。

第三篇《黄道婆真实姓名与生卒年月考》，作者考证黄道婆的真实姓名叫黄四娘，别称还有10个，生于南宋淳祐五年（1245）农历四月初六，卒于元大德十年（1306），1260年前沦落崖州，1296年前后返回松江，在崖州达37年之久。

第四篇《黄道婆"少落崖州"原因初探》，作者认为中国古代有从北方向南方迁徙的历史大背景，而造成黄道婆出走崖州更直接的原因是南宋末年的社会动荡，内有苛政，外有蒙古大军压境，加上公婆的恶骂和丈夫的毒打等。

第五篇《黄道婆"少落崖州"居处新证》，作者深入实地调查研究，

黄道婆研究之我见

在掌握第一手材料的基础上多视角考证论证黄道婆少时流落崖州,居住在水南村,后嫁宋五爹移居崖州城,夫亡后出家到城西约二里的广度寺修道。

在第六、七、八篇《黄道婆"少落崖州"是向黎人学艺吗》《黄道婆"少落崖州"是向临高人学艺吗》《黄道婆"少落崖州"究竟向谁学艺》中,作者用大量的事实论证黄道婆少时流崖州,既不是向"黎人学艺",也不拜"临高人"为师,而是向崖州汉族闽广移民学艺。作者认为这是因为宋元时期的崖州汉族已"反客为主",占据崖州沿海平原地带,而黎族已退居山中。

第九篇《黄道婆为什么晚年北上松江》,作者认为黎族暴动及元朝镇压,瘟疫流行,是促使黄道婆晚年北上松江的时代背景。另外元朝政府在海南设市舶司,专门管理海南对外贸易,沟通了海南崖州等地与松江地区的商贸联系及人员相互往来。再者就是元朝社会对棉纺织品的需求量越来越大,而松江地区的治棉工具和技术都陈旧落后,黄道婆热爱家乡,想回到家乡传授棉纺织技术,以使缺衣少穿的家乡人过上美好的生活,于是北上势在必行。

第十篇《黄道婆之所以成为棉纺织技术革新家原因初探》,作者的主要观点如下:一是优良的品德,黄道婆具有勤劳的本色、叛逆的个性、顽强的意志、改革的精神、爱民的品德;二是客观条件的影响,黄道婆出身贫苦,爱纺织,离不开纺织,社会对棉布的强烈需求,她沦落到当时棉纺织工具和纺织技术先进地区的崖州后,融汇国内外先进棉纺织技术于一身,推陈出新,发明新织机,运用新织法,织出新产品,从而成为伟大的棉纺织技术革新家。

最后黎兴汤在该书后记中言:"我观点,多悖于目前史学界的'成论'。蔡元培先生说过:'凡有学术,总昌后胜于前'。然而我不奢求,谨对史学界有些似乎定论的问题,发表个人肤浅的见解;对没有探索的问题填补个空白,以求对史学有所裨益罢了。"

黎兴汤属于敢于吃螃蟹之人,他对黄道婆研究的成果和结论,让我们深受启发,获益良多;但是由于具有说服力的资料太少,用新收到的传说否定原来的传说,所谓的文物古迹的真实性都很存疑,如此等等,使他的许多结论未能令人完全信服。

五、黄道婆研究的困境与我们应该秉持的态度

对于黄道婆的研究,或许笔者孤陋寡闻,感觉好像已经被堵在路上,难以取得新突破,而对于以往的结论大家都觉得没有交代得很清楚,讲得不够透彻,像是拨开了云雾仍难以见到日光,还在云里雾里。

笔者认为这可能是以下几种原因造成的:

第一,史料太少以及没有考古资料支撑。最具有史料价值和研究价值的资料仅有元代王逢的《梧溪集》卷三《黄道婆祠(有序)》和陶宗仪《南村辍耕录》卷二十四"黄道婆"条,明清以后各种相关资料基本是这两则资料的引用或转述。在考古方面更是没有相关的文物发现,至于将广度寺与黄道婆联络在一起也仅"是三亚市崖城镇人们普遍公认的历史事实"[1],没有直接的证据。

第二,对宋末元初的崖州社会发展认识不足。古代海南岛开发的基本线路是先北、西,后南、东,最后才到中,这与船舶制造、航海技术发展以及人类对海南的土地森林开发利用有关。宋代以前,崖城还未成为城,到了南宋绍庆元四年(1198)才开始用木板拦土筑成土城,1238年再用土砖延伸增高女墙,长240丈,高1丈6尺,开东、西、南三个城门。元时继修城池,并建崖州仪门。其他可参见前文"宋末元初的崖州社会"部分。

第三,对民族人口的分布和黎族汉化的情况认识不到位。历史上,海南各民族发展一直都处在动态之中,要么融合,要么隔绝。而处于封建文化高度发达的汉族及其文化,也一直是海南各少数民族所向往的,因此汉化是一个大趋势、大方向。在宋末元初的崖州也是如此,因此,将宋末元初崖州的民族分布与当今的民族分布等同起来是不恰当的。直到现在,崖城周边的民族分布也是你中有我、我中有你,就是水南村委会还有一个黎族自然村。另一个把纺织工具分为崖州黎式、崖州汉式也是不正确的,这与族属没有关系,而与生产力发展有关。所谓汉式黎式,反映不出宋末元初崖州地区纺织的真实情况。

第四,崖州地区的民族及方言群迁徙问题。崖州地区最早的居民肯定是黎族,而后才是汉族、回族、苗族。然而对于汉族来讲,也是在不同的

---

[1] 黎兴汤:《黄道婆研究》,改革出版社1991年版,第84页。

黄道婆研究之我见

历史阶段进入崖州地区的。据了解，最早进入崖州地区的是操军话的汉族，这应该是自汉至唐宋的官兵、封建官府官员及家属带来的；第二个是操迈话的汉族，这种语言具有军话、广府话、海南话的一些特征，是一种混合语言，比军话入崖州更晚；第三个是操海南话的汉族，他们在宋代已进入海南，但大规模进入海南是在明清时期，进入崖州地区更晚；操儋州话和临高话的人来三亚更晚，在清代或民国时期了。

由此可见，对黄道婆的进一步深入研究难度非常大，而研究的方向和研究的态度就显得尤为重要。对此，笔者有以下不成熟的想法：

第一，从大方向来研究。中国不是棉花的原产地，最早的棉花源自印度。后来棉花通过三条路径传入中国，最早的是南路经东南亚传入海南岛、福建和两广地区的印度的亚洲棉。棉花相对较早地传入海南岛，这自然使黎族先民成为最早掌握棉纺织技艺的族群之一。因此不论是黎族还是后来到海南岛后的临高人、汉族各方言群等，都会自然而然地吸收学习棉纺织技术工。随着棉纺织技术工艺的积累，到元代终于孕育出黄道婆这样杰出的女纺织家。

第二，黄道婆已经变成一种文化符号。由于海南历史的错综复杂，民族之间你中有我、我中有你，而且汉化是一种趋势，一旦汉化了以后就难以再寻找到原来民族的影子，加上史料的缺乏、考古的匮乏，而传说和今人的调查采访又不足以为据，于是争论黄道婆向谁学艺已没有任何实际意义。因此，从某种意义上说，黄道婆已经变成一种"衣被天下"的文化符号，她是崖州地区各族人民共有的。

第三，尽量还原历史的本原。宋末元初的崖州相对大陆来说是一个非常落后的地区，是贬官谪臣的地方，因而要从大方向研究入手，还原历史的本原。宋末元初的崖州，人们对铁器的运用远不如大陆地区，运用铁器来制造生产生活用具更比不上大陆地区。笔者有一个猜想：黄道婆回到家乡后，运用当地先进的铁器工具，把原在崖州看到的棉花纺织工具和纺织的技术，经过琢磨、革新、改造，终于发明先进的新式纺织工具。于是才有"国初时，有一妪名黄道婆者，自崖州来。乃教以造捍弹纺织之具，至于错纱配色、综线挈花，各有其法"的记载。

147

黄道婆"错纱配色、综线挈花"技术的研究

李 斌[*]

元代著名学者陶宗仪（1316—?）的《南村辍耕录》中记载黄道婆事迹时指出："造捍弹纺织之具，至于错纱配色、综线挈花，各有其法。以故织成被褥带帨，其上折枝团凤棋局字样，粲然若写。"那么，黄道婆的"错纱配色、综线挈花"到底是采用何种古代织造器具来实现的？目前，学界并没有给出明确的解释，几乎都认为是利用当时丝麻手工业中先进的织造工具来完成的。然而，笔者通过对相关历史资料的收集、整理、分析，并结合上海地区博物馆的实地考察，可以断定黄道婆并非完全利用当时丝麻手工业中先进的织造工具来完成织棉过程中的"错纱配色、综线挈花"。

一、"错纱配色、综线挈花"的定义及其实现

（一）"错纱配色、综线挈花"是一种提花工艺

棉纺织行业中的"错纱配色、综线挈花"指的是一套用棉纱作为原料进行色织的工序。简单地说，就是先将棉纱染成所需的各种颜色，然后用这些彩色的棉纱通过提花技术织造成含有各样图案的棉布。具体来看，"错纱"，就是让不同色彩的经纱在牵经时交错排列；"配色"，就是让不同色彩的纬纱在织造时交替织入；而"综线""挈花"，则是利用束综提花装置，织造大提花织物。[①] 由此可知，黄道婆的"错纱配色、综线挈

---

[*] 李斌，武汉纺织大学服装学院讲师，湖北省非物质文化遗产研究中心副研究员。

[①] 参见陈澄泉、宋浩杰《乌泥泾手工棉纺织技艺》，上海文化出版社2010年版，第56—57页。

黄道婆"错纱配色、综线挈花"技术的研究

花"强调的是织造带有花纹棉布的一种工艺。

(二)元代松江地区可以实现"错纱配色、综线挈花"的织具

棉纺织中的"错纱配色、综线挈花"虽然没有在与黄道婆同时代的王祯《农书》中详细指出,但笔者可以根据《农书》中的相关记载进行合理的推论。《农书·农器图谱》卷二十一"纩絮门"(木棉附)中指出,棉花经过去核、成条、纺纱、拔车或轩车遂成棉纴,然后用糯糊对棉纴煮过、晒干,就可以络于篗上,其后的经纬制度,一仿绸类。① 其实,如果要织造带有彩色纹样的棉布,还需要在棉纴上浆前进行染色处理。染色、上浆后的棉纴具体可在经架和纬车上进行牵经和织纬。经架(图1)"牵丝具也。先排丝篗于下,上架横竹,列环以引众绪,总于架前轻牌;一人往来,挽而归之纠轴,然后授之机杼"②。因此,只需将丝篗换成棉篗,同时按棉布花纹所需经线的根数和颜色种类相应地将载有各种颜色棉纱的棉篗排列好,就能完成"错纱"的工艺。纬车(图2)"其柎上立柱置轮,轮之上近,以铁条中贯细筒,乃周轮与筒,缭环绳。右手掉轮,则筒随轮转,左手引丝上筒,遂成丝维,以充织纬"③。简言之,纬车就是将棉篗中的各色棉纱转纺到梭子中的纱管中,以备织纬时用。笔者曾在上海七宝棉纺织馆中也亲眼见到过这两种器具应用于棉纺织,可见王祯《农书》所载"经纬制度,一仿绸类"所言非虚。

同样,在元代江南丝织行业中流行的花楼织机也能实现"综线挈花",其实在元代江南丝织行业中流行的花楼织机早在南宋时期就已经出现。南宋时期的《耕织图》中比较清楚地描绘了这种小花楼提花织机(图3)的操作过程。我们从图3右边可看出,这种小花楼织机由三个人操作,一人坐在花楼上挽花,一人负责引纬、打纬,第三个人作为信息交流的媒介,并负责检查织造的情况。实际上《耕织图》对花楼织机结构的描绘过于简单,而南宋吴注本《蚕织图》中的小花楼提花织机(图4)结构则非常清晰。《蚕织图》中的小花楼织机甚至能看出是织平纹地起花纹的织机,因为织工前面的地综只有两片,只能织平纹地织物,而花综则有很多片。这

---

① 参见〔元〕王祯著,缪启愉译注《东鲁王氏农书译注》,上海古籍出版社1994年版,第746页。
② 〔元〕王祯著,缪启愉译注:《农书译注》,齐鲁书社2009年版,第764页。
③ 〔元〕王祯著,缪启愉译注:《农书译注》,齐鲁书社2009年版,第765页。

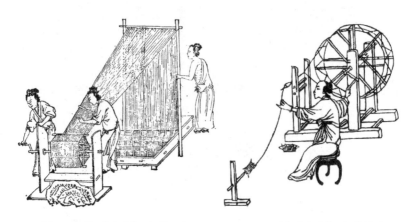

图1 王祯《农书》中的经架　　图2 王祯《农书》中的纬车

说明了在织造工艺上，元代的花楼织机如果应用于织棉就能实现"综线挈花"，从而达到"其上折枝团凤棋局字样，粲然若写"的程度。然而，《农书》中的"经纬制度，一仿绸类，织纴机杼，并与布同"则否定了这一假想。王祯在这里明确指出织棉的织纴机杼和织麻的器具相同，并没有采用当时丝织中先进的织造工具——花楼织机。

图3 南宋《耕织图》中的小花楼提花织机

众所周知，陶宗仪《南村辍耕录》中指出，黄道婆于元贞年间

黄道婆"错纱配色、综线挈花"技术的研究

图 4 《蚕织图》中的小花楼提花织机

（1295—1297）返回松江。而据王祯《农书》中的自序，言其直至 1313 年才写成。① 也就是说，王祯《农书》是在黄道婆返回松江 10 多年之后才完成的。因此，《农书》中棉纺织的描述符合黄道婆在松江乌泥泾传播棉纺织技术的时间上的逻辑关系，具有很高的可信度。那么，我们就会存在两个的疑问，为什么元代棉纺织中会出现"经纬制度，一仿绸类，织纴机杼，并与布同"？不采用花楼织机，黄道婆是如何实现"综线挈花"的？

二、经架和纬车的简单特性决定其被织棉所用

丝纺行业的经纬制度指的是将丝纱通过经架和纬车分别制成经线和纬线的程序。这些制度能被元代松江乌泥泾兴起的织棉所吸收并运用，笔者认为，这其中是有一定的社会和经济原因的。第一，从经架和纬车的结构上看非常简单，制作并不复杂，成本上也能为一般平民百姓所接受，上海七宝棉纺织馆以及上海黄道婆纪念馆都能见到用于棉纺织的经架和纬车。

---

① 参见缪启愉《王祯的为人、政绩和〈王祯农书〉》，《农业考古》1990 年第 2 期。

相反，花楼织机却根本无法在与黄道婆以及棉纺织相关的纪念馆中看到。第二，从经架和纬车的操作上看，也不很复杂，不需要专业性很高的操作，家中老幼妇孺即可操作。正是基于丝纺行业中经架和纬车具有成本低廉、操作简单的特性，因此，其具备了作为家庭棉纺织手工业的社会属性，从而迅速地从丝纺织行业运用到棉纺织行业。

三、黄道婆的身份决定了棉织机的简单性

（一）黄道婆民籍身份的确定性

目前，对于黄道婆的身份唯一可以确定的是她是一位善良勤劳、勇敢智慧的元代劳动妇女。至于她的确切姓名、籍贯和生卒年学界各说不一，难以统一。其实，这些问题对于我们认定黄道婆的"综线挈花"技术是否采用花楼织机并不是最重要的因素；相反，她是否为匠籍的问题则是至关重要的因素，因为在元代只有具有匠籍（包括官匠和民匠）身份的人才有可能接触并掌握像花楼织机这样复杂的手工纺织机械。然而，笔者通过对黄道相关史料以及元代的户籍管理资料的考察和研究，认为黄道婆的身份并不具备匠籍的条件。

首先，从宋代以来从事棉纺织业的劳动人民的身份来看，从事这一行当的人都以棉纺织作为家庭的副业，以贴补农耕的不足。根据《南村辍耕录》中"转货他郡，家既就殷"的情况。尽管松江府的棉布生产量很大，但从事纺织的还看不出是专业的纺织工人，应该说是农民。[①] 这也说明了在元代从事棉纺织的人群并不属于匠人的行列，而为普通农民。而民籍首先由一般的地主、自耕农、半自耕农、无耕地的租佃户组成。[②] 由此可知，作为从事棉纺织行业的农民，其身份还是民籍。

其次，根据黄道婆的相关研究和传说，也没有明确指出黄道婆具有匠籍的身份，反而辅证了黄道婆的民籍身份。对于黄道婆的经历，众多学者都是根据元代陶宗仪的《南村辍耕录》、王逢的《梧溪集》以及上海地区、海南地区的地方志和一些传说进行的推论。然而，"自崖州来"这一

[①] 参见洪用斌《元代的棉花生产和棉纺业》，《中国社会经济史研究》1984 年第 3 期。

[②] 参见吴伟、姜茂发《我国元代户籍分类制度研究》，《宁夏社会科学》2009 年第 6 期。

观点众多学者却是没有异议的。在元代，匠人的自由迁徙几乎是不可能的。元政府对在籍工匠是严加督查的，目的是防止工匠脱籍逃逸，对脱逃的工匠，要追捉回官。据元末明初学者宋濂的《宋学士文集》卷一《元故文林郎同知重庆路沪州事罗君墓志铭》记载："郡（抚州）有织锦工，尝籍于官，竟遁入武昌，出入辨章温公门。"然而，就算这位织锦工投到权贵辨章温公门下，最终还是被抚州判官罗文节缉捕回官。由此可见，假若黄道婆属于匠籍，自由迁徙的可能性非常小，不可能自海南崖州顺利来到松江乌泥泾。

最后，宋元时期的松江乌泥泾已经发展成为一个经济繁荣的大镇。据考证，乌泥泾，别称乌泾，古名宾贤里，宋元间巨镇。① 早在至元十八年（1281）政府就在乌泥泾设太平仓，可储粮 20 万石，是松江府漕粮的转输重地。其后又在此设置乌泥泾巡司（治安机构），与青浦、青龙、邹城、新泾一起成为上海县五大巡司。② 可见，乌泥泾在黄道婆到来之时，早就成为一个行政机构完善、经济繁荣的地方。如若黄道婆属于匠籍身份，特别是官匠，早就被当地的巡司抓捕或征调，根本无法光明正大地教当地百姓进行纺纱织布，这又辅证了黄道婆的"民籍"身份。

综上所述，我们通过对元代从事棉纺织行业人群户籍的分析，并结合黄道婆的相关研究、传说以及元代松江乌泥泾地区的政治、经济发展程度，可以断定黄道婆的民籍身份。虽然在中国历史上几乎每个封建王朝对老百姓户籍管理都相当严格，然而，不可否认，具有民籍身份的黄道婆在宋、元交替之时以"流民"的身份来到松江乌泥泾地区相对于具有匠籍身份的人还是要容易得多。

（二）黄道婆的民籍身份限制了棉织机的复杂性

笔者认为，作为民籍身份的黄道婆，不可能将花楼织机运用到棉织物的织造上。理由如下：首先，元代户籍的管理非常严格，匠籍一旦认定就要世代相袭，除非有官府的变更或放免规定。明初时，在其里甲黄册制度未建立前，基本上沿用元代的户籍管理制度，从中可以窥见户籍制度的严密。据《明会典》卷十九《户口》记载，洪武二年（1369）"凡军、民、

---

① 参见陈金林《上海郊县地名考（十三）乌泥泾考》，《上海师范大学学报》（哲学社会科学版）1984 年第 3 期。

② 参见樊树志《乌泥泾与黄道婆——纪念上海建城七百年》，《复旦学报》（社会科学版）1991 年第 5 期。

医、匠、阴阳诸色户,许各以原报抄籍为定,不许妄行变乱,违者治罪"①。因此,作为民籍的黄道婆没有精通当时最复杂和最先进的花楼织机的背景。

其次,元代官营手工工场的生产管理十分严格,即在入局服役劳作期间"匠不离局",所有的程限、物料都有严格的管理。工匠造作完毕,要将剩余的物料,在规定期限内上交还官,私带出局者视为盗窃,依律治罪。② 这样就排除了黄道婆从官营织造工场掌握花楼织机的织造工艺的可能。

最后,黄道婆也不可能从私营手工业工场那里掌握花楼织机的奥妙。因为,元代私营手工业作坊主一般都是技艺精湛的工匠,为了在市场竞争中立于不败之地,私营作坊主很注重对技艺的保密,绝少向外展示技艺,而是单把它传给自己的男性后代,以守其业。这是历代私营手工业者的共同特点。③ 身为民籍身份的黄道婆绝无可能有机会和时间掌握类似于花楼织机这样结构复杂的手工织造机械,并且指导松江乌泥泾人民来制造这种机械更是不可能。因此,黄道婆的民籍身份决定了她所运用的"综线挈花"技术不可能在花楼机上实现。

(三) 花楼织机的特性也决定其不会被运用于织棉

从技术层次上看,花楼织机完全能在棉布上做到"其上折枝团凤棋局字样,粲然若写"的程度。然而,从社会层次上看,由于花楼织机结构上具有复杂性和大型性,操作上具有高度专业性和协同性的特点,又阻止了花楼织机在织棉上的应用。

首先,花楼织机体积相当庞大。据明代宋应星《天工开物》中对小花楼织机的记载:"凡花机通身长一丈六尺,隆起花楼,中托衢盘,下垂衢脚(水磨竹棍为之,计一千八百根)。对花楼下堀坑二尺许,以藏衢脚(地气湿者,架棚二尺代之)"④。由此可知,这种小花楼织的体积很大,1丈6尺几乎要用一间大房来安置,衢脚有1 800根,可见复杂程度之高。

---

① 转引自刘莉亚、陈鹏《元代系官工匠的身份地位》,《内蒙古社会科学》(汉文版)2003年第3期。

② 参见胡小鹏《中国手工业经济通史·宋元卷》,福建人民出版社2004年版,第608页。

③ 参见刘莉亚《元代手工业研究》,河北大学硕士学位论文,2004年。

④〔明〕宋应星:《天工开物》,万卷出版公司2008年版,第47-48页。

黄道婆"错纱配色、综线挈花"技术的研究

至于大花楼织机,更是体积庞大和复杂。曾在四川成都国际非物质文化遗产博览园展出过清代大花楼织机,该机长6米、宽1.5米、高5米,由上千个构件组成。① 由此可知,这种巨型的花楼织机在制造上并非普通百姓的经济能力所能承受。同时,其巨大的体积对普通百姓来说也是一个难题,普通百姓根本没有足够的空间来安置这种织机。

其次,花楼织机的操作非常复杂,并且这种织机需要至少两人进行协同操作才能完成织造过程。要操作花楼织机,织手必须经过两年的学习、三年的上机操作经验,完成一幅普通蜀锦作品得耗时5个月左右。据赵冈先生对江南棉纺织业的研究,江南的棉纺织业基本是在农村,只有到了后期才逐渐传播到市镇上,甚至城郡中。市镇中有专业轧花人家,有专纺高级纱的人家,或是专门纺经纱者,当然也有织棉布者。城镇中的棉纺织生产者,只是一些专业化的家庭,为数不多,规模也不大。更重要的是,无论是江南的城郡或外围市镇,在清末以前均无任何有关棉纺织手工业工厂的报道,也找不到任何一条棉纺织手工操作的劳工市场之记载。② 由此可知,元代处于江南棉纺织业发展的初期,松江乌泥泾的棉纺织业专业化程度当然并不是很高,黄道婆所采用的织造工具不可能是像花楼机这样结构复杂、专业化程度相当高的手工织造机械。

最后,采用黄道婆的"错纱配色、综线挈花"技术取得的致富效果并不是花楼机所能达到的。《南村辍耕录》中明确记载黄道婆传授乌泥泾老百姓棉纺织技艺后,当地就出现"人既受教,竞相作为,转货他郡,家既就殷"的效果。"竞相作为"说明了这种织造工具的成本不会太高,应该在普通老百姓的经济承受范围之内,否则松江乌泥泾的老百姓也不可能"竞相作为"。因此,从采用黄道婆的"错纱配色、综线挈花"技术产生的效果上看也不可能是花楼织机所能实现的。另外,王祯《农书》明确出,纺棉织布在上经用纬上采用织绸的方法,织纴的机杼等工具,都跟织麻布相同。然而,在《农书·农器图谱》卷二十"麻苎门"中所列的布机(图5),织机的结构画得不是十分清晰,但在底部明显有两根竹式踏板,同时在顶部同一根横梁上插有三根竹竿(两短一长),这三根竹竿与此横梁构成三个杠杆来提升两个综片,其中长杆两侧通过绳子分别与第一

---

① 资料来源:http://e.chengdu.cn/html/2011-05/23/content_236965.htm,2011-05-23.

② 参见赵冈、陈钟毅《中国棉纺织史》,中国农业出版社1997年版,第110-111页。

个综片和长踏板相连形成杠杆作用来控制第一个综片的提升；另外两根短杆前端通过两根绳子分别与第二个综片的两侧相连，短杆的尾端又与绳子相连，这两根绳子分别在经纱的两侧，然后再通过一根横杆在织机底部与第二个踏板联系在一起，这样就可以通过织机顶端的两根短杆来共同控制第二片综的提升。因此，这种类型的织机应该属于单动式双综双蹑织机。这种织机的特征是有两个踏板、两个综片（图6）。用两个踏板分别通过鸦儿木（杠杆）使综片向上提升形成织口，并且这两个综片之间是没有相互联系的。

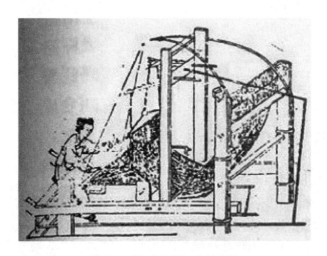

图5　王祯《农书》中的布机

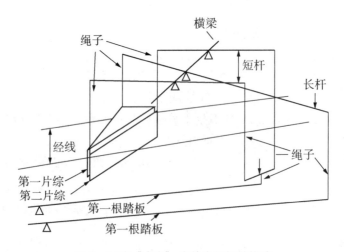

图6　王祯《农书》中的布机提综构造

黄道婆"错纱配色、综线挈花"技术的研究

基于以上对于花楼织机具有结构庞大复杂、操作需要高度协同的特性、棉纺织业属于家庭手工业以及《农书》中所描述棉织机的结构三方面的分析,笔者认为黄道婆不可能采用类似花楼织机这样织机来实现她的"综线挈花"技术,只能采用织麻所用的布机来实现,如此简单的平纹织机,黄道婆要想达到纹样的"粲然若写",只可能吸收和发展黎锦的织造工艺。

四、黎锦与黄道婆的"错纱配色、综线挈花"

众所周知,黄道婆采用的"错纱配色、综线挈花"技术本来源自于海南崖州地区黎族的织棉工艺。只有在理解海南崖州地区黎族的织棉工艺的基础上,我们才能对黄道婆的"错纱配色、综线挈花"工艺给出合理的解释。

海南是地处中国最南端的一个省份,宋元时期,海南崖州主要是黎族聚居的地区。总的来说,黎族的生产力比较低下。正如史学通所言,崖州地区的生产工具,从其前后的历史状况看并不先进,只是崖州植棉纺织生产历史悠久,当地少数兄弟民族技术熟练,善于错纱配色,能用简单的生产工具织造出绚烂多彩的布匹。① 笔者曾亲临海南省博物馆观看过黎族姑娘演示传统黎锦织造工艺,如图7所示的黎族腰织机是比较原始的一种织机。地综和提花综的根数由所需花纹的复杂程度决定,它们提起哪根经线都是由花纹的安排所决定。分绞棍上的经纱是两根上,两根下,导纱棍上的经纱是两根一组绕在棍上。分绞棍上的经纱与导纱棍上的经纱两两对应。导纱棍起张紧作用,使经纱平整。② 由此可以看出,黎族腰机是通过腰脊来调节经纱的张力大小,手提综杆形成织口,织工进行投梭、打纬完成一个织造过程。

从图7可以发现,黎族腰机上的经线是按一定的颜色有规律的排列,其实这就是一种最原始的"错纱"工序;而"配色"则是将小筐中的色纬按照事先设计好的编排方案投梭、打纬。每种色纬是根据图案按一定的顺序操作的,因此,"配色"强调的是使用何种纬线的顺序。"综线"就

---

① 参见史学通、周谦《元代的植棉与纺织及其历史地位》,《文史哲》1983年第1期。

② 参见陈维稷《中国纺织科学技术史》(古代部分),科学出版社1984年版,第61页。

图 7　黎锦织造场景

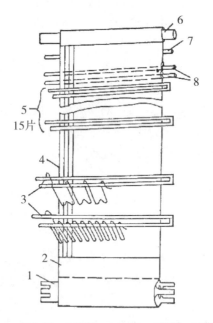

1.卷由棍；2.织物；3.地综；4.经纱；5.提花综；
6.绕经纱棍；7.导纱棍；8.分绞棍

图 8　黎族腰机构造

是通过提起经过组织编排好的地综和花综来完成织物的纹样，图 8 所示的

"地综"和"花综"可以织出几何型的纹样。"综线"本质上强调的是每次花纹循环时,经线提起的顺序。不过,由于这种原始腰织机提花竿的数量非常有限,一般在30根以内,也就是说纬纱的循环在30纬以内。如果织造出比较复杂的纹样,这种"综线"的方法显然是无法胜任的。但黎族妇女有一种挑花提花技术,花纹循环可达数百根。虽然挑花提花的生产效率比综竿提花的生产效率还要低一些,但聪明勤劳的黎族妇女在长期挑花提花操作中,总结了一套规律,从而把一个复杂的过程简单化,加快织作速度。① 笔者认为腰织机挑花就是最原始的"挈花"技术,其原理非常简单,就是利用一把简单的挑花刀在经线之间按照图案纹样所需进行挑织,这样就突破了提棕杆数量的限制,并且非常灵活,能够织造出"粲然若写"的图案纹样。黄道婆"自崖州来"说明她和海南的黎族同胞生活过很长一段时间,并且掌握了精湛的棉纺织的挑花技术。

因此,黄道婆对于利用原始腰织机进行"错纱配色、综线挈花"技术也是相当精通的。当她回到松江乌泥泾后,才有可能在丝织行业中的整经络纬工具上进行"错纱配色"的操作,进而在麻织机上运用黎族的挑花提花技术进行"综线挈花"的操作,从而创造出具有松江特色的"折枝团凤棋局字样"棉织物纹样。

五、结语

通过以上对黄道婆"错纱配色、综线挈花"的探讨,笔者认为,黄道婆在"经纬制度"上通过改进了丝织行业的器具,使其达到"错纱配色"的目的;而在"织纴机杼"上则采用麻织的机具,并结合黎族的挑花技术来实现"综线挈花"。究其根源,主要是由于棉纺织传播至松江乌泥泾后,一直就是以农村副业的形式而存在。中国古代棉纺织史上从来就没出现过任何棉纺织业的手工工场(包括官营和民营)。因此,棉纺织业只能选择适合家庭手工业生产的纺织工具,遵循一种"器简技高"的发展路线。由于花楼织机是适应手工工场生产的器具,黄道婆的"综线挈花"不会选择也不可能选择任何类似于花楼织机的纺织器具。另外,随着棉布印染业的发展,特别是明代南通蓝印花布的大发展,运用黄道婆的"综线挈花"工艺织造彩色花纹的棉布,逐渐消失在历史的长河里。

---

① 参见李强、李斌、杨小明《黎族原始腰机挑花的织造工艺》,《上海纺织科技》2011年第8期。

龙被与黎族纺织史
——以"五龙出海图"龙被为例

王 静[*]

海南省博物馆收藏着一件"五龙出海图"三联幅黎锦龙被（图1），其主体纹饰为：上绣一正面苍龙，龙首左右对称，龙尾盘旋向下，头上竖起一对犄角，张牙怒目，胡须如火焰般向四面伸展，威严矫健，气度雍容；其下绣一对白龙，身体曲折向内盘旋，线条流畅；苍龙下方绣一对青龙，身体曲折向外盘旋，张牙舞爪，潇洒飘逸；底端为山脉形起伏海水纹。整幅作品以红色调为主，图案饱满，色彩华丽，线条明快流畅，表现五龙腾空栩栩如生，仿佛跃然出画；绣工精细完美，充分体现了黎族纺染织绣技艺之精湛。"五龙出海"在中华传统民俗文化中寓意风调雨顺、五谷丰登，象征着五福临门、吉庆祥瑞，表达了华夏子孙祈望平安幸福的美好愿景。此"五龙出海图"三联幅龙被奉为清代黎锦艺术珍品，图案生动，工艺精良，品相完好，为该题材龙被藏品存世仅有的一件，实属罕见，弥足珍贵。

图1 清代"五龙出海图"龙被

---

[*] 王静，海南省博物馆副研究员。

龙被与黎族纺织史

一、百卉千华的龙被

龙是中华民族的图腾和象征，是中国文化的代表符号之一，是华夏文化的凝聚和积淀。龙文化上下八千年，源远流长，多彩多姿，博大精深。龙的形象深入到了社会的各个角落，影响波及了文化的各个层面。元宵节舞龙、二月二"龙抬头"吃龙须面、端午节赛龙舟，还有各种各样的龙装饰，如建筑里的雕龙、织锦上的绣龙，以及龙图画、龙书法、龙诗歌、龙歌曲等都是龙文化在民间文化的延伸。

龙被是海南岛黎族妇女用棉花、葛、麻、丝等材料经过纺染织绣四大工艺流程制成的黎锦工艺品，源于古代海南崖州（州治在今三亚市崖城镇）的"崖州被"。它是黎族纺织艺术的精华，代表了黎族纺织史上的最高成就，也是织造过程最复杂的工艺，史书上称颂黎锦"机杼精工，百卉千华"，多是指龙被的纺织艺术。

"龙被"来自黎语"菲荡"。"菲"是被子，"荡"是龙，即龙被。作为黎族纺、染、织、绣四大工艺之集大成者，龙被是实用性与文化品位俱佳的织锦艺术品。黎族早期织被中并没有龙的图案，之所以称之为"龙被"，主要是因为在清中后期受到汉文化和宫廷文化影响，在被面织锦图案中融入"龙"的造型，绣有"龙"的图案，兼有宗教神圣寓意而著称。史籍中提到的"五色斑布""盘斑布""崖州被"和"大被"等应是龙被的前身。《岭外代答·服用·吉贝》还载："海南所织，则多品矣。幅极阔，不成端匹，联二幅可为卧单，名曰黎单；间以五彩，异纹炳然，联四幅可以为幕者，名曰黎饰；五色鲜明，可以盖文书几案者，名曰鞍褡；其长者，黎人用以缭腰。"黎族妇女以自纺和自染的蓝、黑、褐、黄或白色棉纱织出底布，并拆取中国锦彩色丝在其画心上绣上龙、凤、麒麟、人物、花鸟、狮子、鲤鱼、杂宝和诗词等纹饰，成为多种款式的黎幕、黎饰、鞍褡、黎幔、黎单等画锦，后世统称为"龙被"。

龙被的织造过程十分复杂，从摘棉、脱棉籽、纺纱、染纱到织绣完成，大约需要半年，甚至超过一年的时间。龙被织绣工作十分讲究，一般来说，必须要技术高超且身体健康的人才能承担。龙被织造前通常要请道士来行宗教仪式，祈求神灵保佑织造任务顺利，尔后才能开始动工，完工后还要举行感恩仪式，感谢神灵保佑龙被如期完成。

从色彩、图案和工艺来看，每一套龙被都是一幅完整的工艺美术作品，具有浓郁的地方民族特色。龙被一般由红、黄、蓝、绿、棕五种色彩构成。其构图严谨，色彩瑰丽，内容丰富，题材广泛，有十分鲜明的艺术特征。龙被款式多样，一般由单幅、双联、三联、四联、五联和七联组成。其中单幅、双联、三联和四联龙被是外界所认识的作为贡品的"龙被"，即以龙纹、凤纹为主体图案，伴以麒麟纹、鱼纹和各种花卉纹为辅助纹样。最常见的为三联龙被，是由三幅彩锦连缀而成，一般长度在1.7～3米，宽

图2 黎族传统鬼纹图"大被"

一般在1.1～1.4米。而存世较少的五联幅和七联幅龙被则分别由五幅彩锦和七幅彩锦连缀而成，通长2～3米，宽1.5米左右，以白色、黑色和棕色人纹、蟒蛇纹为主体纹样，黎族哈方言称之为"鬼纹"。这种被子在纹饰、风格上与以上贡品"龙被"有着明显的区别，应是黎族传统意义上的宗教"大被"（图2），是黎族社会权力和财富的象征，曾为传统祭祀和丧葬活动（盖棺）所必备。

龙被的图案内容包罗万象，凡天上、地上、人间以及神话传说中诸多形象，都是龙被图案中吸入的元素。①自然界花纹图案，主要有太阳、月亮、星星、流水、祥云等。②神话人物故事图有祖崇图、八仙过海图、五子登科图、福禄寿喜图、嫦娥奔月图等。③吉祥动物图案有龙、凤、麒麟、白虎、金狮、仙鹤、雄鸡、喜鹊、蝙蝠、鲤鱼跃龙门等。④吉祥植物图案有灵芝、仙桃、桫椤、牡丹、莲花、仙草、蜡梅、幽兰、金菊、翠竹等。此外，龙被上偶见刺绣有楷书、隶书、行书、草书等汉字纹样（图3）。

图3 明末"福禄寿"龙被

龙被融合了黎族文化、汉族文化和宫廷文化的元素，是黎锦中的艺术品和精华所在。龙被历代都是朝廷贡品，其上的龙、凤、麒麟等图案都是汉文化的吉祥物，并融合了儒、道、佛三家的寓意，其龙凤吉祥图案大多来源于龙袍刺绣和宫廷建筑。龙被所绣的各类花纹图案是黎族妇女将长期的社会生活实践与宫廷艺术相结合而织绣出来的产物。每一幅龙被都有它不同的构思及艺术创意，都具有深厚的文化内涵，同时也反映了黎族在生产、生活、风俗习惯和宗教信仰等各个领域与汉民族的交流与融合。

二、黎族纺织的起源和发展

黎族系古代百越民族的一支，自殷商始，其先民就陆续迁入海南岛，成为琼州沃土上最早的开拓者。在漫长的岁月中，勤劳勇敢的黎族先民不断地发展和壮大，和兄弟民族一道创造了丰富多彩的物质文化和精神文化。以龙被为代表的黎族织锦及其技艺正是黎族发展史上最浓墨重彩的一笔。

早在春秋战国时期，黎族就懂得了用木棉纤维进行纺织，至今已有近3000年的历史。成书于战国时期的《尚书·禹贡》记载："岛夷卉服，厥篚织贝。""岛夷"当指海南岛黎族先民，"织贝"即是棉织品，便是后来黎锦的雏形。黎族先民在很早的时候就懂得种植和使用棉花，他们从野生植物麻、木棉（黎语称"吉浩"）、热带锦葵科野生植物棉花（黎语称"吉贝"）等各类纤维中提取原料，"纫为丝，织为贝"做"卉服"。海南新石器时代遗址中早有石质和陶质纺轮等考古实物出土，印证了海南岛先民从事纺织生产的史实，标志着海南纺织业的萌芽。由此推断，至少在战国之初黎族先民就已掌握了棉纺织技艺，从而开启了最早织布衣被的历史。

西汉时期，海南岛已普及棉布。《汉书·地理志》记载："儋耳、珠崖郡，民皆服布如单被，穿中央为贯头"（图4）。因为品质优良，当时的"广幅布"被征为"岁贡"珍品。这段历史在《后汉书·南蛮列传》有记载："武帝末，珠崖太守会稽孙幸调广幅布献之，蛮不堪役，遂攻郡杀幸。"

三国时，黎族已掌握染色技术。当时吴国人万震在《南州异物志》中记载："五色斑布似丝布，吉贝木所作……任意小轴相牵引，无有断绝。欲为斑布，则染之五色，织以为布，弱软厚致。"说明当时黎族先民已学会用植物制成染料染制"五色斑布"。

唐代，提花织锦技术出现。唐代段公路在《北户录》卷三中记载"琼州出五色藤、合子书囊之类，花多织走兽飞禽，细于绵绮"，说明海南岛当时流行一种走兽飞禽的织花图案，标志着黎族织锦真正意义上开始盛行。

宋代黎族纺织已有很高的水平，开始进入织绣新时代。北宋方勺《泊宅编》卷三云："海南蛮人织为巾，上出细字，杂花卉，尤工巧，即古所谓白叠巾。"李琼有"腥味鱼墨，衣成木上绵"之句。清代徐松《宋会要辑稿》载，绍兴十一年（1141），销往京师一带的锦织

图 4 黎族润方言的贯首服

品种中，就有"海南白布""海南棋盘布""海南青花布""吉贝布""吉贝纱""吉贝花布"、被单等多种。宋人艾可叔在《木棉诗》中生动地描绘了黎族妇女纺织劳作的动人情景："车转轻雷秋纺雪，弓弯半夜月弹云；衣衾卒岁吟翁暖，机杼终年织妇勤。"南宋周去非《岭外代答·服用》云："吉贝……雷、化、廉州及南海黎峒富有，以代丝纻。……海南所织，则多品矣。幅极阔，不成端匹，联二幅可为卧单，名曰黎单；间以五彩，异纹炳然，联四幅可以为幕者，名曰黎饰；五色鲜明，可以盖文书几案者，名曰鞍褡；其长者，黎人用以缭腰。"这里所说"联四幅可以为幕"的"黎饰"应是龙被的前身，至今应有 2000 多年的历史。

元代，黎族棉纺织技艺传播至全国。元人王祯记述，黎族的"吉贝布"已行销我国江淮、川蜀等地区，以"诸种艺制作之法"和"茸密轻暖"的优良性能为人们所青睐。陶宗仪《南村辍耕录》记："闽广多种木棉，纺织为布，名曰吉贝。……至于错纱配色、综线挈花，各有其法。以故织成被褥带帨，其上折枝团凤棋局字样，粲然若写。"元人黄道婆大约于 1258 年流落崖州，30 余年间向当地黎族妇女学习纺织技艺，于元贞年间（1295—1297）返回家乡松江乌泥泾（今上海市徐汇区华泾镇东湾村），向乡民传授在崖州学到的整套棉纺织技艺并加以改进，特别是将一

锭纺纱车改革为三锭纺纱车，使棉纺织效率大为提高。松江的棉纺织技艺不久便名扬天下，并带动了整个江南手工纺织业的发展，对我国棉纺织业做出了巨大贡献。元代以后，中国棉纺织业快速发展，人们无论贫富贵贱，皆穿棉衣、盖棉被，这是中国棉纺织史上的一场大变革。从此，中国棉纺织业揭开了崭新的一页。从元代棉纺织技艺的传播来看，黎族及其棉纺织技艺对推动中国棉纺织业的发展功不可没。

明代，随着海上丝绸之路的开辟，黎汉经济贸易和文化交流频繁，黎族妇女开始利用汉族彩色丝线在棉布上绣花刺字。明代罗曰褧《咸宾录》载："女工纺织，得中国彩帛，拆取色丝和吉贝织花，所谓黎锦被服及鞍饰之类，精粗有差"。确切地说，这里所说的"拆取色丝和吉贝织花"应是指用丝线绣花。明末诗人黄宗炎题《琼州黎人画册》诗云："不种蚕桑不种棉，织来吉贝锦文连。艺传黎妇今多巧，远过珠崖入汉年。"

清代，是黎族棉纺织业最为鼎盛的时期（图5、图6）。由于受到汉文化的影响，黎族织锦出现了"福禄寿喜""太极八卦""八仙过海"等吉祥、道教图案。据清初屈大均所著《广东新语》卷十五《货语》中就对黎锦的种类作了极为详细的介绍："以来自番舶者为真，其出于琼者，或以吴绫越锦，拆取色丝，间以鹅毳之绵，织成人物花鸟诗词，名曰黎锦，浓丽可爱。白者为幛，杂色者为被，曰黎单。四幅相连曰黎幕，亦曰黎幔。以金丝者为上，又有花被假被。……崖州多织锦，儋州多织生丝。崖州组织绵线如布帛状，绣人物花鸟其上，有十金一具者，名曰帐房，俗称儋、崖二帐。"将黎族纺染织绣产品称为"黎锦"亦出自此处。这里记载的"被""黎单""黎幕""黎幔"等，便是流传至今我们所见黎锦的代表品种——"龙被"，其制作精美，价值十分昂贵，成为海上丝绸之路运往国外贸易的珍品。

就在海南传统棉纺织业空前繁荣之时，西方国家用坚船利炮打开了古老中国的大门。随着外国纺织技术和纺织品传入，中国传统手工纺织业遭遇了前所未有的冲击。此时大量洋纱、洋布进入海南岛，黎族地区的棉纺织业逐步走向衰落。

三、结 语

黎族棉纺织技艺绵延3000年，自春秋战国时期初始到宋元时期的大发展，再到明清之际达到鼎盛，以至鸦片战争后的衰落，黎锦演绎了一段辉煌的历史，而后悄然谢幕。为了保护和传承这项影响人类衣被历史的伟

图 5　清代《琼黎一览图》中描绘的黎族妇女纺织场景

图 6　清代月宫图龙被

大发明，黎族纺染织绣技艺于 2006 年 5 月被国务院列入第一批国家级非物质文化遗产名录，2009 年 10 月被联合国教科文组织列入首批急需保护的人类非物质文化遗产名录。

黄道婆传播海南植棉织布文化技艺及其历史意义

许桂香 许桂灵[*]

一、海南植棉织布发展（从汉代至元代）

棉花的原产地是印度和阿拉伯。棉花是中国古代引进的重要的纤维作物，2世纪至4世纪，海南岛、新疆、云南等边疆地区已种植棉花，称为"吉贝""古贝""白叠"等。

我国早期的纺织业主要是纺丝绩麻，植棉织布只是分布在海南岛等少数民族地区。海南是我国最早植棉的一个地区，这与棉的生长条件有关，棉是原产于热带干旱地区的植物，多年生棉必须在月平均温度高于15℃、冬季无霜冻的地方才能生长。海南岛特殊的地理环境正好优先满足这一条件。这个热带海岛，全年高温，日照长，尤其是西部，气候干热少雨，适宜发展海岛棉、剑麻等耐旱作物。《尚书·禹贡》记载："岛夷卉服，厥篚织贝。"虽有不同的解释，但比较一致认为早在汉代以前，属于"岛夷"范围的海南岛黎族先人，已经栽种棉花。海南黎族人民至今仍称整株棉花为Jibei，称棉絮为bei。[①] 据广东农业科学院于绍杰先生说，他1957年来广东工作时，番禺县农民还称他们所种的棉为"织贝"。由此可知，《尚书·禹贡》所说的"织贝"和"吉贝"一样，均指棉花。[②]

西汉武帝元封元年（前110）平定南越国的汉军，初上海南岛，见儋

---

[*] 许桂香，贵州民族大学副研究员；许桂灵，中共广东省委党校研究员。
[①] 参见彭世奖《中国农业历史与文献研究》，世界图书出版广东公司2016年版，第100–107页。
[②] 参见彭世奖《岭南人与衣用纤维植物的开发利用》（上），《岭南文史》1992年第1期。

耳、珠崖郡"民皆服布如单被，穿中央为贯头"①，这种贯头衣，即为棉布所织。东汉杨孚《异物志》所记"穿胸人，其衣则缝布二尺，幅合二头，开中央，以头贯穿胸，不突穿"，也是指海南黎族先人穿着贯头衣。此后，贯头衣广为传播，类似于今日文化衫。《后汉书》记载珠崖太守孙幸因滥征岛上名产"广幅布"，激起民变而被杀。②"广幅布"就是"吉贝"织造的。③可见海南棉布在汉代就享有盛誉。

直到唐代，中原地区尚未发现有种棉织布的记载。④由此可知，海南是我国棉花种植和棉布生产的最早、最大的一个中心。

宋代，随着棉花种植业的普及，以棉纤维作为纺织原料的棉纺织业也相继发展。海南岛的手工棉纺织业也已经相当发达，宋代周去非《岭外代答》载："吉贝木如低小桑枝……南人取其茸絮，铁箸研去其子，即以手握茸就纺，不烦缉绩，以之为布，最为坚善。""最为坚善"形容棉布结实耐用。海南"妇女不事蚕桑，止织吉贝"⑤，妇女"衣裙皆吉贝，五色灿然"⑥。"五色灿然"形容棉布的精美。宋范成大《桂海虞衡志》记载："黎幕，出海南黎峒，黎人得中国锦彩，拆取色丝，间木绵，挑织而成，每以四幅联成一幕。黎单，亦黎人所织，青红间道，木绵布也。桂林人悉买以为卧具"⑦。上述黎幕是黎族人所生产的一种可作幛幕的精致织品。黎单是黎族人所生产的一种用作卧具的杂色织品。从"桂林人悉买以为卧具"可见，海南妇女的棉纺织品成为重要的商品，远销广西桂林等地。

宋以后，棉花开始从边缘地区自南向北，由东到西，向长江和黄河流域扩布。据宋代《文昌杂录》等记载，在南方，除海南岛、两广、云南种棉外，还在福建种植。长江流域由于气温较低，多年生棉花不能越冬，所以直至12世纪中后期，引入或在华南培育出一年生棉花后，才逐渐推广种植。宋末元初胡三省在注《资治通鉴》时指出"木棉，江南多有之"。元代王祯《农书》也说："近江东、陕右亦多种。"又说："夫木棉产自海

---

① 〔汉〕班固：《汉书·地理志》卷二十八。
② 参见〔南朝·宋〕范晔《后汉书》卷一百一十六。
③ 参见廖逊等主编《'94海南社会经济发展研究》，南海出版公司1994年版，第685页。
④ 参见李仁浦《中国古代纺织史稿》，岳麓书社1983年版，第112-113页。
⑤ 〔宋〕王象之：《舆地纪胜》卷二百一十七。
⑥ 〔宋〕周去非：《岭外代答》卷二。
⑦ 〔宋〕范成大著，严沛校注：《桂海虞衡志校注》，广西人民出版社1986年版，第42页。

南,诸种艺制作之法,骎骎北来。江淮川蜀,既获其利。"① 这足以证明当时棉花由南北传的具体情况,至此棉花种植已遍及全国,并说明长江流域在宋末元初已较多地种植棉花,且发展很快。据《元史·世祖本纪》载,元政府曾于至元二十六年(1289)"置浙东、江东、江西、湖广、福建木棉提举司。责民岁输木棉十万匹"。长江、珠江流域东半部成为棉花主产区,以至成立专门行政管理机关。明清时期这些地区继续成为棉花的主产区。在北方,除新疆、甘肃原有的植棉区外,13世纪末至14世纪初,陕西才开始植棉。

从上述可见,我国人民种棉织布如果从汉武帝末年即公元前87年算起,经魏晋、隋唐、两宋几个朝代,到1279年元灭南宋统一中国,共计1366年,才由海南岛扩展到闽广地区。

元代,由于元世祖忽必烈采取了积极鼓励农桑、大力提倡种棉等一系列重农政策,种棉与棉纺业获得了迅速的勃兴。在棉花栽培技术方面,王祯《农书》亦总结了时人的一整套种棉生产经验,如择地整地、选种施肥、田间管理等。这些经验也是元代种棉纺织生产得到迅速勃兴的反映。从地区分布方面来看,元代棉花生产和棉纺织业已从边疆少数民族地区迅速扩展到全国各地。据陶宗仪《南村辍耕录》载,在长江下游松江府东面的乌泥泾,"土田硗瘠,民食不给",当地群众为了维持生活,遂从闽广引种了棉花,但在初期,棉纺织技术十分低下。黄道婆早年流落到崖州(今海南西南)期间,学到了一套先进的棉纺织技术,元贞年间,她自崖州回到家乡松江乌泥泾(今上海市华泾镇),"携粤中木棉,教人播种"②,还将学到的先进的棉纺织技术传授给家乡人民。其实,当时松江已经种植棉花,但产量不高,纺织加工不精。黄道婆对推动长江中下游地区棉花种植和手工棉纺织业生产做出了巨大贡献。

总之,元代棉花生产迅速扩展到全国,棉纺织生产工具不断得到革新和改进,致使棉织业跨入一个崭新的时代,黄道婆功不可没。③

---

① 〔元〕王祯:《农书》卷二十一。
② 陈澄泉、宋浩杰主编:《被更乌泾名天下》,上海古籍出版社2007年版,第3页。
③ 参见许桂香《岭南服饰历史文化地理》,民族出版社2010年版,第89–114页。

二、宋末元初黄道婆到海南崖州吸收服饰工艺文化成果

（一）黄道婆流落海南岛

有关黄道婆史料的记载，一见于元代王逢的《梧溪集》，一见于元代陶宗仪的《南村辍耕录》，再有就是上海县志中的记载。[①] 根据上述记载，黄道婆出生在南宋末年，是"松之乌泾人"[②]，她出身贫苦，传说幼为童养媳，不堪夫家虐待，流落崖州30多年。在封建社会，一个从未出过远门的年轻女子只身流落异乡，人地生疏，无依无靠，面临的困难可想而知。但是淳朴热情的崖州人十分同情黄道婆的不幸遭遇，接受了她，让她有了安身之所，而且在共同的劳动生活中，还将纺织技术毫无保留地传授给她，元代元贞年间（1295—1297），她回到故乡上海松江府乌泥泾，将在海南崖州学到的植棉和纺织技术在松江一带传播，并改革、创造出一整套棉纺织工具，泽被故里，造福百姓。

（二）海南崖州、上海松江地区棉纺织技艺情况

海南崖州地区的棉纺织业技艺情况，据上海市纺织科学研究院编写组的《纺织史话》一书所载，崖州棉织品种类甚多，如"单布""双布""绫罗绸缎""斜纹花布""手巾""被面"等。海南生产棉布有染色的、斜纹的，兼有几种几何图案，有的如"鹧鸪斑"，有的如天上彩虹，总之"织巧织奇机上装"，织物"光光平平满面花"。崖州所产崖布极负盛名，在唐代振州延德郡（即宋时的崖州），就以"斑布"和"食单"作为献给皇帝的贡品。据《宋会要辑稿》载，绍兴三年（1133）十二月十七日一次上贡京师棉纺织品凡9种，海南占5种，即"海南棋盘布""海南吉贝布""海南青花棋盘布单""海南白布""海南白布被单"。可见崖州地区棉纺织技艺之高，宋人范成大《桂海虞衡志》亦载："崖州棉布洁白细密，名闻全国"。上海松江地区所出的松江布，浙江庆元地区所出的崖布，其纺织技术都是从海南传入的。直至今日，崖州60岁以上的妇女

[①] 参见陈澄泉、宋浩杰《被更乌泾名天下》，上海古籍出版社2007年版，第407页。

[②] 〔元〕王逢：《梧溪集》卷三《黄道婆祠（有序）》。

多工于纺织,有的还存有一套旧时的先进手工纺织工具,还织造"单布""双布""斜纹花布""高丽布""葫椒粒花布""指甲花布""柳条花布"等。崖州这些织物跟黄道婆家乡松江上海地区的织物极其相似,按照文化传播的规律,凡是文化特质相同的地区,必然有过文化往来,故根据这些织物判断,崖州和松江之间纺织技术文化交流是不争的事实,与黄道婆有不解之缘。在黄道婆沦落崖州之前,海南岛崖州的植棉及棉纺织技术是走在全国前头的,这也为黄道婆到此学艺,奠定了深厚的历史基础。

元初上海松江地区的棉纺织技艺情况,据晚年客居松江的陶宗仪《南村辍耕录》记载,黄道婆返回松江之前,松江地区的植棉、制棉工具和方法很原始。从棉花种植方面来看,"闽广多种木棉,纺织为布,名曰吉贝。松江府东去五十里许,曰乌泥泾。其地土田硗瘠,民食不给,因谋树艺,以资生业,遂觅种于彼"。"觅种于彼",指松江地区人们从闽广引进棉花良种。从制棉工具和方法来看,松江地区人们"初无踏车椎弓之制,率用手剖去子,线弦竹弧置案间,振掉成剂,厥功甚艰"。还记载了黄道婆回松江后,由她传授改进"捍、弹、纺、织之具"。松江地区的制棉工具也只有"线弦竹弧",连较为简单的轧棉工具——铁轴或铁杖都没有。因此,去籽只有用十指摘除。而棉籽都藏在棉桃内部,包裹层层,为数又多,仅凭十指之力很难把棉籽摘除。因手指摘籽极易疲劳,故工效很低。可见崖州的棉花种植、棉纺织工具和方法远比松江地区先进,松江地区远远落在崖州的后面。① 这一落后局面,大约到黄道婆回来,才发生转机,开创了松江纺织业崛起全国的新格局。

(三) 黄道婆回到故乡传播海南先进棉纺织技艺文化

"国初时,有一妪名黄道婆者,自崖州来",黄道婆从崖州回到故乡后,把从崖州学来的织造技术,结合自己的实践经验,总结成一套比较先进的"错纱配色、综线挈花"等织造技术,并热心地向家乡人们传授,使织成的被、褥、带、帨等棉织物,上有折枝、团凤、棋局、字样等各种美丽的图案,鲜艳如画,深得时人的喜爱。② 在黄道婆的带动下,松江一带的棉织业很快发展起来,"乌泥泾被"不胫而走,这些棉纺织品很受欢迎,

---

① 参见黎兴汤《黄道婆研究》,改革出版社1991年版,第10页。
② 参见〔元〕陶宗仪《南村辍耕录》卷二十四《黄道婆》。

远销各地。当时称松江布匹"衣被天下",享有很高声誉,在这伟大的成就中,当然凝聚了黄道婆的大量心血。

黄道婆不仅把自己精湛的织造技术全部传授给故乡人民,还着手改革出一套捍(搅车,即轧棉机)、弹(弹棉弓)、纺车、织机工具。从马克思主义的角度来看,生产工具是社会生产力中主要因素之一。社会生产的变化和发展,首先是从生产工具的变化和发展上开始的。生产工具的不断改进和日益复杂化、精良化,标志着人类利用自然能力的加强。黄道婆在长期的生产实践中,改革了许多棉纺织生产工具,堪为这方面的一个范例。以前,脱棉籽是棉纺织过程中的一道难关。棉籽粘生于棉桃内部,较难剥除。用手剖去籽效率相当低,以致原棉常常积压在脱棉籽这道工序上。黄道婆推广了轧棉的搅车之后,工效大为提高。在弹棉设备方面,以前松江一带虽已有弹棉弓,但很小,只有1尺5寸长,效率很低。黄道婆推广了4尺长、装绳的大弹弓,使弹棉的速度加快了。当时松江一带使用的都是旧式单锭手摇纺车,工效很低,要三四个人纺纱才能供上一架织布机的需要。黄道婆就跟木工师傅一起,经过反复试验,把用于纺麻的脚踏纺车改成三锭棉纺车,使纺纱效率提高了两三倍,而且操作也很方便、省力。因此这种新式纺车很容易被大家接受,在松江一带很快地推广开来。虽然黄道婆回乡几年后就离开了人世,但她辛勤劳动的成果推动了当地棉纺织业的迅速发展。

三、历史意义

元代棉花生产迅速扩展到全国,棉纺织生产工具不断得到革新和改进,致使棉织业跨入一个崭新的时代,这对元代棉织业的勃兴,及其对明清上海地区棉织业的崛起,都具有重大的历史意义。

(一)促进了商品经济的发展

松江一带气候温润,高阜而多沙地,适宜棉花种植,因此在其经济收入中,棉花、棉织品占最大比重。从棉花种植生产来看,自元代以来,棉花生产一直是松江一带主要的种植业,在松江经济中具有重要的地位。明代中期,松江府植棉业得到进一步推广和发展,土地大半种植棉花。清嘉庆《上海县志》亦载:"农者,植木棉多于粳稻。"外地商贾从上海县(今闵行区)等地大量收购棉花,贩运至故地,供纺织用。清乾隆年间,《上海县志》载:"闽广各商,待贩本地(上海县)木棉。"生产的棉花,

黄道婆传播海南植棉织布文化技艺及其历史意义

除供本地纺织外,"且资远贩"①。明清时期,全国已普遍开展植棉,各地植棉面积扩大,"棉花种遍天下",其中产棉最多的数长江下游三角洲地带的松江、苏州、常州三府。

从棉纺织生产来看,在元代,随着棉花种植的迅速推广,在靠近产棉区的一些城镇,棉纺织生产成为当时主要的手工业部门,不少城镇贫民均以"织纱为业",成为独立的小手工业者。也有一些手工业者自备原料和设备,雇佣若干工人,开办棉纺织手工工场。松江等城市均有这样一些手工工场。元代,松江棉布,商贾贩鬻,成为远近闻名的商品。明代中叶,棉纺织生产成为松江经济发展的重要支柱,各乡镇几乎家家都投入到纺织生产活动。其时"棉布寸土皆有""织机十室必有"②。明正德《松江府志》载:"乡村纺织,尤尚精敏,农暇之时,所出布匹,日以万计。以织助耕,女红有力焉。""纺织不止村落,虽城中亦然,织者率日成一匹,有通宵不寐者","里媪晨抱纱入市,易木棉以归;明旦复抱纱以出"。松江人夜以继日地从事棉纺织业,许多家庭是白天抱着纺好的纱或织好的棉布到街头出售,再买回棉花或棉纱,晚上在家挑灯开夜工纺纱或织布。茸城《竹枝词》赞道"关山东去复山西,棉布松江尺阔齐。似比蚕桑衣被广,空梭停织唱头鸡"。棉布成为行销各地的大宗商品,享有"衣被天下"的声誉。清代,松江布更远销欧美,成为我国海上丝路的一个重要出口商品。大量棉布投入市场,更加活跃了城乡经济,促进了商品经济的大发展。商品经济蕴含着巨大的生命力,一旦发展起来,便会带来生产力的巨大进步,进而带来社会经济的巨变。

(二)促进了城市的繁荣

元代松江府是最著名的产布区。前述黄道婆带着从崖州人民那里学来的先进棉纺织生产工艺和工具回到了松江地区。这时的她已经是一个掌握中原与海南两地纺织技术的人,她将两地的纺织工艺结合起来,系统地改进了从轧籽、弹花到纺纱、织布的全部生产工序,造出了许多新的生产工具,并把自己掌握的织造技术毫无保留地传授给了家乡人民,从而推动了松江地区棉纺织业的发展。元代末年,松江地区从事棉纺织业的就有

---

① 戴鞍钢、黄苇主编:《中国地主经济资料汇编》,汉语大词典出版社1999年版,第88页。

② 〔明〕宋应星著,钟广言注释:《天工开物》,广东人民出版社1976年版,第96-97页。

1 000多家,明代当地农民织出的布,一天就有上万匹,所制棉布不仅数量多,而且质量也很高,"布,松江者佳"①。据康熙《松江府志》卷五十二载:"明时,御用近体衣,皆松江三梭布。"② 三梭布的特点是光洁细密,是明代松江每年都要进贡朝廷的贡品,皇帝用它来制作内衣,可见松江布极其高贵。松江棉植业的迅速发展与黄道婆的生产活动分不开。此后,因技术的不断改进和棉织工业迅速的发展,到了明代,松江则成了全国的棉织业中心,对全国棉纺织工业的推广和发展也起了极大的影响。元代的种棉纺织在今广东、广西、海南、四川、云南、贵州、湖北等地区迅速发展起来。种棉纺织生产在短短数十年间,从长江流域扩展到黄河流域,很快遍布神州大地。③

马克思、恩格斯在《德意志意识形态》一书中曾经指出:"织布是一种多半不需要很高技艺并很快就分化成无数部门的劳动,由于自己的整个内在本性,它同行会的束缚是对立的。因此,织布业多半是在不受行会组织限制的乡村和小市镇上经营的,这些地方逐渐变为城市,而且很快就成为每个国家最繁荣的城市"④。这一经典论断,在江南地区就是一个见证。元代江南地区的一大批小镇和许多新兴城市就是随着棉织手工业和商业的发展而逐渐繁荣起来的。松江府的乌泥泾、松江及与之相邻的南京、苏州、杭州、湖州、扬州等就是这种类型的新兴城镇或由此走向兴盛的棉纺城市。

(三) 增加了服饰原料,使人类服饰更加丰富多彩

在元代,人们的衣着主要是丝、麻、棉纺织品。一般平民穿的布衣,是用麻织成布,士大夫阶级穿的是丝织成的衣服。普通人无财力购置丝织品,而麻织品既粗糙又易破,棉布洁白如雪,轻便柔软,如王祯《农书》中所云,棉花有"比之桑蚕,无采养之劳,有必收之功,埒之枲麻,免绩缉之工,得御寒之益,可谓不麻而布,不茧而絮"的优良特性,质优价廉的棉织品格外受到欢迎。而在宋代,由于棉花生产甚少,棉布产量不多,在当时还是一种极珍贵的物品,以蚕丝为原料的丝织品价格也日益增高。

---

① 〔元〕单庆修,徐硕编纂:《至元嘉禾志》卷六,上海古籍出版社 2010 年版。
② 《松江府志》卷五十二《遗事》。
③ 参见姜正成《一次阅读知元朝》,当代世界出版社 2015 年版,第 241 页。
④ 转引自陈贤春、陈虹《元代棉织业的勃兴及其历史意义》,《湖北大学学报》(哲学社会科学版)1998 年第 5 期。

到元代，棉花种植推广了，棉纺织业普及南北，有了产量丰富的棉花和棉布，普通老百姓也能穿上棉布制成的衣服，而松江织造技术尤精，产品行销全国，在中国人民的生活中是一件很重要的进步和改革。①

元代，棉布又是对外输出的大宗商品。当时我国与亚非其他140多个国家和地区均有贸易往来，其中很多国家和地区使用元朝的棉花和棉布。早在乾隆初年，英国东印度公司就开始从我国购进土布。在贸易过程中，英商发现松江布久洗后依然色泽艳丽，松江布因此在英国风行一时，东印度公司的收购量从2万匹猛增到20多万匹。此外，也有输入棉种、在本国内积极推广的。据当时高丽《李朝太祖康献大王实录》和《李朝太宗恭定大王实录》记载，至正二十一年（1361）高丽使臣书壮官文益渐奉使元朝，带回棉种在高丽晋阳试种，尔后又推广到全国，使高丽人民除丝绸外又能穿上棉布衣服。

以上分析说明，种棉与纺织在元代的勃兴，改进了元朝人的衣着质料，是我国人民衣被主要原料由棉花逐步取代丝麻的时代。同时，通过对外交流，棉纺织品也丰富了世界一些国家人民的生活。这种变化都直接或间接地与黄道婆的历史贡献分不开。

四、小结

综上所述，海南为我国最早棉花种植和棉布生产的一个地区，宋末元初，黄道婆流落海南崖州，她在崖州地区学习棉植织布技艺数十年，回到故乡上海松江乌泥泾后，将所学技艺全部传授给了家乡人民，并改进了棉纺织工具，推动了松江地区植棉和棉纺织业的发展。到了明代，松江地区成了全国的棉织业中心，即"松江布，名天下"。松江植棉和棉纺织业的发展，对上海乃至我国广大地区推广棉花种植和棉布生产起了极大的影响，具有重要的历史意义，不仅促进了商品经济的发展和城市的繁荣，还增加了服饰原料，使人类服饰更加丰富多彩。此外，江南地区棉织品在明清时期大量出口，参与海上丝绸之路，也是一个很重要的贡献。

---

① 参见黎兴汤《黄道婆研究》，改革出版社1991年版，第276页。

在当今背景下，开发利用黄道婆寓居崖州和后来回到上海地区形成的服饰历史文化资源，对促进当地经济发展和旅游业发展有重要的现实意义，而更进一步的意义在于，黄道婆的历史贡献不仅在海南、上海两地，还直接或间接地推动了我国海上丝绸之路的发展。这方面的经验，对当今我国实施"一带一路"倡议，也可提供历史文化支持。

关于黄道婆学习棉纺织技术的几个问题

詹坚固[*]

黄道婆是宋末元初人，晚年回到故乡松江府乌泥泾（今上海市徐汇区华泾镇），向当地百姓传授先进的棉纺织技术和推广先进的棉纺织工具，造福当地百姓。她去世后，当地百姓感恩其德，自发为其建祠，年年祭拜。后来，由于黄道婆对棉纺织技术贡献巨大，因此人们尊称她为织布业的始祖。

黄道婆对于我国棉纺织技术的突出贡献已毋庸置疑，但人们不时提出疑问，黄道婆向谁学习到先进的棉纺织技术呢？目前最流行的观点认为黄道婆向黎族人学习棉纺织技术。也有学者认为黄道婆是向临高语族群学习棉纺织技术。笔者以为，讨论黄道婆学习棉纺织技术的问题，下面几个内容需要给予关注。

一、关于黄道婆的最早记载

元代最早对黄道婆进行记载的是陶宗仪的《南村辍耕录》和王逢的《黄道婆祠（有序）》。由于这两份史料是研究黄道婆的重要资料，是我们讨论问题的基础，为此，笔者不嫌累赘，全文录之如下：

《南村辍耕录》载：

> 闽广多种木棉，纺织为布，名曰吉贝。松江府东去五十里许，曰乌泥泾。其地土田硗瘠，民食不给，因谋树艺，以资生业，逐觅种于彼。初无踏车椎弓之制，率用手剖去子，线弦竹弧置案间，振掉成剂，厥功甚艰。国初时，有一姬名黄道婆者，自崖州来。乃教以做造

---

[*] 詹坚固，华南师范大学历史文化学院副教授。

捍弹纺织之具,至于错纱配色、综线挈花,各有其法。以故织成被褥带帨,其上折枝团凤棋局字样,粲然若写。人既受教,竞相作为,转货他郡,家既就殷。未几,妪卒,莫不感恩洒泣而共葬之。又为立祠,岁时享之。越三十年,祠毁,乡人赵愚轩重立。今祠复毁,无人为之创建。道婆之名,日渐泯灭无闻矣。①

《黄道婆祠(有序)》记载道:

> 黄道婆,松之乌泾人。少沦落崖州,元贞间,始遇海舶以归。躬纺木棉花,织崖州被自给。教他姓妇不少倦。未几,被更乌泾名,天下仰食者千余家。及卒,乡长者赵如珪,为立祠香火庵,后兵毁。至正壬寅,张君守中,迁祠于其祖都水公神道南隙地,俾复祀享,且征逢诗传将来。辞曰:
>
> 前闻黄四娘,后称宋五嫂。道婆异流辈,不肯崖州老。崖州布被五色缞,组雾纫云粲花草。片帆鲸海得风归,千柚乌泾夺天造。天孙漫司巧,仅解制牛衣。邹母真乃贤,训儿喻断机。道婆遗爱在桑梓,道婆有志覆赤子。荒哉唐元万乘君,终靦长衾共昆弟。赵翁立祠兵久毁,张君慨然继绝祀。我歌落叶秋声里,薄功厚飨当愧死。②

他们俩生活的年代都是元末明初。陶宗仪的生平不详,有学者推断,他大致出生于1322年前后,卒年为1410年前后。③《南村辍耕录》是作者避乱隐居松江府华亭期间,在耕作之余的札记,内容庞杂,取材广泛,1366年汇编成书。由于陶宗仪知识渊博,熟悉掌故,所记内容很多都是亲身经历,因此该书的史料价值非常高,向为治史者称道。他的朋友孙大雅在该书序言里说:"昔之所未考,今之所未闻,其采摭之博,侈于白帖,研核之精,拟于洪笔。议论抑扬,有伤今慨古之思;铺张盛美,为忠臣孝子之劝。文章制度,不辨而明。疑似根据,可览而悉。盖唐宋以来,专门

---

① 〔元〕陶宗仪著,文灏点校:《南村辍耕录》卷二十四,文化艺术出版社1998年版,第339页。

② 〔元〕王逢:《梧溪集》卷三,中华书局1985年版,第117页。

③ 参见管彦达《陶宗仪生卒年考》,见应再泉等编《陶宗仪研究论文集》,浙江人民出版社2006年版,第16—23页。

史学之所未让。"①这些并非溢美之词。

王逢于1319年出生,1388年去世。②1362年他应友人张守中之邀,为重建黄道婆祠献诗,写下《黄道婆祠(有序)》,成为黄道婆研究的珍贵文献。王逢此诗,应该是在全面了解黄道婆情况下而作。他与地方文化名士交往密切,与陶宗仪相熟,他曾说:"天台陶氏九成,名宗仪,号南村居士。明经博学,养高云间,与予友善。"③两人有诗文来往,陶宗仪为王逢的画像题过诗,王逢也曾为陶母的墓志铭题赞。④陶宗仪有关黄道婆的文字,王逢应该看到过。秦弓就曾指出:"《辍耕录》中称'今祠复毁,无人为之创建。道婆之名,日渐泯灭无闻矣。'据此陶宗仪的文字必在1362年以前。王逢的作诗和张守中的重建黄道婆祠,很可能是受陶宗仪这一段文字的影响。"⑤羊中兴也认可"王诗是作于陶文之后,并受陶文影响的"⑥。王逢的《黄道婆祠(有序)》一诗,陶宗仪也应该读过,如果陶宗仪对此诗有疑义,也会提出修改意见。王诗的内容,陶宗仪应该是认可的。

陶宗仪所居住的地方"南村草堂"在松江城之北、泗泾之南(今上海市松江区泗泾南村),与黄道婆当时所居住的乌泥泾(今上海市徐汇区华泾镇)相隔几十里,距离不算远。因此,陶宗仪与黄道婆是同时代乡里人,能接触到黄道婆同代或后一代人,对于黄道婆其人其事是比较了解的。王逢写诗时,离黄道婆去世的时间大约有五六十年左右,不算远,当地人对黄道婆的记忆还是有一些,不然陶宗仪作为外来人,也不会了解黄道婆的这些事。时代与居处相近,他们的记载应该真实可信。

研究黄道婆向谁学艺,必须回到当时的历史现场,回到黄道婆生活的

---

① 〔元〕陶宗仪著,文灏点校:《南村辍耕录》卷二十四,文化艺术出版社1998年版,第9页。

② 参见张乃清《王逢流寓黄道婆故里乌泥泾》,见张渊、王孝俭主编《黄道婆研究》,上海社会科学院出版社1994年版,第199-202页。

③ 〔元〕王逢:《梧溪集》卷五,中华书局1985年版,第235页。

④ 参见秦弓《黄道婆事迹的最早记录者陶宗仪》;张乃清《王逢流寓黄道婆故里乌泥泾》,见张渊、王孝俭主编《黄道婆研究》,上海社会科学院出版社1994年版,第198、201页。

⑤ 秦弓:《黄道婆事迹的最早记录者陶宗仪》,见张渊、王孝俭主编《黄道婆研究》,上海社会科学院出版社1994年版,第198页。

⑥ 羊中兴、冯衍甫:《黄道婆评传——从织女到先棉的故事》,海南出版社、南方出版社2008年版,第5页。

宋元时期，我们要更多地采用宋元时期的相关史料。使用明清乃至更后的史料研究黄道婆相关问题时必须慎重，后来的史料都是在黄道婆成名后的演绎，大多根据陶、王的记载而来。有些研究者甚至用民间故事或传说作为史料来考证黄道婆学习棉纺织技术相关问题，说服力相对不足。在此较为赞同张乃清先生的见解："我们在发掘、搜集、整理此类民间文学时，务必排除主观随意性；在研究、宣传黄道婆生平事迹时，必须注意区分和扬弃，尤其把它当作历史资料使用时，更应细加鉴别，否则会贻害后人"①。

二、宋元时期崖州

陶文和王诗对于黄道婆向谁学艺没有提及，只提到黄道婆是从崖州来到乌泥泾的。这里的崖州到底指哪里？

现存崖州志书中最好的版本是郭沫若点校的光绪《崖州志》，该书对海南的行政区划沿革进行了梳理，内容较详细，部分内容还有辨析②，对我们了解海南的建制沿革很有帮助。根据光绪《崖州志》，结合其他资料，现对有关崖州的行政区划沿革梳理如下：

汉武帝元封元年（前110），也即汉武帝平南越的第二年，在海南岛设立了儋耳、珠崖郡。汉昭帝始元五年（前82），裁去儋耳郡，将其并入珠崖郡。此时的海南岛只有珠崖一郡的设置。当地土著居民不堪忍受贪官污吏的搜刮，不断起来造反。初元三年（前46），汉元帝采纳贾捐之的建议，裁去珠崖郡。此后直至86年后的建武十九年（43），光武帝复置珠崖县，属合浦郡管辖，海南岛才恢复中央王朝的建制。虽然珠崖县是海南岛上的建制，但县治并不设在海南岛上，而是设在岛北面的徐闻县，珠崖县的设置是安置海南岛的内属之民。三国时赤乌五年（242），孙权复设珠崖郡，郡治仍设立在徐闻县。③ 晋朝时珠崖郡又被裁撤。刘宋元嘉八年（431），复立珠崖郡，郡治仍在徐闻县，但很快就裁去。齐、梁初沿用宋

---

① 张乃清：《对黄道婆传说故事的思考》，见张渊、王孝俭主编《黄道婆研究》，上海社会科学院出版社1994年版，第71页。

② 参见〔清〕张嶲等纂，郭沫若点校《崖州志》，广东人民出版社2011年版，第11-14页。

③ 参见周伟民《两位琼山先贤对海南建制沿革的讨论及其他》，《今日海南》1998年第11期。

的做法，不设郡县。可见，从汉代至梁初，除不设郡县之外的时间，基本上是以珠崖郡为海南全岛行政建制。

梁大同（535—546）中期，梁武帝在儋耳旧地设置崖州。这是崖州地名的第一次出现，而且，这个"崖州"指的是今海南全境。光绪《崖州志》为此专门引用郝玉麟纂修的雍正《广东通志》的话："梁之崖州非今之崖州，而地亦统焉。"①指出了"梁之崖州"与"今（清代）之崖州"不是同一概念，后来的崖州属于前一崖州属地的一部分。陈朝沿用梁朝的做法。

隋大业三年（607），隋炀帝把崖州改名为珠崖郡，治舍城（今琼山区东南）。《隋书·地理志》卷三十一谈及珠崖郡的设置时就指出："珠崖郡，梁置崖州。"据此可知，"梁之崖州"指的是海南全境。大业六年（610），政府析分珠崖郡西南之地设置临振郡，治宁远（今三亚市西），管辖延德、宁远、临川、陵水四县。光绪《崖州志》对此特别注明："《隋书·地理志》郡内领延德、宁远，即今崖州"②。同年又设置儋耳郡，治义伦（今儋州市西北），领义伦、感恩、毗善、昌化、吉安五县。珠崖郡由管辖海南全境变为管辖舍城、澄迈、武德、颜卢四县。可见，在大业六年（610）之前，隋代在海南岛只设一州（崖州）或一郡（珠崖郡），此后全境设三郡。

关于临振郡、儋耳郡的设置，《隋书·地理志》没有记载，该志只记载珠崖郡统十县：义伦、感恩、颜卢、毗善、昌化、吉安、延德、宁远、澄迈、武德。笔者读《隋书·谯国夫人传》了解到，冼夫人因为平叛安民有功，"高祖嘉之，赐夫人临振县汤沐邑，一千五百户。赠仆为崖州总管、平原郡公"③。此处明确记载，当时有临振县的设置，但《隋书·地理志》却无此县名。谭其骧先生指出："《隋书·谯国夫人传》，仁寿初隋文帝赐夫人临振县为汤沐邑，赠其子仆为崖州总管，这个隋文帝时代的崖州，当因于梁陈之旧，而临振乃其属县之一"④。光绪《崖州志》引用史料指出，隋时的临振县就是后来唐时的临川县："《方舆纪要》云，临川在崖州东南百三十里。刘昫曰隋置，属崖州。或曰，本临振故县，梁、陈间置。隋开皇十五年，临振县赐冼夫人为汤沐邑，即此。后废。大业中，置临振

---

① 〔清〕张巂等纂，郭沫若点校：《崖州志》，广东人民出版社2011年版，第13页。
② 〔清〕张巂等纂，郭沫若点校：《崖州志》，广东人民出版社2011年版，第13页。
③ 〔唐〕魏征等撰：《隋书》（第6册），中华书局1973年版，第1803页。
④ 谭其骧：《谭其骧全集》（第二卷），人民出版社2015年版，第58页。

郡，唐曰临川县"①。

唐武德四年（621），改隋珠崖郡为崖州，领舍城、平昌、澄迈、颜罗、临机五县。武德五年（622），改隋临振郡为振州，州治设在宁远县，又增设临川县。贞观二年（628），析分延德县，增设吉阳县。天宝元年（742），振州改为延德郡，增置落屯县。至德元年（756），延德郡改名宁远郡。乾元元年（758），宁远郡又改回振州，管辖宁远、延德、临川、吉阳、落屯五县。南汉沿用唐制。

开宝五年（972），宋太祖改振州为崖州，隶琼州。此崖州才是今天三亚市的前身，同年，原在岛东北的崖州（隋珠崖郡、唐崖州）并入琼州。由于有这些变化，《太平寰宇记》在记述海南建制沿革时，用旧崖州和新崖州的名称以作区别。光绪《崖州志》为了说明这个变化，特地引用雍正《广东通志》加以说明："宋之崖州即今（清代）之崖州，非古之珠崖，亦非隋唐之崖州。又《旧府志》曰：崖州为州为郡，迁转凡四。汉武初治今琼山县东潭都之石陵村。梁治儋耳义伦。唐治琼之颜城，即今张吴之颜村。宋以振州为崖州，乃今之崖州"②。崖州一名在北宋使用了百余年，熙宁六年（1073），崖州被降为珠崖军，废吉阳县为藤桥镇、宁远县为临川镇。政和七年（1117），改珠崖军为吉阳军。绍兴六年（1136），吉阳军被废为宁远县，绍兴十三年（1143）复为吉阳军，仍旧管吉阳、宁远二县。元朝时，一直称为吉阳军。由此可见，今天三亚地区在南宋和元代一直被称为吉阳军。

明朝洪武元年（1368），吉阳军再改为崖州，属琼州府。清代仍旧称崖州。民国时称崖县。

综上所述，"崖州"一词第一次出现在梁朝大同中期，此后，历陈朝至607年，都是指海南全境。唐代的崖州则在岛东北。972年岛东北的崖州并入琼州，岛南部的振州改为崖州，这是今天三亚地区第一次称崖州。1073年，崖州改为珠崖军，1117年珠崖军又改为吉阳军。此后，到1368年之前，今天三亚地区都称为吉阳军。明清两代，崖州都是指海南岛西南部，即今三亚市。

在黄道婆和陶宗仪、王逢生活的宋元时代，海南的正式行政区划中没有崖州的称谓，北宋时的崖州当时只称吉阳军。文人好古，陶文和王诗所提到的崖州，有可能指当时海南全岛，也可能指岛东北的崖州或者岛南部

---

① 〔清〕张嶲等纂，郭沫若点校：《崖州志》，广东人民出版社2011年版，第13页。
② 〔唐〕张嶲等纂，郭沫若点校：《崖州志》，广东人民出版社2011年版，第14页。

的崖州。因此，国内学者在谈及黄道婆来自崖州这一问题时，有的解释为来自海南岛，有的解释为来自今天的三亚。① 从目前所掌握的资料来看，尚无法确定此处的崖州到底指哪里，但说是海南岛大致不会错，因为指代今三亚的崖州也是海南岛的一部分。

宋元时期的史料，谈到木棉纺织时，一般都把海南作为一个整体来谈，如《岭外代答》谈到"吉贝"时就说："海南所织，则多品矣。"② 元代王祯《农书》也提到"夫木棉产自海南，诸种艺制作之法，骎骎北来，江淮川蜀，既获其利"。③ 当时的史料没有明确记载崖州是指今天的三亚。据《海南日报》2016 年 3 月 28 日刊登的《悠悠崖州"布"了情》记载了海南崖州布料民间收藏家周长征所收藏的崖州布是来自海南全省，这里的崖州是古崖州，即指代海南全岛范围的崖州。因此，陶文、王诗所称的崖州，更可能指代海南岛。

三、黄道婆是否向海南人学习棉纺织技术

王重民提出，黄道婆并非向海南人学习棉纺织技术，"谓道婆流落于崖或'自崖州来'，则当为由此而演出之故事矣"，认为在当时棉花种植已遍布江南，"弹纺机做，田妇村姑，已遍得其法"④，不待黄道婆去传

---

① 如白寿彝总编、陈得芝主编的《中国通史》（上海人民出版社 2015 年版）第八卷第 671 页记载道："黄道婆是松江府乌泥泾（上海旧城西南九里）人，年轻时流落崖州（海南岛南端的崖县）。"《中国史稿》（人民出版社 1983 年版）第五册第 481 页说："在棉织业发展过程中，松江劳动妇女黄道婆作出了重大的贡献。她早年流落崖州（今海南岛）"；朱绍侯主编的《中国古代史》（福建人民出版社 1982 年版）下册第 50—51 页指出："黄道婆是乌泥泾人，幼年'沦落崖州'（今海南岛）"；李天石等主编的《中国古代史教程》（南京师范大学出版社 1998 年版）第 385 页也说："她出生于南宋末年，因不堪做童养媳受虐待而流落崖州（今海南岛）。"有些学者由于无法判断，就干脆对崖州不作解释。例如朱绍侯主编的《中国古代史》下册在 2010 年第五版时，就对崖州不作说明，只说："松江乌泥泾人黄道婆将从崖州黎族妇女那里学来的先进棉纺织技术……"（第 153 页）；蔡美彪等编写的《中国通史》（人民出版社 1994 年版）第七册第 197 页说："成宗元贞年间，流落在崖州的松江妇女黄道婆，返回松江，带来崖州黎族人民的棉纺织技术。"
② 〔宋〕周去非著，杨武泉校注：《岭外代答校注》，中华书局 1999 年版，第 228 页。
③ 〔元〕王祯：《农书》卷二十一，中华书局 1956 年版，第 507 页。
④ 王重民：《辨黄道婆》，见张渊、王孝俭主编《黄道婆研究》，上海社会科学院出版社 1994 年版，第 13 - 14 页。

艺。德国纺织史专家库恩也提出，在王祯生活的时代，轧花机和弹弓已普遍使用几十年了，"由此可以推测黄道婆或许不是作了改进的纺织专家"①，既然黄道婆没有改进纺织工具，也就没有所谓向谁学习纺织技术的问题。

但从留存下来的史料看，我们无法否定黄道婆向海南人学习棉纺织技术。陶宗仪明确说黄道婆"自崖州来。乃教以做造捍弹纺织之具，至于错纱配色、综线挈花，各有其法。"王逢也确认黄道婆"少沦落崖州"，回乡后，"躬纺木棉花，织崖州被自给，教他姓妇不少倦"，他还说"崖州布被五色缫，组雾䌷云粲花草"，可见，黄道婆是从"崖州"回来，所织是崖州被（布），教给当地人的技术也是织崖州被（布）的技术。王祯《农书》也说："夫木棉产自海南，诸种艺制作方法，骎骎北来，江淮川蜀，既获其利。"学习制造海南的棉纺织工具，可以"助桑麻之用，兼蛮夷之利"②。这里也指出江南的棉花"诸种艺制作方法"来自海南"蛮夷"。陶宗仪还指出，在黄道婆把棉纺织技术传到乌泥泾之前，当地是"无踏车椎弓之制，卒用手剖去子，线弦竹弧置案间，振掉成剂，厥功甚艰"。以上资料相互印证，可以证明黄道婆确实从海南学习了棉纺织技术。

据陶宗仪记载，黄道婆教当地人制作捍、弹、纺、织等棉纺织工具。"捍"即轧花机，过去是用手捡去籽，现在改为机械"踏车"。"弹"是用弹弓弹松棉花，去除杂质，过去用"线弦"，现在改为"椎子、弹弓"，弓弦由"线"改为"绳"，以前用手指弹改为用"木椎"击打，使得弹力增大，提高工作效率。"纺"是把以前的单锭手摇纺车改为三锭手摇纺车（上海地区后来把三锭纺车称为黄道婆纺车）。黄道婆改进织布工具的细节，没有史料说明。据王祯《农书·木棉》"织纴机杼，并与布同"③，缪启愉先生将这句解释为"织纴的机杼等工具，都与织麻布相同"④。事实上，棉纱纺好后，就可以用当时很成熟和先进麻布织机进行织布，并不用专门改进。因此，元明清的农书谈到棉纺织工具时，只讲到搅车、弹弓、卷筵、纺车、拨车、轩床、线架等，而没有另外列出织机。

---

① 〔德〕库恩：《关于十三世纪的黄道婆的传说——从纺织能手到种艺英雄》，见张渊、王孝俭主编《黄道婆研究》，上海社会科学院出版社1994年版，第17页。
② 〔元〕王祯：《农书》卷二十一，中华书局1956年版，第507页。
③ 〔元〕王祯：《农书》卷二十一，中华书局1956年版，第515页。
④ 〔元〕王祯撰，缪启愉译注：《东鲁王氏农书译注》，上海古籍出版社1994年版，第438页。

关于黄道婆学习棉纺织技术的几个问题

黄道婆的另外一个贡献,是将自己在实践中掌握的一整套先进的纺织技艺,传授给当地人,就是陶宗仪所说的"错纱配色、综线挈花,各有其法。以故织成被褥带帨,其上折枝团凤棋局字样,粲然若写",王逢所讲的"崖州布被五色缫,组雾紃云粲花草"。她把当时的素色织物改进为多色织物和提花织物,开发了棉织新品种,推动了江南地区棉纺织业的快速发展,松江府成了棉纺织中心,获得"衣被天下"的美誉。当地人也因此富裕起来,"人既受教,竞相作为,转货他郡,家既就殷","被更乌泾名,天下仰食者千余家",人们十分感念黄道婆的功劳,"莫不感恩洒泣",在她死后为之建祠祭祀。

那么,黄道婆所传技术是否全部来自海南呢?笔者以为,事实并非如此。据陶宗仪记载,当地初无踏车、椎弓工具,据此可知,这两项工具的制作技术,应该是黄道婆在海南人处理棉花的工具基础上革新的。棉纺车的革新,应该是黄道婆在海南充分了解棉花特性的基础上,把当时的纺丝麻的三锭脚踏纺车的轮直径缩小,降低锭子和轮的速比,使得加到棉纱上的捻度适合,拉力适合,使三锭纺车能够纺棉纱。织布则是采用已有的成熟的麻织机。黄道婆先进的纺织技艺应该是从海南学习的,当时的史书不止一次地记载海南人织布技术之高超,所织棉布十分漂亮,如《岭外代答》载:"海南所织,则多品矣……间以五彩,异纹炳然……五色鲜明。"[①]《泊宅编》记:"海南蛮人织为巾,上出细字,杂花卉,尤工巧。"[②] 王逢也说"崖州布被五色缫,组雾紃云粲花草"。[③]

---

① 〔宋〕周去非著,杨武泉校注:《岭外代答校注》,中华书局1999年版,第228页。
② 〔宋〕方勺撰,许沛藻、杨立扬点校:《泊宅编》,中华书局1983年版,第16页。
③ 〔元〕王逢:《梧溪集》卷三,中华书局1985年版,第117页。

崖州是黄道婆的大地母亲

蔡明康*

元朝初期，元世祖忽必烈，借《易经》"大哉乾元"之义，建国号为"大元"。忽必烈确立中央集权政治，恢复正常的统治秩序，因此国势日趋稳固。同时忽必烈更会相机行事，在全国积极推行"优农"政策，努力削减对人民的赋役负担。一方面大力兴修水利，一方面又奖掖垦荒，致使农业生产一时得到了相应的发展。正值此时，黄道婆生活在崖州，正好赶上了"好日子"。崖州的宁远河流域，在元初时，处处种满了棉花，故史上有"有地皆棉"的美称。崖州人的院落内，民以种棉花为一种景观，州人寓意丰衣，也多见他们植以棉株为诉求。① 崖州人素有教女学织的传统，同内地人教女儿习"女红"一样。因此，女子从7岁起，便要坐在母亲的纺车旁学习拧纱条，故便有了崖州"有女皆学织"的传统。黄道婆置身崖州时，正是棉纺繁华时期，到处都是生机勃勃、纺车轧轧的繁忙景象。这里有一首古老的崖州歌谣，可以足以证明当时的情形：

> 棉花开时白鲜鲜，
> 侬手不离纺织机。
> 哥摘棉花不怨苦，
> 侬纺纱条到鸡啼。

黄道婆年轻时，就虚心向崖州妇女特别是黎族姑娘学习棉织纺艺。黄道婆到了崖州后，与当地妇女和睦相处，亲亲切切，以至当地妇女毫无保留地教给了她一套完整的棉纺工艺技法，如从脱棉籽、拧纱条至分纱条的

---

* 蔡明康，三亚市原文联主席、作家协会主席。

① 直至民国三十七年（1948年），笔者家的羊栏边，仍遗存有一株老棉树，花期满树皆白，煞是好看。

工序等。此外，当地妇女又亲手扶着她第一次踏上了纺车。黄道婆心灵手巧，一经黎家姑娘的点拨，便很快掌握了棉纺技巧。不用多久，便当行出色。她细心观察了黎族妇女千姿百态的黎族花裙图案而成竹于胸。年长之后，更是心慕手追（心里钦羡，手上模仿）。故此，黄道婆后来织出来的黎族筒裙与"崖州双面被"，达到了逼真的地步。

黄道婆又在黎族妇女织绣的"团凤"图案的基础上，不断推陈出新，她把黎家绣被上原来长了尾巴短了翅膀的凤凰画面，去偏就正，使得原先的"团凤"栩栩如生，准确完美。①

现在，笔者的手头上仍珍藏着20多件崖州斑布和黎族"龙被"等纺织品，都是清朝、民国时期的遗存织品。所有这些珍藏品，均反映了崖州织女特别是黎族妇女的聪明才智。所有这些崖州古时织艺，也给黄道婆后来的研究与进步，夯实了改革基础，为黄道婆成为中国第一个惊天动地、伟大的纺织革新家，创造了先决条件。不久，黄道婆又改革了黎族的对口开襟、无领、胸襟绣有花纹的黑蓝色"婚服"，她改以用红黄二色相配，成为婚服的主要色调，在构图上增加了两人携手同行的画面，加强了喜庆情爱的氛围，从内容上丰富了原来较为单调的"团凤""棋局"等图案，博得众人的喜欢。改革设色后的"婚服"，更体现了人的姿态，使得年轻的姑娘穿出了青春之美，年长一点的妇女也穿出了秋色之艳，表现出黎族姑娘仪态大方优雅之特色。无怪乎时至今天，崖州人人都会唱这首脍炙人口的古老民谣：

黎妹子，穿筒花；
不嫁民，欲嫁官；
妹穿裙，官喜欢；
穿出门，人人夸。

由此可见，由崖州黎族妇女共同绣织，后经黄道婆改革创新的黎族"婚服"，织绣技艺巧夺天工，具有呼之欲出的动人画面与魅力。

黄道婆从青少年时代起，她就一直吮吸着崖州大地母亲的"乳汁"，

---

① 我仍记得，1952年，我的娘子嫁到我家里时，丈母娘亲手织成的两条"压彩"崖州斑布（崖州习俗，娘家送给郎家的礼物，称为压彩布）和一床崖州双面被，我猜都是葫芦画瓜，萧规曹随的，按传统纺织的图案，而以精细的手工操作而制出来的吧。

从而得到不断的成长与丰足。因此，她能在纺织工具上做出重大的革新和伟大的贡献。黄道婆似印刷工校改印刷清样一样，经过无数次印刷清样的校改，最后将原先落后的旧式纺织工具，改造成一套捍、弹、纺、织工具，如搅车、椎弓、三锭脚踏纺车等。技术的革新，推动了生产效率的成倍提高，促进了崖州的棉纺和经济的进一步发展与繁荣，保障了一定程度的社会需求。

　　元贞年间（1295—1297），黄道婆远别崖州，回到了上海乌泥泾。她用在崖州掌握的棉纺技术，教示当地人纺织"崖州斑布""崖州被"和黎族特有的"双面被"。这类纺织品很快从上海畅销到全国各地乃至世界各国，备受人们的喜爱。特别是"崖州被"和"双面绣"织艺早已闻名于世，崖州的纺织业早于世界各国近400年。因此西方人称"中国的棉布，穿暖了他们西方人的祖先。"这不能不归功于中国伟大的女棉纺革新家——崖州大地母亲哺乳出来的"中国衣被之母"——黄道婆。

南宋后期吉阳军城的一波发展
——兼论黄道婆的棉纺技术或有海外来源

何以端[*]

一、13世纪吉阳军城的繁盛

（一）50年内完成三大工程

明代以前古崖州的历史信息比较薄弱。唐宋琼南社会一直发展缓慢，到南宋，史料的描述亦基本如此。例如《方舆胜览》："吉阳地狭民稀。气候不正，春常苦旱，涉夏方雨"[①]，可与北宋贬官丁谓、南宋州官周其义记述相印证。"民稀"意思明确，"地狭"则为民人活动地域狭小，军城小平原以外的广阔山野，均属"黎獠"。又如《诸蕃志》：吉阳军民人"耕种不耘不粪，樵牧渔猎，与黎獠错杂"，"男子不喜营运，家无宿储"，"熟黎峒落稀少，距城五七里许，外即生黎所居，不啻数百峒，时有侵扰之害"[②]。

但是，从12世纪末（即黄道婆赴崖前的50余年）开始，吉阳军城却接连出现规模空前的三宗大建设。

第一，首筑土城。"庆元戊午（1198），始筑土城"，在此之前，军城"仅以木栅备寇"，且已"颓圮经年"。[③]

第二，加砌砖城。"绍定癸巳（1233），乃用砖瓦包砌，周围一里余，

---

[*] 何以端，海南九夷文化传播有限公司执行董事。
[①] 〔宋〕王存等：《地理志·海南：六种》，海南出版社2006年版，第40页。
[②] 周伟民、唐玲玲：《历代文人笔记中的海南》，海南出版社2006年版，第37页。
[③] 参见〔明〕唐胄《正德琼台志》，海南出版社2006年版，第444页。

计二百四十二丈,高一丈六尺……开东、西、南门。"① 按周长推算,这座城池占地 50 来亩,城垣走向可考。

第三,开人工河。淳祐五年(1245)前后,知军毛奎开凿宁远"后河"绕流城北。② 新河道长约 8 里,开凿部分主要是东部 3 里余的引水段,其余利用天然洼地。在宋元时代这是很大的工程,其主要目的是为了灌溉、防护,还是兼而有之?尚不清楚。

2010 年崖城发掘出宋代城墙,位置、材质与史载相符;后河遗址在此前后仍清晰可辨,因此以上三大工程是可信的。

(二) 吉阳军砖城远超当时的社会实力

三大工程,耗费大量人力物力。据筑城前不久的州官周其乂家书,吉阳军"境内止三百八户",军城仅"散处数十家"茅草房,③ 靠本土资源远远不能负担。

宋之前华夏砖石砌城仅 31 座,占所知城池 4% 左右。宋代可查的城池为 383 座,其中砖石城为 84 座,两宋地方州军财力艰窘,许多官员反对筑城。④ 所筑之城,主要集中在沿淮抗金前线。宋代吉阳军砖城见图 1。

明初之前,海南即使州县官署也常限于茅草房,筑城所费民力之巨,异常突出。四州军中筑城最早的是琼管,"开宝五年(972)始徙今治,筑城凡三里"。⑤ 其次是吉阳军。第三万安军,筑于绍定间(1228—1233),"广袤不及一百丈,南开一门,中容公廨。土军民庐数十家。历久倾圮。元时,有令禁修"⑥。人户居全岛第二的昌化军没城;古儋州汉代曾筑城,但规模太小,实际只是军堡。

万安军城每边不足 25 丈,折算城内面积仅 10 亩略多,只有吉阳军砖城的 1/5,数十年就"历久倾圮"了。不过,由于吉阳军城双面包砖,百

---

① 〔明〕唐胄:《正德琼台志》,海南出版社 2006 年版,第 444 页。
② 参见〔明〕唐胄《正德琼台志》,海南出版社 2006 年版,第 121 页。
③ 参见周伟民、唐玲玲《历代文人笔记中的海南》,海南出版社 2006 年版,第 75 页。
④ 参见王茂华《筑城记:中国古代城池从土城到砖石城的演变》,《中国社会科学报》2013 年 6 月 26 日。
⑤ 〔清〕杨宗秉纂,王秀臣点校:《乾隆琼山县志》,海南出版社 2006 年版,第 48 页。
⑥ 〔明〕唐胄:《正德琼台志》,海南出版社 2006 年版,第 442 页。

年后的元统元年（1333）尚建谯楼其上①，质量很好。

图1　在卫星地图上追溯到的宋代吉阳军砖城（白字为宋代，黑字为当代）

四州军中，吉阳军最远僻，户数最少，本没有资格和实力筑城。但与抗敌几乎毫无关系的吉阳军城，无论筑城时间、体量、质量，都明显排在全岛第二，出现远超万安军的大城、好城。这种反差，背景耐人寻味。

无论农业还是手工业，天涯一隅的崖城小平原都不易迅速膨胀。《诸蕃志》虽有吉阳军"妇人不事蚕桑，惟织吉贝、花被、缦布、黎幕"之载，但不证明其纺织之发达远胜海南其他州军。

吉阳军能取得远超"地狭民稀"局限的发展，最现实的可能就是海运贸易。

二、吉阳军城未被记载的活跃海运

（一）地位微妙的中土最远端港

吉阳军城之修建，前后经历数十年，其与海运之兴很可能互为表里。《诸蕃志》描述万安军"居多茅竹，瓦屋绝少"，"城东有舶主都纲

---

①　参见〔明〕唐胄《正德琼台志》，海南出版社2006年版，第445页。

庙，人敬信，祷卜立应，舶舟往来，祭而后行"①；吉阳军"郡治之南有海口驿。商人舣舟其下，前有小亭，为迎送之所"②，商贸气息虽相对浓厚，但未见海运大盛之载。

宋代琼州，虽然并非对外通商口岸，但也不禁止向未带"禁榷物"及声称因风信不便而来的船舶征税；另外按规定，交趾等国贡船也可以在广南西路沿海登岸贸易。③ "元丰三年，（海南）分属广南西路"④，处在交趾贡船可贸易的地位。吉阳军是中土最前沿港，在其中担当怎样的角色？

南宋外贸远超北宋，几乎通达整个文明世界，利润丰厚。但朝廷高度垄断，权贵把持，不允许在海南撕开外贸口子。这必然刺激民间走私。吉阳港口如能疏通官府，规模性走私贸易是可行的。

最有实力的走私团体，无疑是海盗。南宋海盗空前旺盛，开启了直至清康熙中期延绵数百年的活跃期。商匪一家，或充当航运保护伞，是海盗敛财的常见方式，明末郑芝龙集团就深谙此道。

宋末著名的海盗集团，"临川巨盗"陈明甫兄弟，正产生于吉阳军东部。

（二）对陈明甫史料的另一种解读

"咸淳间权吉阳军判"邢梦璜的《摩崖碑记》（以下简称《碑记》）所载陈明甫⑤，是宋代琼南唯一详尽事件的史料。黄道婆居崖，囊括了陈氏的整个活跃年代，故研究陈氏有助于研究黄道婆。

《碑记》载陈明甫乘双龙头大船，在琼南公开称王8年，拥有强悍武装，"出没海岸，敢于剽灭朝廷之舶货"，使"诸司舶务，殆为虚器"，横行闽粤桂三省及印支半岛沿海，官军无敢领命征讨者。

咸淳十年（1274）官军击溃陈氏主力之战，是"自有崖以来，千百年未之有也"的大仗，由此可见陈氏实力。5年之后，宋朝也灭亡了。

---

① 周伟民、唐玲玲：《历代文人笔记中的海南》，海南出版社2006年版，第37页。
② 周伟民、唐玲玲：《历代文人笔记中的海南》，海南出版社2006年版，第38页。
③ 参见杨万秀、钟卓安主编《广州简史》第七章，广东人民出版社1996年版，第143页。
④ 〔明〕唐胄：《正德琼台志》，海南出版社2006年版，第48页。
⑤ 本节关于陈明甫的引文，均见《正德琼台志》第469–470页，不逐一出注。

而吉阳军城,仅有区区"百余户窘弱之民,五六十疲散之卒"①。可谓不堪一击,但并未陷落。

陈明甫虽然"睥睨军印",不把官府放在眼里,却一直不吃窝边这块肥肉,什么原因?

《碑记》载临川很早就失序,"五六十年奸孽为妖,互相攘寇,自相易置"。陈氏在今称天涯海角处开辟养殖场,专养玳瑁。玳瑁售于远方,短期不能见效,这说明他不是简单的亡命之徒,具备足够自信心和商业头脑。他又密切结交占城、安南等番国以为外援,实际上是"贸易伙伴"。

陈敢于称王,已无所顾忌。其不破军城,应是"地下"航贸兴旺的有力证据。不杀鸡取卵,幕后控制军城暗中走私,或坐收保护费,符合陈氏的最大利益。

唐宋海南,官弱兵少,对地方豪强总是尽量羁縻,不轻易动武。陈称王,朝廷依然隐忍,应该是迫于蒙元的巨大军事压力。直至"琼黎犯边,逼近(琼管)城堞",全岛面临崩盘,朝廷才不得不派兵镇压,事后移师灭陈,只是副产品。

《碑记》是官方喉舌,必妖魔化陈氏而不涉及隐蔽复杂的关系。不久改朝换代,旧的利益链条碎断,相关秘密遂深藏。

对《碑记》若能如此解读,那就可以推测,南宋末年尽管巨寇在侧,崖城平原依然是特殊平衡下的安宁,内外商贸活跃。

(三) 吉阳军的三个宋港

南宋时,吉阳军城西郊有三个海港,即宁远河北岸的新地港,位于现在迎旺塔西南不远,南岸的大疍港、番坊港,位于现在水南村中坊村一带。三港位置,皆非今人所熟知。

《正德琼台志》相关记载,其中一部分是旧志记录:

> 新地港:在州西三里。潮水与水南大河相接,通船,分入大疍港。
>
> 大疍港:在州西南三里。入抵大疍利用坊,客商泊船于此。

---

① 按:《光绪崖州志》(第545页)之《节录摩崖碑记》,实不知何人改写,该处作"崖以百余户孱民,五六千疲卒,植军其间","千"字大错。必以《正德琼台志》原文为准。

番坊港：在州南十里。源发五指，流经州南北二河，至此成港入海。①

唐宋时，州治主港在今崖城中学盲河道附近。最迟毛奎开后河后，主河道水少了，海舶须改泊稍下游的新地港。"新地"的字面含义，就是取代旧地。"州西南三里"的大疍港，正德时尚未南迁，"客商泊船于此"，商贸繁盛。

宁远河水文演变导致港口的变迁史及相应考据，本文不赘述，只谈谈番坊港。

《正德琼台志》载番坊港的"州南十里"，是南迁后的位置。其后"南北二河"汇流"成港入海"的方位，绝不是州南十里，而接近"州治西南三四里"。《正德琼台志》把两代番坊港撮抄拼凑在一起了。

该志载客语（即后来的海南话）人群"客居番坊、新地、保平三村，俱在州治西南三四里"②，必源自旧志，反映了宋元诸港方位。

这应该是海南话人群在琼南的最早群落，与港口关系密切。"客居"二字，定义了这批人的身份，即并无本土户籍，不在 380 主户的统计数中。宋代贸易繁盛的城市，客户数往往多于主户数，如广州主户 64 000 余，客户 78 000 余；淳熙间再普查，主户 82 000 余，客户 105 000 余。③

这为我们考察吉阳军经济活动及人文状况，打开一个不小的空间，也就明白区区 300 余户齐民，因何拥有三个港口。宋元吉阳军城周边追溯情形见图 2。

（四）吉阳军的番坊与番人

番坊、大疍两港，宋元间联袂出现于"州西南三里"即今日中坊村一带，事迹不少。《正德琼台志》没有正面记载这个番坊，只是将辗转留存的旧志信息归类撮抄，于是露出条条痕迹。相关记载如下。

"佛堂寺，在州南三里番村。堂制、礼念与礼拜寺同。"④"州南三里"应是"西南三里"，古志方位常省略一字。这正是第一代番坊港位置，可

---

① 〔明〕唐胄：《正德琼台志》，海南出版社 2006 年版，第 122 - 123 页。
② 〔明〕唐胄：《正德琼台志》，海南出版社 2006 年版，第 151 页。
③ 参见〔元〕陈大震、吕桂孙《大德南海志》卷六，广东人民出版社 1991 年版。
④ 〔明〕唐胄：《正德琼台志》，海南出版社 2006 年版，第 574 页。

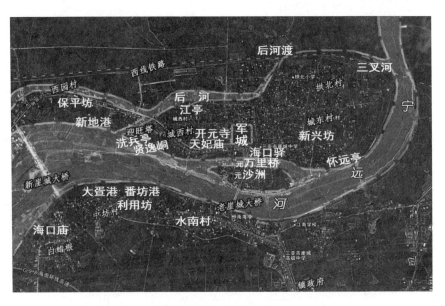

图2 宋元吉阳军城周边追溯情形（黑体字为宋代地名，仿宋字为当代地名）

知源自宋代旧志。又载"礼拜寺"是"州东一百里番人村"①（今三亚羊栏一带）的伊斯兰教寺庙，定义了番村佛堂寺的宗教性质。

"海口庙，去郡城五里港口南岸……屡有灵迹。庙颇雄敞，商人绘像事之甚谨"②。城南五里并无水道，应是城西南五里；"港口南岸""商人"，是宋代番坊、大疍商港活跃的直接证据；"海口"显示该处河口之宽阔。

"石三娘庙，在州南大疍村。海边疍番每年于夏间致祭……以上系土人私祀。"③"石三娘"不知何方神圣，仅此处一现；不提里数通常是由于距离近，因为河口宽阔，今中坊以西沿岸当时都叫"海边"。

唐宋番坊最早见于广州，是阿拉伯、波斯等地穆斯林侨民聚居区，又作"蕃坊""蕃巷"。既有定式，琼崖各地"番人"聚居区亦以番坊、番村为名。

海南方志载番人入琼于"宋元间"。考崖州第一代番坊港之南迁，比大疍港至少早半个世纪以上；而第二代番坊之迁离约在清中期，更比大疍

---

① 〔明〕唐胄：《正德琼台志》，海南出版社2006年版，第574页。
② 〔宋〕王存等：《地理志·海南：六种》，海南出版社2006年版，第116页。
③ 〔明〕唐胄：《正德琼台志》，海南出版社2006年版，第559页。

早。这或反映出番坊的船较大,吃水深,所以对河道淤塞最敏感,航海性质凸显;疍船则较不敏感,说明其船较小,浅海内河活动居多。

第一代大疍、番坊港是从11、12世纪的南宋,一直运作到16世纪中期,前后500年,记载比第二代番疍港活跃。明清宁远河口不断淤浅,港口一再外迁,直至清末内河不能通航。而从明末开始,海南各地番人便陆续聚集到羊栏至三亚河口之间定居,不再散处,产业也逐步改变。这是海南移民迁徙的一个特例。

这样,宋元吉阳军城的民居、水运图景就大致呈现:

除了城厢,赋役单元城东有新兴坊,城西有保平坊,城南有利用坊,符合300余户之载。番、客户另计。州西三里的宁远河口,北岸是新地港,南岸是如同双子星座般并列的番坊港与大疍港。三港上游数十里亦通小舟,可以深入黎峒,有些地方"其深莫测,传有龙潜"。

三、黄道婆在吉阳军

崖城一带汉区大致以小平原为界,此外是黎,千年不变,谁也没有吃掉谁。宋代"距城五七里许"就是黎峒,今天这个距离的马丹、郎吉、沙埋、白河等村落,依然是黎村,再远黎村就更多了。至于军话、客话、迈话乃至后来儋州、临高等方言区的变化,只是汉民系的内部变化而已。

方志载海南"番人"主要来自占城,即今越南南部。[①] 由于信仰殊异,在中土眼光看来"番人"都是一路,其实是有区别的。例如"番俗"中"用大青盘贮饭,以手捻食"[②] 之俗,就与南亚风俗甚接近;而番妇"随贫富,用金银铜锡为环,穿其耳孔,下垂至肩"[③] 的描述,亦与北宋末年庄绰《鸡肋篇》所载"广州(蕃商)波斯妇,绕耳皆穿穴带环,有二十余枚者"接近。

海南番人中,占城人或是主体,也可能有东南亚别国甚至南亚、西亚的商贾侨民。而番妇风俗之载,显示番人已批量定居。

崖城一带,区区数平方公里的小平原,汉黎番疍各族杂处,军土客迈诸语共鸣。社会相对稳定、对外交流活跃、多源文化共存的一个人类学典型样板,就是黄道婆居崖的史地背景。

---

① 参见〔明〕唐胄《正德琼台志》,海南出版社2006年版,第149页。
② 〔明〕唐胄:《正德琼台志》,海南出版社2006年版,第150页。
③ 〔明〕唐胄:《正德琼台志》,海南出版社2006年版,第150页。

崖州纺织业有悠久传统,汉唐间海南"广幅布""吉贝布"就很有名。到宋代,"南海黎峒富有,以(吉贝)代丝纻……海南所织,则多品矣"①;《宋会要辑稿》载绍兴三年(1133)上贡的棉纺织品凡9种,海南岛所贡就占了5种。两宋史料中,海南纺织品出现吉贝、花被、缦布、黎锦、黎单、鞍褡等诸多名色,最常被提及的是黎锦。史料关于黄道婆织出"折枝团凤棋局字样,粲然若写"的细节描写,就与今天仍能见到的黎锦很相似。

棉织品的优越性能受到传入地民众喜爱,由于加工艰难,刺激了工具技术的创新。女织是人类自然分工,从黎至番都不例外,侨居的西亚、南亚及东南亚番妇,也有可能将她们自家的技术带过来。作为海上丝绸之路中土最前沿,番舶入中土的第一个避风港和补给站,发生远缘文化的交流传递是很自然的。

在这片多元文化土壤中,青年黄道婆饱吸营养。她带回江南的,必是较唐汉甚至北宋时效率更高的棉纺工具、技术,这固然有融合诸家又刻苦钻研提高的因素,但其源泉或部分源泉,不排除海上丝绸之路的"番人"传递。

黄道婆乘海舶归故乡,折射出元代吉阳军与长江口一带的商路,是畅通的。细分析,恐怕还不止于此。

黄道婆生前只是民间一老妪,无人仰视。故家本就草根,数十年流落后更无可凭借。落叶归根虽是人之常情,但是,孑然孤老返回那个已然陌生的无助之地,如何为生?黄道婆是明白人,不至贸然犯险,她敢于不远万里回归,又顺利成功,逻辑上或可这样推测——吉阳军口岸,陆续有新法制作的棉织品向包括长江口一带的北方输送,获利理想。黄道婆从客商获悉北方棉业幼稚,需求甚殷,知道回乡凭技艺必无愁衣食,才会不惧远迁。

---

① 周伟民、唐玲玲:《历代文人笔记中的海南》,海南出版社2006年版,第25页。

附：黄道婆离开吉阳军前100年间的相关事记

庆元戊午（1198）	吉阳军始筑土城。
宝庆元年（1225）	赵汝适《诸蕃志》撰成。临川海盗势力开始膨胀。
绍定癸巳（1233）	以砖包砌吉阳军城墙。
淳祐五年（1245）	州官毛奎移建州学；此前后，开凿后河。
宝祐三年（1255）前后	少年黄道婆流落吉阳军。
咸淳三年（1267）	陈明甫称王。
咸淳六年（1270）春	黎众围攻琼管，朝廷派钦州守将马成旺南下镇压。
咸淳十年（1274）	陈明甫被擒杀。
元贞年间（1295—1297）	黄道婆离开吉阳军返回松江。

黄道婆研究的若干问题再探讨

余 杰[*]

初涉黄道婆研究，便觉得有不少问题耐人寻味。例如，黄道婆籍贯到底是哪里，上海还是海南？如果是上海人，不免让人惊叹几百年前一个普通女性是如何漂洋过海到海南的？她又如何克服语言障碍在海南生活几十年的？如果她是海南人，为何年老了却千里迢迢北上不归？黄道婆究竟是向谁学习纺织技艺？海南本土历代文献为何鲜有黄道婆的相关历史记忆？这些问题虽早有讨论，但并未有明确定论，甚至成为黄道婆研究的难解之谜。这一方面鉴于客观史料记载的匮乏，另一方面囿于地方争取文化资源的潜在影响。然而，更深层的原因在于如何把握黄道婆历史文化研究的价值，这将取决于我们如何想象其历史，为人民增加什么样的历史记忆，其实也就是今人在历史研究的叙述过程中如何表达个体对历史的认识的问题。

克罗齐说，一切历史都是当代史；柯林伍德说，一切历史都是思想史。两位学者的认识为我们指出了史学研究中的重要问题：无论研究者以何种方式治史，常常避免不了站在当代的角度去理解和评价历史，也必然会在对历史的叙述和编纂研究过程中掺杂个人的观点和情感态度。因此，人们不仅会对同样的问题或同一研究对象产生不同的判断和结论，也容易忽视对历史全貌的把握，有意无意地以假设的事实去概括历史必然性。换言之，如何认识历史，用什么方法去认识历史的问题取决于我们对历史的理解和阐释。黄仁宇《万历十五年》一书中的历史思考与分析方法，为我们提供了耳目一新的历史研究维度。万历十五年（1587），看似平淡无奇的一年，但在这一年前后，明王朝的文武支柱一起没了，深陷文官集团道德思想围剿的万历皇帝开始怠朝，而海外西班牙舰队却全部出动准备征英

---

[*] 余杰，海南热带海洋学院副教授。

了。这些历史事件成为以后掀起世局波澜的机缘,其间因果关系涉及政治因素、经济条件、思想文化等。黄仁宇通过压缩史料、高度概括的恢宏笔法,用代表着不同维度的七面镜子,照出了明朝的整个样态,指出了历史的重点及一切问题的症结所在,让我们明白了明王朝这一庞大的国家机构日益破败,最终走向灭亡的根本原因。笔者有感于黄仁宇大胆突破传统的意识形态笼罩下的治史方式,使历史的研究和叙述不再那么单调、呆板,也有感于其大历史观的开阔视野与人文气度,从而针对黄道婆研究过程中至今仍存疑的一些问题,提出一些粗浅看法,以求于方家继续探讨,深化黄道婆历史与文化的研究。

一、关于黄道婆籍贯之谜

中国历史上有这样一种常见的现象:从民间产生的许多发明家缺乏足够的史料记载。黄道婆作为中国历史上著名的纺织家,记载其生平事迹的文献目前只能追溯到元代两条简略的原始资料:一个是陶宗仪《南村辍耕录》的"黄道婆"条目记述;另一个是王逢《黄道婆祠(有序)》的记载。这两位人士或因亲情,或因避乱寓居上海松江,他们离黄道婆生活的时期仅相差30年左右,所以他们的记述较为可靠,但过于简略又存在一定矛盾,因此留下了不少谜团。陶宗仪仅记述:"国初时,有一妪名黄道婆者,自崖州来",并没有告诉我们黄道婆究竟是不是崖州人,又为何千里迢迢来上海传艺;王逢虽明确记述:"黄道婆,松之乌泾人。少沦落崖州,元贞间,始遇海舶以归。"但他却没告诉我们黄道婆作为古代一个普通女性为何以及如何"沦落崖州"的,她又是从哪里、如何学到棉纺织技术的。尽管后来乾隆《琼州府志》卷十《遗事》记载"元初,有妪名黄道婆者,崖人也",光绪《崖州志》卷二十二关于黄道婆的记载,其依据仍参考了陶宗仪的历史记述。围绕这些仅有史料及派生史料,黄道婆的籍贯成了相关研究者争论的焦点。历史真相究竟如何,或许永远无解,但如果换一种思考方式,接近历史事实并非不可能。

我们先放下这些仅有史料及派生史料的文字考证,了解几个历史事件发生的时间表,思考历史上的黄道婆为何往返于上海与海南之间。黄道婆生平活动大致时间在1245—1330年间,也就是说,在她出生前几年,1235—1241年,宋元第一次战争已经如火如荼地打了六七年。在黄道婆十三四岁,1258—1259年,宋元发生第二次战争,亦即黄道婆"少时离家"约在1258—1259年间,也就说这里存在一种极大的历史可能:黄道婆因家乡贫困、战乱频发不得已离开家乡南下避乱。元朝进攻中原各地得胜后，往往采取野蛮残忍的屠城手段，使得南宋老百姓对此闻风丧胆，为了活命跟随南宋小朝廷不断南下避祸。历史记载，宋朝曾经发生中国由北而南最大规模的"移民潮"，永嘉南渡、安史之乱、宋室南迁使得大批北方人民为避难迁入秦岭—淮河以南的南方地区。旷日持久、近半个世纪的宋元战争，导致大量移民因战争持续南下也不断南迁，延伸到岭南广东、广西、海南等地区，这也是为什么中国历史上最大的移民潮直到南宋灭亡才结束的原因。由此可见，如果说黄道婆是上海人，那么她"沦落崖州"应属于战争移民。

960—1368 年间，是宋元航海历史的鼎盛时期，也是古代海上丝绸之路的鼎盛时期。宋元时期统治阶级鼓励阿拉伯商人来广州与泉州等地贸易，大力发展海上贸易，因此，东南沿海设有各级港口，如离上海几百里远的宁波港（宋元称"庆元"、明朝称"明州"），泉州港、广州港、崖州港等都是著名的海上贸易往来港口。在近 2000 年的历史上，海南崖州湾（大疍港）一直是中国最南端的通商口岸，是中国古代海上丝绸之路出发和补给的重要港湾。因此，虽有战争影响，但海上贸易始终没有断绝。这为沿海百姓南下移民提供了可能路径。史料没有记载黄道婆是如何漂洋过海往返于上海与海南的，但她有南下的历史原因和历史条件。

元成宗元贞年间，即 1295—1297 年间，五六十岁的黄道婆重返家乡上海乌泥泾。也就是说黄道婆在海南崖州生活大概过了三四十年，大约在 1260—1295 年间。在这一时期，1267—1279 年发生了第三次宋元战争。大约在同一时期，1265—1274 年，海南发生吉阳军黎族农民起义，这意味着黄道婆在海南生活的最初几年仍然避免不了战乱的影响，后来的十几年才最终安定下来，有机会学习纺织技艺。然而好景不长，海岛局势不稳，再次爆发黎族农民起义，1291—1294 年元朝大规模进行军事镇压之后，海岛初定。至元三十一年（1294）元成宗即位，停止对外战争，发展内政，人民得以休养生息，社会趋于稳定。这时，已经年老的黄道婆决定北上还家有了可以理解的原因，一生饱受战乱之苦的老人产生落叶归根之思也是人之常情，人生应有之义。这也符合明张之象《黄道婆祠》中的记述："道婆者，始黄氏，本镇人也。元初沦落崖州，元贞间附海舶归。"因此，黄道婆籍贯是上海还是海南，哪种历史可能性更大，已显而易见。有学者指出："毫无羁绊的热情是正确理解历史的一大危险，特别是当情绪促使史学家篡改或否认事实，或促使他面对于己不利的证据仍然顽固坚持自己喜欢的观点的时候,更是如此"①。笔者深以为然。研究任何历史人物,实证是需要的,疑古也可以理解,见微知著功夫也要有,把研究对象置于更为广阔的历史背景,战争的、经济的、文化的诸因素综合加以思考也有其必要性。不离开宏观的历史分析也不离开微观的史料分析,这对于我们理解社会如何记忆黄道婆及更好地传承黄道婆文化有新的帮助或启发。

二、关于黄道婆向谁学艺之疑惑

与其籍贯问题相比,黄道婆究竟向谁学艺这一问题更加缺乏可靠史料证据。陶宗仪、王逢的原始史料记述只说她从崖州来,但对她前几十年的生活状态、纺织技艺从哪里学来却只字未提。尽管现在人们都认同黄道婆在纺织技术创新与传播方面的历史贡献,但数十年来相关研究也不断发出不同声音。例如,1990年民族学家梁敏针对黄道婆向黎族人学习纺织技术的说法提出异议,他基于对黎族社会的田野调查,认为海南黎族纺织技术相当简单、原始,推断宋末元初时期他们的纺织器具、纺织技术肯定不会比今天更高明,黄道婆不可能跟黎族人学习纺织技术;学者黎兴汤则认为黄道婆是向海南岛的"闽籍汉人"学习治棉工具和纺织技术的;1998年,杨先保提出,黄道婆是向"熟黎"学习的纺织技术,其依据则是历史上的黎锦,这个看法确实值得关注。

黎锦堪称中国纺织史上的"活化石",已有3000多年的历史,当属中国最早的棉纺织品。早在春秋战国时期,史书上就称其为"吉贝布",其纺织技艺领先于中原1000多年。不过,有研究者从海南不产长纤维的木本亚洲棉、江南内地棉花纺织技术早于海南等角度,质疑黄道婆向黎族学习纺织技艺的可能性,这种判断过于绝对。有宋一代,社会经济文化的发展几乎达到了顶峰,手工业产品的市场化程度相当高,农村经济分化出许多从事制瓷、印刷、纺织等商品生产的专业户,相应的行业技术也确实比较发达,但我们应注意江南地区发展的一直是丝织品,不是棉织品。宋元之际,棉花还没有在中原广泛种植,元朝建立后才开始逐步劝种,明朝则是朱元璋直接下令全国推广种植的。这里有必要介绍一下中国棉花种植历史。一般认为,传入中国的棉花有亚洲棉和非洲棉两种,分南北两路传入中原地区。南路有两条传播路径:一是亚洲棉经东南亚至海南岛、两广地

---

① 〔德〕哈拉尔德·韦尔策编,季斌等译:《社会记忆:历史、回忆、传承》,北京大学出版社2007年版。

区再传入华南地区；二是经缅甸传入云南地区，北路非洲棉经西亚至新疆，即古时的西域再传入渭河流域。宋元之际，棉花的种植从华南地区逐步向华东地区、华北地区传播，至明代中国才全面种植。

《后汉书·南蛮·西南夷列传》记载，早在东汉时，我国西南的哀牢夷人已开始种植棉花，大致到东吴时棉花种植技术开始传入岭南。吴人万震《南州异物志》中也记述："五色斑布似丝布，吉贝木所作。此木熟时，状如鹅毳，中有核如珠玽，细过丝棉，人将用之，则治出其核，但纺不绩，任意小抽相牵引，无有断绝。欲为斑布，则染之五色，织以为布。"① 其中记载的"吉贝木"就是引进的亚洲棉种，并不是多年乔生木棉。如此详细描述棉花从成熟到加工成棉布的过程，说明当时岭南人民植棉和棉织水平已经比较高了。从南宋到元朝，棉区向北发展，王祯《农书·木棉序》中记述："夫木棉产自海南，诸种艺制作之法，骎骎（渐渐）北来，江淮川蜀，既获其利。至南北混一之后，商贩于北，服被渐广，名曰吉布，又曰棉布。"② 可见，海南岛作为古代海上丝绸之路的中转站和补给站，在大量贸易与文化交流中，不仅具备较早接触新的事物和先进文化技术的条件，也容易有机会传播出去。海南岛的地理和气候条件适合于亚洲棉的生长，棉纺织品发展成为海南的优势产品实属正常。范成大《桂海虞衡志》记载："黎族衣裙皆五色吉贝""黎单、黎幕"在宋代已远销大陆等；《诸蕃志·货物》载："海南土产……惟槟榔、吉贝独盛，泉（州）商兴（化）贩，大率仰此。"这些种植、纺织、销售不同层面的史料记载，不仅符合我国棉纺织史上宋元以来南布北运的历史事实，也表明黎族的棉纺织技艺确实代表着当时的较高水平。

黄道婆在崖州生活了近40年，而古崖州是海南岛内最早有人类聚居并进行开发的地区之一，早在公元前3世纪就已开始种植棉花，使用较为先进的工具和技术纺纱织布、生产棉纺织品。自从汉代开通海上丝绸之路，宁远河出海口的崖州湾作为其中转站和补给站，崖州已成为黎族人的聚居地。数百年来，海南崖州地区一直流传有古训："先有抱怀，后有崖州；先有崖州，后有镇州。"也就是说，黎族哈方言中的"抱怀人"最早到此居住。南宋赵汝适《诸蕃志·海南》（下卷）中记载："吉阳军……生黎……时有侵扰之害。周侯遣熟黎峒首谕之，约定寅酉

---

① 〔三国·吴〕万震：《南州异物志》，见李昉等《太平御览》卷八百二十，上海古籍出版社1963年版，第4227页。

② 〔元〕王祯：《农书·木棉序》，上海古籍出版社1965年版，第213页。

二日为虚市,率皆肩担背负,或乘桴而来,与民贸易,黎人和悦,民获安息。"其中的"熟黎"表明当时的崖州地区应当有一定规模的黎族群落与汉族杂居,不排除是抱怀人的可能。因他们居住的三更村、凤岭村与黄道婆可能居住过的水南村、大疍村、临高村、保平村等,从地理位置上看它们都处在崖州湾沿海成带状分布,相距不甚远,与汉族村落毗邻或杂居。而且黎族抱怀人织锦是黎锦中的杰出代表之一,黎族抱怀妇女自古就善于用棉花织锦,家家必备踞腰机,日常生活用品、嫁妆、礼装等均能自给自足,其单面织造技艺、反面织造技艺和刺绣技艺在黎族传统纺织技艺中具有较高的代表性。因此,黄道婆向"熟黎"学习纺织技艺存在历史可能和现实环境条件。

  黎族人民运用最简单的原始工具,发明了复杂而高超的工艺,充分发挥他们的创造与想象,使得黎族富有民族特色的纺织技艺通过一幅幅神采各异的黎锦向世人展示。黎锦、吉贝布的大量贸易表明黎族的纺织技艺得到了时人的广泛认可。黎族妇女用简单的工具,不用临摹,就可织出配色调和、绚丽华美的图案,尤能说明她们纺织技艺已经得到了长期的实践检验。如果她们没有相当高水平的"错纱配色、综线挈花"等系统技艺,如何能织出"粲然若写"、图案多变的织品?如果由于今天海南黎族纺织技术依然相对简单、原始,而否定黄道婆向黎族人民学习技艺的可能,笔者不能苟同。如黎族纺织工具中必用的纺坠,其出现的时期甚至可以追溯到新时石器时代,但自纺坠应用之后,不仅改变了原始社会的纺织生产,也深刻影响了后世纺纱纺棉工具的发展,且作为一种简便好用的纺纱工具,一直被沿用了几千年。即使在今天,西藏地区一些游牧藏民,仍在用它纺纱。而黎族纺织也有类似的吊锭纺轮或说手捻纺轮,以及相对原始的踞腰机等,仍然在黎族部分地区以及其他少数民族地区继续沿用,不能因为与今天的现代化纺织工具相比,由于它技术上的明显落后而否认它们曾在纺织历史上的地位与作用,否定黄道婆在海岛学艺的历史可能。

  总之,有关黄道婆的历史记载除了陶宗仪、王逢之外,没有更多确切的史料留存,我们不得不感到遗憾。漫长的中华历史,长期处于宏大叙事的笼罩下,以致普通民众的历史叙事没有地位,民族历史的发展进程与民众叙事之间存在无法弥合的鸿沟,普通百姓、小人物要想青史留名,没有偶然因素造就,除非为社会做出超于常人的贡献。面对黄道婆的历史叙述空白,我们只能尽力继续见微考证,但最重要的是如何去挖掘人物的精神文化,为世人所共享。史学家罗志田说得好,史学应该是一门理解人的学问,要理解身边的人,也要理解过去的人,理解很遥远的人。史学家的责任不仅是建构过去,还需要让所有人了解、分享和批评我们的建构……研究中国历史就要把中国历史放在世界历史中思考。因此,研究黄道婆也应从理解一位既普通又伟大的古代女性开始,有意识地把她置于宋元战争史、移民史、古代棉纺织史、科技史乃至汉黎人民交流史、黎族变迁史等背景中进行综合系统的考察,建构黄道婆文化的当代意义,还人民以历史的兴趣和历史价值。

黄道婆迁徙崖州时寓居村落考

何家贤[*]

黄道婆是我国著名的纺织家。由于她对棉纺技术的学习、改进和推广，使我国在宋元之后就推广棉花种植和棉纺织业，促进了生产力的提高，改善了人们生活，推动了社会进步。然而由于封建王朝对科学技术的轻蔑，以及对劳动人民的偏见，致使像黄道婆这样一个伟大的纺织革新家在正史中没有只言片语的记载，这是历史的一个悲剧。

如今，虽然年代久远，史料缺乏，难以还原当时的真实，但经后人的不断挖掘与整理，黄道婆的形象渐渐地在人们的视线中清晰起来。据清同治年间的《上海县志》《松江府志》《沪城备考》和《华龙志》等记述，黄道婆是松江乌泥泾人，小时候当童养媳，因不堪忍受公婆的虐待和丈夫的打骂，逃了出来，躲到一艘海船上，随船漂流到了崖州水南。多年之后，她将在崖州学到的棉纺技术带回家乡加以改进和推广，促进了当地棉纺业的飞速发展，受到人们的普遍敬仰。

黄道婆功绩之大，是跟她掌握了先进纺织技术密切相关的。关于这个技术是从哪里学到的，现在基本上达成的共识是说在崖州水南。至于她居住在水南什么地方，跟谁学的，却没人说得清楚。有人议论说是因为年代太久，遗址已被时间和风雨淹没了，此种说法很难让人信服。因为比它早了100多年的盛德堂（赵鼎、胡铨居所）乃至更早的卢多逊遗址，历经了近千年的沧海桑田，至今依然保存下来，黄道婆在此居住时间之久，影响之大，为什么唯独其遗址文物反而消失无踪？或许，黄道婆来到崖州后就没有住在水南村。那么，她会寓居哪里呢？笔者推测，应该是在水南村附近的某个地方。

首先，从崖州古代区域各村庄分布情况来看，据有关史料记载，水南

---

[*] 何家贤，海南省作家协会会员。

黄道婆迁徙崖州时寓居村落考

四村（大疍）北面原有一个港口叫大港，是唐代海南四大河流之一——宁远河的出海口，也是当时振州（今崖州区）对外关系的海上门户。因位于海南最南端，所以往返于南海的商船，为躲避台风和解决饮水而常常停泊于此。唐天宝七年（748）鉴真和尚第五次东渡日本，因海上遇到台风漂流也曾至此登岸。那么，黄道婆来崖州，不管是直达也好，漂流也好，上岸地点只能是大港而非他处。大港东南雄踞山高林森的鳌山（南山），正南面对浩瀚的南海。从大港向东不到3 000米（六华里），紧挨着水南一、二村的南山脚下有一片靠海的山坡，坡地上有一个黎村叫"四马"。"四马村"在南山周边分布的黎村中较为靠近水南村，黎汉民众常有往来，互利互惠。几年前，学者梁勇专程来到崖州考察黄道婆的寓居地。他在水南村走访了20多位长老和当地村民，竟没一个人指明哪里是黄道婆居住过的地点。仅有一位老人，就是盛德堂的守护者裴先生告诉他，黄道婆居处是难以辨别了，据他祖父说，当年她是住在水南西村。然而，水南并没有东西村之分，他所指的西村，从方向上看，正好就是"四马村"。

我外婆是水南四村人，如果还活着的话，也有120岁了。小时候听她讲过这样的故事：很早以前，有一个女孩从很远的地方随船漂流到大疍港（本地人称为"大港"）。她衣着不整，上岸后自己走到南山"四马村"。天空正下着大雨，她又冷又饿，站在一位黎族大妈的屋檐下躲雨。忽然，一只黄狗朝她狂吠，正待她要走避时，黎族大妈打开门查看。好心的老人见这女孩可怜，便将她领进屋里，给她饭吃，让她换上黎族的衣服。女孩跟老阿妈相熟后，忙里忙外地帮老人煮饭干活，黎族大妈喜欢她并认她做女儿，收留她住在村里。这位女孩天生聪明，心灵手巧，跟村里的黎族姐妹很快学会了织布绣花。由于她勤劳善良，做事认真，织绣出来的布匹，比其他姐妹织的还要值钱，时常被来往商贩出高价买卖，村里村外称她为"织女客"。又过了很多年，有一天，织女客在南山脚下的"山栏园"采摘棉花，突然见有大兵骑马入村捉贼，黎人恐慌走向山里避难。此时，南山顶上飘来一团黑云，云中有人弹琴唱曲将"织女客"接走了……我们可以将这个民间传奇故事跟黄道婆的事迹联系起来，因为这个故事就流传在这个村落附近。

从地理上看，四马村在南山脚下靠近大疍港的地方，这个特征符合清人褚华在《沪城备考》附《木棉谱》的相关记述："黄道婆，乌泥泾人，少沦落崖州海峤间。"所谓的"海峤间"，就是靠近海边的山岭间。

综上所述，在没有提出新的证据，或者考古没有发掘相关的可证文物之前，将黄道婆在崖州时的寓居村落，辨认为"四马村"，应该是可以相信的。

黄道婆文化精神的内涵及现实意义

王启芬[*]

黄道婆是我国元代伟大的棉纺织技术革新家,是联合国教科文组织确认的世界级古代女科学家。黄道婆,乃松江府乌泥泾镇(今上海市徐汇区东湾村)人,年少时流落到海南崖州(今三亚市境内)。在这期间,她虚心向黎族人民学习先进的棉纺织技术,返回家乡后,毫无保留地向家乡妇女传授棉纺织技术,革新棉纺织生产工具,为江南一带,特别是松江府的手工棉纺织业的发展奠定了基础。松江府因此成为江南棉纺织业的中心,为明朝中后期的资本主义萌芽创造了条件。黄道婆为我国棉纺织业做出了卓越的贡献,一直为江南人民所怀念。黄道婆精神文化至今依然闪耀着光辉,值得我们世代传承与弘扬。

一、黄道婆文化精神的内涵

黄道婆一生坎坷,但她能勇敢面对。她为了掌握精湛的棉纺技术,坚持在逆境中生活。她的一生,可谓是为棉纺织业探索、创新的一生。黄道婆是中国古代劳动妇女的典型形象,她身上兼具中国妇女的优秀品质和崇高精神。黄道婆精神文化的内涵,概括为以下三个方面。

(一)勤奋好学,勤劳勇敢

黄道婆家境贫寒,从小就被卖给人家当童养媳。面对非人虐待和沉重苦难,她敢于抗争,逃出来后随远航的海船到了海南岛的崖州。当时的海南岛崖州虽不再是唐代的蛮荒之地,但我们可以想象,这对一个从未出过远门的少女来说,她面临的困难可想而知。然而,黄道婆勇敢和大无畏精

---

[*] 王启芬,海南热带海洋学院讲师。

神让她战胜了一切困难。惊涛骇浪吓不倒她，穷山恶水困不住她，她在海南岛崖州安下了家，和黎族同胞和睦相处，生活了30多年，并和黎族人民结下了深厚的友谊。当时的黎族棉纺织技术比较先进，他们生产的黎单、黎饰、鞍褡、被帨等早已成为历代进贡朝廷的贡品。为了掌握黎族这一先进纺织技术，黄道婆虚心拜他们为师，刻苦向黎族同胞学习。虽然现存的历史文献没有详细记载黄道婆如何艰辛学艺，但从流传于海南岛的崖州地区关于黄道婆的民间传说充分说明了这一点。她不辞劳苦，认真努力学习黎族纺织技艺。由于黎族同胞的言传身教和她的聪明好学，她逐渐掌握了黎族妇女的纺织工艺，并融会贯通，了然于心，返回故里时已成为一名技艺精湛的棉纺织家。

（二）甘于奉献精神

黄道婆来海南崖州前，她的家乡乌泥泾镇已经从闽广地区传来了棉花种植，中国古代是男耕女织的典型国家，黄道婆家境贫寒，必然从小就参加劳动，棉花种植技术，当了然于心。黄道婆来到崖州后，看到黎族"妇女不事蚕桑，惟织吉贝、花被、缦布、黎幕"①为业，棉纺织技术远远领先于自己的家乡。于是，黄道婆虚心向黎族妇女学习，很快就掌握了黎族传统的棉纺技术。黄道婆返回家乡乌泥泾后，本可以其从黎族人民那里学到的棉纺技术作为发家致富的"专利"，但她心里装着的却是故土的人民，于是毫无保留地把它传授给故乡人民，无私地教故里的妇女"做造捍、弹纺织之具"，"错纱配色、综线挈花"之法，②使得江南一带一时弹弓铮铮，布机轧轧。"买不尽松江布，收不尽魏塘纱"③，这民谣充分地说明了松江府棉纺织业发展的空前盛景。黄道婆的奉献精神赢得了后人感激和怀念，黄道婆死后，乌泥泾镇乡民为她举行了公葬，修建祠堂，当地有民歌唱道："黄婆婆，吃的吃，做是做，一天能织三个（匹）布。黄婆婆！黄婆婆！教我纱，教我布，两只筒子两匹布"④。元代诗人王逢在《黄道婆祠（有序）》中写道："前闻黄四娘，后称宋五嫂。道婆异流辈，不肯崖

---

① 〔宋〕赵汝适：《诸蕃志》卷下。
② 〔元〕陶宗仪：《南村辍耕录》卷二十四。
③ 《浙江通志》卷一〇三，引万历《嘉善县志》。
④ 施联朱、容观琼：《历史上黎汉民族团结友谊的光辉篇章——记我国著名女纺织技术革新家黄道婆向黎族人民学习棉纺织技术的事迹》，《中央民族学院学报》1977年第4期。

州老。崖州布被五色缫,组雾纴云粲花草。片帆鲸海得风归,千柚乌泾夺天造"①。更表达了江南人民对黄道婆历史功绩的崇敬和怀念心情。

(三) 勇于创新

黄道婆从海南崖州返回家乡松江府乌泥泾镇后,看到家乡的纺织技术比海南崖州黎族落后。正如陶宗仪在《南村辍耕录》中说的"初无踏车椎弓之制,率用手剖去子,线弦竹弧置案间,振掉成剂,厥功甚艰"②。于是,她决心把自己学到的精湛织造技术传授给故乡人民,并致力于棉纺织生产工具的改革,创造了一套"捍""弹""纺""织"工具。"捍"又称"搅车",是用踏车去棉籽,代替手剖去籽。这种手摇脚踏式的轧棉机,比西方国家先进许多,它让人们免除手剖棉籽的辛苦的同时,又大大提高了生产效率。接着黄道婆又对弹松棉花的方法进行改进。她用4尺大弓代替内地普遍使用1尺多长的小竹弓,还用檀木做了椎子击弦弹棉,使敲打时振幅大而有力,这样,弹棉效率提高了,弹出的棉花也均匀细长,既提高了纱和布的质量,又便利了纺纱和织布。在纺纱工序上,黄道婆发明的脚踏三锭木棉纺车,又称黄道婆纺车,代替过去单锭手摇纺车。在织布工序上,黄道婆利用当地已经成熟的麻织布机和丝绸织机以及轻架、纬车等工具,对乌泥泾的棉织染工艺进行了改革,她所制作的织布机不仅仅限于平纹织机,还有提花机,能够"错纱配色、综线挈花"。

黄道婆除了革新棉纺织生产工具外,还借鉴我国传统的丝织技术,汲取黎族同胞织"崖州被"的长处,与乡亲们共同学习研究"错纱配色、综线挈花"等织造技术,织成的被、褥、带、帨(手巾)等,上面有折枝、团凤、棋局、字样花纹图案,鲜艳如画,从此,"乌泥泾被"名扬天下。

二、弘扬黄道婆精神文化的现实意义

黄道婆是我国历史上杰出的棉纺织革新家,她为我国棉纺织业的发展做出重要的贡献,她的生平事迹感人至深,创新业绩恩泽后代,历代有识之士和布衣百姓为她建祠修庙,纪念尊崇。在新的历史时期,学习、传承、弘扬黄道精神文化具有重要的现实意义。

---

① 〔元〕王逢:《梧溪集》卷三。
② 〔元〕陶宗仪:《南村辍耕录》卷二十四。

黄道婆文化精神的内涵及现实意义

（一）学习黄道婆文化精神，就是要传承与弘扬创新和奉献精神

创新精神是社会进步的精神之魂，也是民族精神的灵魂。2013年10月21日，习近平总书记在欧美同学会成立100周年庆祝大会上的讲话中对创新进行过这样阐述："创新是一个民族进步的灵魂，是一个国家兴旺发达的不竭动力，也是中华民族最深沉的民族禀赋。在激烈的国际竞争中，惟创新者进，惟创新者强，惟创新者胜。"2016年1月18日，习近平总书记在省部级主要领导干部学习贯彻党的十八届五中全会精神专题研讨班开班式上发表重要讲话，其中再次强调创新的重要性："要着力实施创新驱动发展战略……抓住了创新，就抓住了牵动经济社会发展全局的'牛鼻子'……抓创新就是抓发展，谋创新就是谋未来……我们必须把发展基点放在创新上，通过创新培育发展新动力、塑造更多发挥先发优势的引领型发展……做到人有我有、人有我强、人强我优。"由此可见，创新对于我们国家、我们民族发展壮大来说是非常重要的动力。学习黄道婆文化精神，就是要让创新精神在年轻一代中得到传承与弘扬。

奉献精神从来就是我们的民族精神。乐于奉献，是我们民族最可宝贵的精神财富。历史告诉我们，正因为有了历代先贤的无私奉献，才有了中华民族的生生不息。习近平总书记有句座右铭："勿忘人民，甘作奉献；鞠躬尽瘁，奋发有为。"因此，学习黄道婆文化精神，就是要在年轻一代中大力提倡奉献精神，古人尚有"先天下之忧而忧，后天下之乐而乐"的情怀，我们的年轻一代，应对奉献精神有深切的感悟，对奉献理念有高度的认同，对奉献行为有实际的表现。只有这样，才能切实肩负起时代赋予的光荣使命。

（二）学习黄道婆文化精神，就是要永葆中华民族勤劳勇敢的传统美德

中华民族历来是勤劳勇敢的民族。勤劳是中华民族的传统，历史告诉我们，中国革命的成功，中华人民共和国今日的繁荣昌盛，都与中华民族的勤劳密不可分。学习黄道婆文化精神，就是要永葆中华民族勤劳勇敢的传统美德，只有全民辛勤劳作、默默耕耘、不断积累，才能早日实现中华民族的伟大复兴。

（三）学习黄道婆文化精神，就是要进一步发掘和研究黄道婆的历史轨迹，丰富"黄道婆文化"内涵

由于黄道婆出身低微，加上封建统治者的偏见，正史上不为黄道婆立传，地方文献关于黄道婆的记载也不多，遗迹、遗址因年代已久并没有太多遗存。因此，学习黄道婆文化精神，就是要进一步加强发掘和研究黄道婆的历史轨迹，夯实研究"黄道婆文化"的基础，如注意黄道婆的历史文物古迹的修复，收集更多关于黄道婆的传说，让后人永远铭记她的光辉业绩，让她的名字和功绩永远留在广大人民的记忆中。

三、结语

黄道婆手工棉纺织技术是历史留给我们和祖先传给我们的一笔不可多得的精神遗产，我们要好好地保护，不断挖掘与利用黄道婆和手工棉纺织技术价值的文化内涵，不断地传承发展，将黄道婆文化精神进一步发扬光大。

黄道婆乃崖州人氏

王隆伟[*]

一、必须坚持对黄道婆籍贯的研究

籍贯是历史名人生平事迹中不可或缺的重要内容，黄道婆出籍问题亦然。

是坚持对黄道婆籍贯的研究，还是认为对此研究没有意义而放弃研究，这是关系到对历史、对黄道婆及其家乡是否负责任的问题，关系到学术研究态度是否端正的问题。

黄道婆是一位伟大的科学家，她的成长过程及其辉煌功业，是内因和外因共同作用的结果。内因是她的智慧、坚强性格和奉献精神；外因是她的家乡及生活地区的历史条件、社会背景、自然环境和人文环境等。这些外因也正是研究黄道婆时不能不研究的问题。这正同自然科学的研究一样，某一物种的存在或优良品种的培育成功，与当地的气候、土壤、阳光、空气和水等自然条件乃至人类活动密切相关。研究物种、品种时必须研究这些客观因素。

黄道婆和其他历史名人一样，首先是家乡人才的标志，其精神力量会对家乡人民产生直接的、巨大的影响；同时还可以提高家乡的知名度，对家乡的社会、经济、科技、文化、教育等方面的发展，产生积极的影响。坚持对黄道婆籍贯的研究，能够使黄道婆文化的内涵和外延充沛丰厚。艺术可以因残缺而完美，历史残缺却会成为千古憾事。

---

[*] 王隆伟，三亚市民间文艺家协会主席。

二、解读王逢《梧溪集·黄道婆祠（有序）》：黄道婆非"松之乌泾人"

黄道婆有两个历史档案，一个是元代史学家陶宗仪的《南村辍耕录·黄道婆》，这是原始档案；另一个由元代诗人王逢收录在《梧溪集·黄道婆祠（有序）》中，这是距陶宗仪的原始档案30多年后的第二档案。虽然这两个档案共同证实了黄道婆的存在及其伟大功绩，但在其出籍问题上却互相抵牾。陶宗仪说："国初时，有一妪名黄道婆者，自崖州来。"说的是黄道婆乃崖州人氏，即今三亚人；王逢的《梧溪集·黄道婆祠（有序）》说："黄道婆，松之乌泾人。少沦落崖州，元贞间，始遇海舶以归。"说的是黄道婆乃松江府乌泥泾人，即今上海人。前人两种记述，后人各有所宗，至今没有形成共识。

长期以来，人们根据崖州和松江府两地的社会、经济、民生、风俗、交通、棉纺织等方面情况，并结合陶宗仪、王逢两个档案内容，对黄道婆籍贯进行分析研究，见解不乏独到深刻。但研究还在一定程度上游离于陶、王两个档案之外。在没有发现新的证据之前，对陶、王两个档案进行深入细致的分析、解读，分辨虚实，甄别真伪，是目前研究黄道婆籍贯的唯一手段。

笔者认为，陶宗仪的《南村辍耕录·黄道婆》可以采信。王逢的《梧溪集·黄道婆祠（有序）》不足为凭。

《黄道婆祠（有序）》"序"非王逢之作。

《黄道婆祠（有序）》"序"仅见于王逢的著作《梧溪集》，自古以来人们一直以为王逢是作序人，其实不然。作序的另有其人，其人姓甚名谁，不详，在此暂以无名氏称之。无名氏是黄道婆祠的作序人，也是祠序的统稿人，他将王逢的征诗收入序中，成为序的一部分内容。

这个观点的依据在于《黄道婆祠（有序）》"序"中的一句话："且征逢诗传将来"，意思是征王逢之诗传颂黄道婆事迹到将来。这句话的语气和内容，分明是一个人对另一个人的介绍用语，也就是作序人无名氏对王逢及其诗歌的介绍，而不是王逢的自我介绍。

《黄道婆祠（有序）》由两段文字组成，即序文和序诗。两段文字的作者及文体、内容、语言风格都不相同。第一段是序文，叙事体，以平实的语言简述黄道婆的籍贯、生平、功业（暂不论其真实与否），同时记述三位后人纪念黄道婆的三种行为。第一位是"乡人者赵如珪，为立祠香火",第二位是"张君守中,迁祠于其祖都水公神道南隙地",第三位是"且征逢诗传将来"的王逢及其诗歌。第二段是序诗,即王逢的二十行诗歌,诗歌以诗体的艺术语言歌颂黄道婆的功德。王逢是吴中地区的著名诗人,无名氏以"且征逢诗传将来"这句话,郑重介绍王逢及其诗作,表示对王逢的敬仰和对王逢诗歌的高度评价("传将来")。从祠序的两段文字来看,第一段叙事体的序文为无名氏所作,第二段诗体的序诗为王逢所作,但从整篇祠序来看,《黄道婆祠(有序)》的作序人是无名氏。

王逢不是作序人。如果是,序文、序诗自然是他的完整作品,不必多此一举,以"且征逢诗传将来"说明诗歌是他的作品,而对序文却只字不提。他认序诗不认序文,正好说明序文非他所撰,《黄道婆祠(有序)》"序"非他之作。同时,"且征逢诗传将来"这种唯恐人不知的张扬和标榜,文化名人王逢不会做这种招致诟病、自我贬损文品人品之事。

因为王逢诗是应征之作,是祠序中的部分重要内容,所以王逢将载有其诗作的祠序收入《梧溪集》。

综上所述,《黄道婆祠(有序)》的作序人不是王逢而是无名氏。而无名氏什么姓名什么身份,至今无人得知。一个不明不白的人在祠序中提供的历史信息,能让人相信吗?

总之,《黄道婆祠(有序)》"序"中"黄道婆,松之乌泾人。少沦落崖州,元贞间,始遇海舶以归"的记述,因为作序人姓名不详而不予采信。

王逢是吴中地区一位著作甚丰的文化名人,颇具权威,且《黄道婆祠(有序)》仅见于他的著作《梧溪集》,因此人们将《黄道婆祠(有序)》中的"序"归于他名下,长期以来无人提出异议。现顺从人们历史以来形成的思维惯性和思维定式,姑且把王逢作为作序人,对其序内容进行解读。

王逢居住在远离乌泥泾的青龙江,是一位安逸地生活在形象思维里的诗人,而不是具有求是精神的历史学者。他撰写的《黄道婆祠(有序)》,是对迁祠人向他征诗时口授的转述,被动地人云亦云,而不是深入民间调查采访的见闻。"序"中的内容重诗轻文,诗见才情,但不能当史,文极粗疏,不足以传人。按规矩情理,作为名人特别是本地人顶礼膜拜的本地名人黄道婆的祠堂序文,必须全面介绍包括黄道婆父母、兄弟姐妹等家庭情况在内的生平事迹。况且,祠堂有足够的空间能够安排详细的序文文字。王逢的序文既缺少黄道婆家庭情况的介绍,对黄道婆的功业又简而言之,与名人及名人祠堂极不相称,有悖常情。这说明王逢对黄道婆生平事迹知之甚少,他的"无米之炊",说明了黄道婆不是松江乌泥泾人。黄道婆"被更乌泾名,天下仰食者千余家"。去世后乡人为其数次建坟、立祠、题匾、写序、赋诗、尊之为先棉神,其身世仅"松之乌泾人"而已,连她少小时的名字也不知道,只使用"黄道婆"这个老年时的称呼,其生卒年月、世系渊源、家庭情况竟不见片言只语,甚至其家人族人也未见踪影。身世家系的空缺,亲人族人的失联,说明了黄道婆不是"松之乌泾人",其"少沦落崖州,元贞间,始遇海舶以归"的记述,当是传说或讹传。

总之,作序人的白纸黑字,都或多或少带有个人主观色彩。特别是王逢的"二次记载",竟被后人视为黄道婆身世的历史判词。不辨真伪虚实,只要有人说便是事实,只要有资料便是信史,这种拿传闻当铁证定论人、事、物、迹,是造成历史上和现实中许多错案的重要原因。王逢的"黄道婆,松之乌泾人,少沦落崖州"亦是一个历史错案。

三、解读陶宗仪《南村辍耕录·黄道婆》：黄道婆乃崖州人氏

陶宗仪是元代颇有建树的史学家,他撰述的历史文献《南村辍耕录》,是松江地区的社会、典制、经济、民生、人物等的调查实录,对后世影响很大。《黄道婆》一文同书中的各篇章一样,都是纪实性作品,体现了陶宗仪作为一名长期隐居村野、深入民间、著书立说的史学家的务实精神、求是品格和历史责任心。

陶宗仪与黄道婆是同一时代人,又都共同生活在松江府地区,对当地的社会、经济、民生特别是棉纺织业及黄道婆身前身后事自然耳闻目见,体验较深。获得的资料直接,来源广泛,途径多样,内容翔实。他记叙同一年代同一生活区域的黄道婆事迹完全可以采信。

陶宗仪《南村辍耕录·黄道婆》的史料价值较高,具有唯一性和排他性。这篇短文,简繁得体,十分严谨,内容均写到时间、地点、人物、籍贯、社会经济状况、革新内容、成果、贡献、人物去世、建坟、立祠等。特别是在记叙松江府地区棉纺织技术落后、民生困苦的基础上,详细介绍了黄道婆"乃教以做造捍弹纺织之具","错纱配色、综线挈花"技法,被、褥、带、帨等产品以及产品上的"折枝、团凤、棋局、字样"等粲然若写的花纹图案等四个方面棉纺织革新技术。全文内容丰富,结构紧密,层次分明,重点突出,细节具体,措辞准确,用字考究,行文流畅。作者的笔为史笔,文为史记,是一篇十分精练的史学文章,深得史学家司马迁

的真传。由此可知,其文绝非道听途说之语,亦绝非仓促挥就之作,而是经过深入的调查、验证并字斟句酌写成的史文。

"国初时,有一姬名黄道婆者,自崖州来。"陶文中关于黄道婆出籍的这一记述十分谨慎和客观。黄道婆从崖州来到乌泥泾,这是陶宗仪调查的结果,至于她在崖州的情况不清楚,因此在文中只能如此表述。这说明,黄道婆不是松江乌泥泾人。如是,陶宗仪不会不知道,也不会回避这一事关黄道婆生平事迹和松江乌泥泾荣誉的重大问题,他会在文中给予明确的表述。有人觉得这句话语焉不详,这是由于黄道婆不是松江乌泥泾人的缘故,也是黄道婆来自于千里之外的崖州人的缘故。

"自崖州来"这句话十分明确地告诉人们,黄道婆是崖州人。有人为了证明黄道婆是松江乌泥泾人,故将"来"字解释为"回来""归来",这种解释实在牵强附会。"来"字有两种解释,一是"来到""到来",二是"回来""归来"。从"国初时,有一老姬名黄道婆者,自崖州来"的语境、语气、语势来看,"有一老姬"分明是指说一位陌生的外地人的口吻。"来"字在这里应解为"来到"。如当"归来"解,这句话则成为成分残缺的病句,缺乏她曾是乌泥泾人的前提而显得十分突兀。将这一句古汉语分别按"来到"和"归来"翻译成现代汉语作比较,这种感觉就更明显了。

纵观《南村辍耕录》全书以及其中的《黄道婆》一文,可知陶宗仪不但治学严谨,而且驾驭语言文字的能力很强,绝不会写出一位陌生的异乡人归来他乡这等不合逻辑、文理不通的句子。具有语言文字修养的人往这方面略作思索和推敲,也就恍然大悟了。

黄道婆者,崖州人氏也!

黄道婆籍贯刍议

游师良*

黄道婆的身世,诸如黄道婆真实的姓名、生卒年月、家系渊源、婚姻家庭子女、在崖州(今三亚)确切的居住地,以及黄道婆因何而离开崖州、终老松江乌泥泾(今上海),等等,历代史志记述近乎空白,无从查考。而流传于崖州、松江两地的民间传说,也多为后人所杜撰,以致真伪莫辨。

尽管如此,黄道婆是生活在中国13世纪的一个历史人物,不是神话传说。这一历史人物的真实存在,和她作为中国乃至世界古代伟大纺织家的历史地位一样,是毋庸置疑的。

自20世纪80年代周振东先生在《广东民族研究论丛》(1986年第一辑)推出《黄道婆籍贯考辨》一文后,几成定论的黄道婆这一历史人物的籍贯,又作为黄道婆研究的一个学术问题被重新提出来并在史学界引发探讨,其中还包括海南岛是否中国最早的植棉、纺棉地等历史疑问。

一个历史人物的籍贯及其生平,是与这一历史人物所处的历史空间、社会环境和地理风貌密切相关的。对黄道婆籍贯及其生平的探讨,可以更全面了解中国宋元时期海南岛南端的崖州和江南沿海地带的松江,两地的政治、经济、文化、社会形态,进一步追寻黄道婆成为中国乃至世界古代伟大纺织科学家的主、客观成因,具有积极的、不可替代的意义。

黄道婆籍贯为松江这一普遍说法,源于元代诗人王逢《梧溪集》的记述:"黄道婆,松之乌泾人。少沦落崖州,元贞间,始遇海舶以归。"而周振东先生在《黄道婆籍贯考辨》一文中提出"黄道婆崖州人也"的说法,其重要的史料依据之一,是元代历史学家陶宗仪在《南村辍耕录》中的记述:"国初时,有一妪名黄道婆者,自崖州来,乃教以做造

---

* 游师良,三亚市作家协会副主席。

捍弹纺织之具……"

因此就王、陶二文，我们有必要作如下比较：

第一，王文对黄道婆的通篇记述，是诗体语言；陶文对黄道婆的记述，是笔记实录。

第二，王文对黄道婆在乌泥泾"躬纺木棉花""织崖州被自给""教他姓妇"等记述，仅点及而已，叙事不详，史料价值不高；陶文对黄道婆在乌泥泾教当地人"做造捍弹纺织之具，至于错纱配色、综线挈花"的全过程以及"织成被褥带帨，其上折枝团凤棋局字样，粲然若写"的描绘，生动逼真，是一段不可多得的、极其珍贵的中国纺织史料。

第三，陶文是黄道婆史迹的原始记录，王文是黄道婆史迹的第二记录。

事实上，陶宗仪的《南村辍耕录》已经清清楚楚地交代了黄道婆的籍贯："国初时，有一妪名黄道婆者，自崖州来"。细读陶文，可知陶宗仪是以自己作为松江当地人的角度和语气来记述从崖州远道而来的"一妪"黄道婆这个陌生的他乡妇人。作为松江当地人，陶宗仪记述全文字里行间充满着对这位从崖州远道而来的黄道婆一片尊崇和感恩之情。文中对黄道婆"自崖州来"的"来"字之表述，在这里完全没有"归来"的意思，只有"来"字的本义"到来"的意思。陶宗仪是一位严谨的历史学家，为一个历史人物立传，他不可能对这个历史人物的籍贯不作明白交代，更何况他是当时松江地区的著名学者。如果黄道婆乃松江乌泥泾人，陶宗仪是绝不会惜墨如金，而把这个重要人物的籍贯留给几十年后的诗人王逢来补写的。

周振东于20世纪80年代几赴上海等地，实地考察黄道婆史迹（笔者曾随周老先生到上海作过一次考察）。在周振东几万字的调查笔记中，有他走访当地各界人士和大量查阅当地史志的记录。其中对黄道婆因不堪忍受"童养媳"生活的痛楚（公婆虐待）而离家出走这一传说的调查，费时一月余，记录近万字。

调查后的结论是：

（1）这一传说（包括黄道婆入佛寺为尼、陷青楼为娼等各种传说），不是当地民众宋元之后口口相传的，而是近现代一些好其事者煞费苦心编造的。

（2）宋末元初，松江地区不存在所谓"童养媳"的习俗。

（3）当地人士普遍认为，一个十几岁的女孩，不可能突发萌生和决意做出如此冒险（风雨之夜孤身一人离家出走，直奔黄浦江搭乘陌生商船并随船漂泊）的亡命举动。

（4）黄道婆去世后，第一个为之立祠的乡绅赵如珪，立祠时的诗文均未提及黄道婆籍贯，至"庵后兵毁"之几十年后；第二个为之立祠的是乡绅张守中。诗人王逢是应张守中之请前来为新落成的黄母祠作诗献辞的。至于陶宗仪身后几十年的王逢，何以将黄道婆表述为"松之乌泾人，少沦落崖州"，那只好去问乡绅张守中和诗人王逢了。

（5）黄道婆终老的松江乌泥泾及附近村落，原本没有"黄"氏人家，现有的几户"黄"氏人家，均为宋元之后移居过来的；而黄道婆居住和生活了近半个世纪的崖州，其"黄"氏人家的移民年代，可以追溯到宋元时期，甚至早些时候。

周振东先生《黄道婆籍贯考辨》一文对黄道婆籍贯及其生平的考证，用功甚艰，发前人所未发。其文虽不够全面，学术思维及逻辑有欠缜密，但却言之凿凿，入情入理。

从《尚书·禹贡》关于"淮海维扬州……岛夷卉服，厥篚织贝"，《史记·货殖列传》关于岛夷"榻布千匹"等文献记载来看，海南岛至少有3000年以上的植棉史，也至少有2000年以上的纺棉史并一直相沿到晚清时期。明代被尊为"岭海巨儒"的钟芳（崖州高山所人）在《珠崖杂兴》一诗中有"山下小园收吉贝，屋边深处叫鞠辀"二句，为我们活灵活现地勾画了一幅古崖州乡村家家有棉园、村村有织机的真实图景（吉贝：棉花，海岛棉；鞠辀：纺织机发出的响声）。自宋代至清代，古崖州植棉、纺棉已经成为当地百姓生产和生活的重要经济活动和经济来源之一。因此，像黄道婆一样的织女，在古崖州成千上万，她们之中哪一个去了乌泥泾，都会成为像黄道婆一样的光辉人物。

20世纪60年代，笔者曾在家乡水南村亲见一村民家中保留下来的古代纺车。在崖州汉族人聚居的藤桥、崖城、乐东等沿海村落，纺纱织布是古代妇女的日常活计。国家级非物质文化遗产项目"崖州民歌"，就有大量反映崖州织女生活的内容，如长歌《织妇怨》等篇目。在今人袁金华（民间收藏家，乐东县人）的博物馆内，展示有他从当地汉族村落征收过来的一部脚踏三线纺车。伫立纺车前，我们可以想象黄道婆这个伟大的女性身影，还端坐在纺车前，在桐油灯下度过了一个又一个漫漫长夜。

有如此悠久漫长的植棉、纺棉史的海南崖州，产生一个对中国乃至世界纺织业做出杰出贡献的科学家，是时势之所归，也是历史之必然。黄道婆，是生于崖州、长于崖州、成就于崖州而光大于上海的劳动妇女。黄道婆，一颗从天涯海角升起的璀璨的织女星！

黄道婆改革后的捍弹纺织之具与黎族原始捍弹纺织之具的比较

王 恩*

一、元代文献关于黄道婆的记载

元王逢《梧溪集》卷三《黄道婆祠（有序）》载："黄道婆，松之乌泾人。少沦落崖州，元贞间，始遇海舶以归……"从以上文献我们了解到，黄道婆在年轻的时候，从上海的乌泾沦落到海南岛的崖州地区，直至年长时，才从崖州地区返回她的家乡乌泾。一个普通的村姑为何有文献资料记载？褚华《沪城备考》卷六载："黄道婆，乌泾人，少沦落崖州海峤间。元贞间，携踏车、椎弓归，教人以捍、弹、纺、织之法，而木棉之利始溥"①。以上信息告诉我们，黄道婆晚年从崖州携带纺织工具回到家乡后，看到家乡落后的棉纺织技术，以及"民食不给"的情形后，便将在黎族地区学到的棉纺织技术，结合自己的纺织经验，经多次实验，改革捍（搅车）、弹（弹弓）、纺（纺车）、织（织机）等纺织工具，随后教乌泾人捍、弹、纺、织技术，从而大大提高了生产效率。

二、捍弹纺织的原料

海南岛生长着两种木棉：一种是木棉科木棉属木棉；另外一种是锦葵科草棉。海岛棉是20世纪50年代以后引进的新品种。

木棉别名红棉、英雄树、攀枝花。落叶大乔木，高达25米，树干长

---

* 王恩，海南省博物馆副研究员。
① 〔清〕褚华：《沪城备考》卷六《木棉谱》，见《上海掌故丛书》，上海通社1935年版。

刺。蒴果长圆形，木质，长10～15厘米，直径4.5～5厘米，裂片通常五片。花期春季，果期夏季。果荚内附着纤维，木棉纤维因长度偏短，强度较低，表面光滑，抱合力差，纺纱价值差。木棉为野生。

草棉属棉葵科，为一年生亚灌木，在海南岛为多年生木本植物。每年农历四月种植，十月采摘。《崖州志》卷三载："（草棉）秋后就生花结子，壳内藏三四房，壳老房开，有棉吐出，白如霜。"① 草棉植株矮小，高达1.5米。生育期为120～150天，棉铃小，棉纤维短而细软，较有韧性，可用来纺纱。它是黎族妇女纺纱的主要原料。黎语称之为"贝赛""吉贝""只贝""贝"等。为了区分草棉和海岛棉，黎族妇女自称草棉为"贝赛"。"贝"，是棉花的意思，"赛"是黎族的自称，因此，"贝赛"即黎族的棉花。

草棉有野生，也有种植。草棉在海南岛的生长历史，古人把两种棉花混淆了。木棉属木棉的纤维，因长度偏短，强度较低，抱合力差，仅可以纺织粗的棉线，棉线容易断。黎族妇女用来纺织被单。草棉纤维短而细软，较有韧性，黎族妇女用来织锦。

根据以上两种棉花的特点，我们以下讲的捍、弹、纺、织之具使用的棉花是锦葵科草棉，而不是木棉属木棉。木棉属木棉的捍弹之具与锦葵科草棉的捍弹之具相距甚远。

三、黎族的捍弹纺织之具

1. 捍

据王祯《农书》载，捍，就是搅车，也称扎车。② 黎族的搅车为手摇轧棉机。呈"丁"字形，轧棉机大小不一，横木长为60～70厘米，宽6～8厘米，厚约3厘米，直木长约40厘米，宽约8厘米，厚约2厘米。在横木一头的两端连有平行直立方木组成车架。车架上方安装两根麻花状木齿，咬合突出车架外。木轴安装一根曲柄方便摇动。

使用时把轧棉机放在长板凳上，用绳系紧固定，一人侧身坐于直木之上，一手摇曲柄，一手填籽棉，摇动曲柄，木轴相向转动，籽棉的籽被阻落在长板凳上，皮棉则通过木轴落于筐内。

---

① 〔清〕张嶲等纂，郭沫若点校：《崖州志》，广东人民出版社1983年版。
② 参见〔元〕王祯《农书》，中华书局1962年版。

2. 弹

弹就是弹棉弓。黎族的弹棉弓有竹制弹棉弓和木制弹棉弓两种。两种的形制相似。竹制弹棉弓为一节长约 80 厘米，宽约 3 厘米，厚约 0.3 厘米的毛竹，左侧为一节抓手的竹筒，把两边削成由宽渐窄的竹片，把两头割一道槽，将竹片弯曲，缠一条白藤或红藤篾为弦。制作一根长约 15 厘米，直径约 2 厘米的竹管为弹椎。木制弹棉弓为一根长约 80 厘米，直径约 3 厘米，韧性强的木棍，左侧留一拱手握的手柄，用刀由手柄向两端削薄、削窄，把两头割一道槽，将木条弯曲，缠一条白藤或红藤篾为弹弦。取一根长约 15 厘米，直径约 2 厘米的竹管或木管为弹椎。弹棉花时，一手握弓背，将弦伏于皮棉之上，以竹管或木管勾动弦，弦震动，将棉纤维弹蓬松。这种弹棉弓弹棉花的效率很低。

3. 纺

黎族的纺纱工具为纺轮和单锭脚踏纺车。纺轮为陶纺轮、铜钱纺轮等。纺轮由捻杆和转轮组成，捻杆为铁、木结构，一般长约 30 厘米，直径 0.3～0.5 厘米不等。捻杆的上半部固定一个陶纺轮或两枚铜钱，顶端安装一节铁镞在木棍里面。使用者坐着，先握住一根搓条于左手中，先扯出一段，以手指捻转为纱线，缠在捻杆上，再扯出一段，也转捻为纱，把棉纱绕在铁镞上固定。以右手拇指捻转捻杆，或顺势在小腿部位从下往上一搓，旋转纺轮，同时右手抽长左手的搓条，不断释放棉纤维。纺轮一边转动，一边下沉，逐渐将棉纤维捻合成一段单股纱，完成一段后，把棉纱从铁镞上拆开，把纺好的棉纱缠绕于捻杆上，如此多次，捻杆上的纱缠多了，就将棉纱挽成团，再倒于绕线车上挽成束。

单锭脚踏纺车。主要由底架、轮子、锭子、传动绳、脚踏竹板等组成，高约 35 厘米，为竹、木质地。从搓条抽出一些棉花，用拇指和食指捻成纱固定在锭子上，脚踏竹板，轮子转动带动锭子转动，一手拉搓条，棉纱转动到锭子上，锭子上的纱缠多了，就将纱挽成纱团。

4. 织

黎族的织机有踞腰织机和脚踏水平织机两种，具体情况如下：

（1）踞腰织机。由腰带、梭、卷布杆、卷经杆、打纬刀、分经刀、综杆、幅撑等组成，这些工具一般长 65 厘米。在整经架上整经，然后把经线安装到踞腰织机上。织造时，织女席地而坐，面对经纱，双脚顶卷经杆，腰缠腰带，把绳系在卷布杆上，把经纱绷直。在一根综杆上，以软绳每一个圈系一根经纱（奇数），在另一根综杆上，以软绳每一个圈系一根经纱（偶数）。织布时绷紧经平面，左手提前页宗，奇数组纱上浮，偶数组纱下沉，经纱开口，右手持梭穿引而过，左手接梭，将梭置于旁边，右手把打纬刀穿过纬纱，双手把纬纱打紧，右手把打纬刀置于旁边。左手提后页宗，偶数组纱上浮，奇数组纱下沉，经纱开口，左手持梭穿引而过，右手接梭，将梭置于旁边，右手把打纬刀穿过纬纱，双手把纬纱打紧，右手把打纬刀置于一旁。这样，便可完成第一织造过程，如此反复织造。织出的布幅长大约10米，幅宽35～40厘米。

（2）脚踏水平织机。机架是一个木结构的立方体，一般长约170厘米，宽约70厘米，高约125厘米。一端有卷布轴，上方有一横木供垂挂综、躞，下垂两根木棍为躞。经线穿过筘，筘为长方形，定幅筘筐为木制，中间穿若干细密的竹丝，丝间有狭长的细眼，综为软绳作眼而成，大约500眼，共两页。

由10多位妇女打地桩整经，把经线安装到脚踏水平织机上面，织布的长度大约104米，幅宽大约35厘米。

四、黄道婆改良后的捍弹纺织之具

黄道婆所处的江南一带当时是怎样一种状况呢？陶宗仪《南村辍耕录》载："松江府去五十里许，曰乌泥泾。其地土田硗瘠，民食不给，因谋树艺，以资生业，遂觅种于彼。初无踏车椎弓之制，率用手剖去子，线弦竹弧置案间，振掉成剂，厥功甚艰"①。

1. 捍

黄道婆首先使用从海南黎族带回来的手摇搅车去棉籽，但是不适应当时的生产需求。经过黄道婆和广大劳动人民不断实践和改良，最后出现王祯《农书》所记载的名叫"搅车"的轧棉工具。这种工具是利用回转方向相反的两轴之间喂入棉花之后互相挤压、摩擦的原理，二人摇轴，一人喂棉，摇动柄则棉籽落于内，棉出于外，生产效率高，比用辗轴功利几倍。搅车去棉籽的方法一经推广，轧棉供不应求的问题迅速解决。这种搅车操作时需要三人同时进行，后人在黄道婆改革搅车的基础上加以改进，成为一人操作的轧棉车。后来有的地方又发展成一人操作的脚踏轧车，每天可轧籽棉10斤，出净棉三四斤。

---

① 〔元〕陶宗仪：《南村辍耕录》，中华书局1959年版，第297页。

2. 弹

解决了轧棉工具后，在黄道婆和大家的努力下，研制出一种以绳当弦4尺多长的绳弦大弓。替代原来1尺多长的竹（木）弓。并用弹椎敲击绳弦。由于敲击时振幅大，强劲有力，每日可弹棉6～8斤，弹出的棉花既蓬松又洁净。到元末明初，后人经过不断改进，最后出现了蜡线大弓，弹花的功效又进一步提高。

3. 纺

当时乌泥泾一带从使用单锭脚踏纺车到使用单锭手摇纺车。使用单锭纺车纺纱，必须三到四人纺纱，才能供应一台脚踏织机的需要。黄道婆把当时纺麻和丝的三锭纺车进行改制，把竹轮的直径改小，脚踏木棍的支点和竹轮的偏心距离作了调整。既省力又提高了工效。因此，三锭纺车很快在江南地区推广。

4. 织

改革后的脚踏织机：机架是一个木结构的立方体，一般长约300厘米，宽约150厘米，高约180厘米。一端有卷布轴，经纱经机架横梁环至顶。上方有一横木供垂挂综、筘、蹑，下垂两根方木为蹑。综为软绳作眼而成，大约1 000眼，共两页。筘为长方形，定幅筘筐为木制，中间穿若干细密的竹丝，丝间有狭长的细眼。纺织时一人在上面提综，一人在下面织布，或者两人并排织布，可以织大约1米宽的布。

黄道婆改革后的捍弹纺织之具：捍，捍出的棉花多，含杂质少；弹，弹出的棉花蓬松；纺，纺出的纱线粗细均匀，纺纱效率高；织，织出来的布，无论是幅长和幅宽都比以前增加2～3倍。经改革后的"捍弹纺织之具"使江南地区从"民食不给"到"衣被天下"。

20世纪以来黄道婆研究综述

张太教　齐　爽[*]

多年以来，黄道婆以我国宋末元初时期著名的棉纺织家、技术改革家、棉纺织业先驱而著称。关于黄道婆事迹的记载最早出现在元末陶宗仪的《南村辍耕录》和王逢的《梧溪集》中，此后《上海县志》《松江府志》《崖州志》等当地志书屡有记载，上海地区目前还留存有黄道婆祠、黄道婆墓等历史建筑。20世纪以来，专家学者对黄道婆的籍贯身世、命运遭遇、棉纺织技艺的传承创新、纺织机具的改革应用等，先后开展相关研究。本文拟按时间线索对黄道婆研究所取得的一批研究成果略加梳理与概述。

一、20世纪40—70年代研究概况

目前能够找到的最早对黄道婆进行现代学术意义上的研究是著名文献学家王重民发表于1947年《大公报》的《辨黄道婆》。该文开篇就把黄道婆对棉纺织业的贡献类比嫘祖对丝绸业的贡献。作者认为嫘祖崇拜始于丝绸广泛应用之时，黄道婆崇拜也应起于棉布广泛应用之时。黄道婆的年代，湖广、浙江一带已广泛种植木棉，相关文献记载中，黄道婆"自崖州来"意味着木棉的种植是从海南崖州推广开来的。而正因木棉是从崖州推广种植的，所以才流传有黄道婆崖州学艺的故事。又根据《皇元风雅后集》的《木棉歌》认为黄道婆的年代，木棉种植在江南已很普遍，"弹纺机做，田妇村姑，已遍得其法"，黄道婆的创造故事只是一种地方风物传说。该文因有对黄道婆历史人物的真实性有否定之意，虽得以收录在《黄道婆研究》一书中，但很少有后世学者注意。

---

[*] 张太教，广东技术师范大学讲师；齐爽，广东技术师范大学助理研究员。

20世纪以来黄道婆研究综述

1949年之后关于黄道婆的研究逐渐增多。1954年历史学家冯家昇在《历史教学》上发表了《我国纺织家黄道婆对于棉织业的伟大贡献》一文。作者认为黄道婆是松江府乌泥泾人，年轻的时候流落到海南崖州，在当地黎人之中学到运用制棉工具的技术和织"崖州被"的方法。王祯《农书》中所记载的几种棉纺织工具"不必尽是黄道婆传入的，但与她有绝大的关系。有的是由她传入而改制的，有的是传入别地而后改制的"①。

1958年历史学家张家驹在《学术月刊》上发表了《黄道婆与上海棉纺织业》一文。该文将黄道婆放在上海棉纺织业发展的大历史中进行考察，认为黄道婆传入乌泥泾的制棉工具，是陶宗仪《南村辍耕录》中记载的"捍弹纺织之具"，"她不但传入制棉工具和方法，同时把崖州被面的造法也传入"②。

1963年由历史学家翦伯赞担任主编的《中国史纲要》出版，书中提到"松江人黄道婆从黎族地区带来了先进的棉纺技术和工具"，与冯家昇、张家驹的看法基本一致，即黄道婆是上海松江人，从海南黎族那里学到了棉纺织技术。由于历史教材的巨大影响力，这一说法广泛流传开来，一直到20世纪90年代对海南历史上的民族关系进一步研究之后，"从黎族那里学到的纺织技术"才被有所质疑。

20世纪50年代另有一些描述性、记叙性文章。例如1959年出版的，由新华社记者康促编著，汪玉山、钱笑呆绘制的连环画《黄道婆》，将黄道婆塑造为一个"童养媳"，在十二三岁的时候不堪忍受公婆和丈夫的虐待，在所住茅屋土墙上挖了个洞逃出去，在逃难途中上了一艘海船，在好心的水手帮助下到达了海南崖州。崖州的黎族人民帮助了她，她在崖州生活的同时也学会了棉花的种植方法及织造被面的技术。黄道婆不向困难低头，专心地钻研学习，慢慢掌握了被面的设计原理，成为一个技术高手。年老之后，思念家乡，要把手中的技术带回家乡，造福民众。同时期的《文汇报》也发表了张履安的《童养媳黄道婆革新纺织技术》一文。

1978年由上海市纺织科学研究院编写出版的《纺织史话》中，极力渲染黄道婆是松江乌泥泾镇一个贫苦农民的女儿，十二三岁就做了"童养媳"。她白天割草砍柴，夜里淘米纺纱，做了很多苦工还要忍受饥饿以及公婆的恶骂和毒打。黄道婆满怀着对"吃人"礼教的仇恨，逃出家门。这

---

① 冯家昇：《我国纺织家黄道婆对于棉织业的伟大贡献》，《历史教学》1954年第4期。

② 张家驹：《黄道婆与上海棉纺织业》，《学术月刊》1958年第8期。

些通俗读物脱离历史文献,为黄道婆罗织了细腻丰富的故事内容,虽然不能完全算是学术研究,但是流传较广,影响较大,甚至到20世纪八九十年代一些纺织史专家在论述黄道婆历史功绩时还采用这种说法。

二、20世纪80—90年代研究概况

20世纪80—90年代的黄道婆研究以民族学家及海南籍学者为先导,以上海市政府举办的两次黄道婆学术研讨会为高潮。代表作者施联朱、容观琼、胡道静,主要研讨黄道婆的身世遭遇、杰出贡献及江南地区植棉纺织业的变迁。

施联朱、容观琼两位学者发表的文章①,可谓新时期黄道婆研究的先导之作。该文认为黄道婆教人"做捍弹纺织之具",在松江地区传授黎人擅长的"错纱配色、综线挈花"之法,突出地改进和提高了棉花脱籽、弹花、纺线以及织布的生产工具和技术,极大地促进了松江地区棉纺织业的发展。施联朱、容观琼在文中提出的"黄道婆到底向谁学艺""黄道婆具体创造了哪些棉纺织工具""黄道婆如何推动江南棉纺织业生产发展"等问题也都是后代学人研究的主要问题。差不多同时期,陈光良也在《黄道婆与黎族棉纺织业》一文的结尾评价:"黄道婆不愧是我国历史上发展棉纺织业的卓越的革新家,同时她的形象又是黎汉民族团结友爱、共同创造祖国科学技术的丰碑。"② 这三位学者在新时期继承了由冯家昇开创的研究传统,将黄道婆放在民族团结、民族融合的大背景中,将黄道婆的行为遭遇、发明创造看作黎、汉民族团结友好的象征。

上海县徐汇区华泾镇1989年在上海县举办首届黄道婆学术研讨会,邀请上海及全国的文化、纺织等各界人士就黄道婆身世、贡献、社会影响及现实意义等展开讨论。1991年12月初,上海县文化局举办了以"科学技术是第一生产力"为主题的研讨会,主要探讨黄道婆革新和传播先进的棉纺织技术后对上海和江南地区经济发展和民俗文化产生的影响。这两次研讨会的成果呈现于1994年出版的《黄道婆研究》一书,该书兼容并包,正如书中"后记"所说的既有史料汇编,也有论述文章。除研讨会文章

---

① 施联朱、容观琼:《历史上黎汉民族团结友谊的光辉篇章——记我国著名女纺织技术革新家黄道婆向黎族人民学习棉纺织技术的事迹》,《中央民族学院学报》1977年第4期。

② 陈光良:《黄道婆与黎族棉纺织业》,《广东民族学院学报》1980年第1期。

外，该书还选编了海内外学者的有关著述，注意兼收不同观点，甚至是相反观点的文章，是黄道婆研究的重要著作。

在《黄道婆研究》一书中有多篇文章值得注意，如《黄道婆的时代和遭遇探索》。该文章的作者胡道静对黄道婆回归松江的时间和地点进行了分析，认为元贞年代是元朝的"文治"之世，当时政治上安定宽松、经济上繁荣昌盛、艺术气氛非常浓郁的松江府极富有吸引力。元朝在松江设有"市舶司"，从阿拉伯商队进入中国的补给路线为海南崖州，黄道婆有可能从阿拉伯水手的口中，听到了家乡的变化，于是便产生了回归故里的想法。该文章从政治、经济、文化、交通等方面分析黄道婆回归的合理性，开了从文化角度研究黄道婆的先河。

德国学者库恩参加了研讨会，其论文①也被收入研究集。其论文推测，大部分研究者认为可以证实黄道婆发明创造的王祯的《农书》完全得出此结论，传说中由她改造的棉纺织技术早于黄道婆的年代出现。"目前尚未有史料可证实关于黄道婆是纺织专家的中国传说"，黄道婆只是将先进技术传给祖籍松江府地区，使之变为富庶的植棉区。人们出于对她的感激，"将这个经济成功的事实应归于黄道婆的足智多谋的'发明创造能力'。"此文一出即引来相当一部分带有强烈民族情感的学者们的批判。容观琼也亲自撰文进行回应。②

在《黄道婆研究》一书中，还有一篇文章比较重要，即上海县文化馆张乃清的《对黄道婆传说故事的思考》。作者搜集了20篇左右产生于近现代主要流传于上海和海南地区的黄道婆的传说和故事，故事结构大体相同，描述黄道婆出身贫苦、出逃海南、晚年返乡等。作者认为由于民间传说的变异性特征，"不同的时代，给黄道婆抹上了不同的色彩"。从20世纪50年代起，黄道婆的传说故事又不断融入现代意识，"童养媳"一说就是典型实例。

在《黄道婆研究》一书中除收录黄道婆相关研究论文外，还收录了对宋元时代的棉花种植情况、松江府的棉纺织业发展、江南棉纺织业与相关风俗等研究。

---

① 〔德〕库恩：《关于黄道婆（13世纪）的传说——从纺织专家到种艺英雄》，《农业考古》1992年第3期。

② 参见容观琼《关于黄道婆生平业绩问题的思考》，《中南民族学院学报》1994年第2期。

三、21 世纪研究概况

21 世纪以来的黄道婆研究,在论文成果上,主要以《被更乌泾名天下》《黄道婆在三亚》《文化失忆与记忆重构——黄道婆文化解读》为代表。

进入 21 世纪后,非物质文化遗产保护方兴未艾。在上海市政府的积极努力下,2006 年国务院批准与黄道婆有诸多关联的"乌泥泾手工棉纺织技艺"列入第一批国家非物质文化遗产名录,黄道婆历史活动带来的文化意义再次得到肯定和提升。"乌泥泾手工棉纺织技艺"入选国家级非物质文化遗产名录,吸引了更多的学者关注黄道婆文化、黄道婆信仰和与黄道婆相关的非物质文化遗产的保护问题。2006 年,徐汇区政府和东华大学、三亚市合作主办"黄道婆文化国际研讨会",中国、日本、印度等国家的 80 多位专家学者分别就黄道婆文化意义、黄道婆革新精神、非物质文化遗产保护等内容进行研讨,并在会后出版文集《被更乌泾名天下》。

会议发表的论文主要有:东华大学纺织学院屠恒贤教授的《黄道婆文化的特征和内涵》、日本早稻田大学刘刚教授的《定住与移动:文化大上海的发展法则》等。屠恒贤认为黄道婆文化是江南人民在社会历史实践过程中所创造的物质财富与精神财富的总和,是与棉业生产技术的发展紧密相连,在长期的生产实践中形成的,对生产实践有很强的指导意义。黄道婆文化吸收了海南黎族棉文化的精华,在发展中又撷取了中国传统的丝、麻染织文化的合理元素,兼容了多种文化元素,是创新、进取的和谐文化,涵盖了技术、经济、文化、艺术等多个领域。可以说,这些论文将黄道婆研究提升到文化研究的高度。

日本早稻田大学教授刘刚从文化传播与互动论的视角来分析黄道婆在崖州学习先进的棉纺织技术,后又回上海推广并革新纺织工具这一历史活动,认为移动与定住的互动是黄道婆文化的历史内涵,并认为"移动催生传播、定住造就创新",开阔了我们理解黄道婆文化的视野。

华东师范大学陈勤建教授也在会上发表了论文《非物质文化遗产生态场的恢复整合和重建》。从非物质文化遗产保护的角度提出保护"乌泥泾被",重建生态场,要注意营造传承地与该项非物质文化遗产相适宜的文化氛围,注意孕育技艺传承人与该项非物质文化遗产相适应的文化素养。这是因为非物质文化保护不能只从知识和技艺考虑,而更应考虑该项非物质文化遗产本身的生态场的恢复、整合、重建。这一观点对海南黄道婆文化建设很有借鉴意义。

上海社会科学院蔡丰明《黄道婆与民间信仰》一文认为，古代民众对黄道婆的信仰，具体表现在立祠、报赛及创作有关黄道婆的各种传说等形式上。黄道婆信仰具有民间性、地域性、行业性的特点。该论文对黄道婆的信仰和形象变迁作了梳理之后，认为中华人民共和国成立后，黄道婆信仰的内涵又有了新的发展，黄道婆的形象逐渐由一个地方先贤变成一个技术发明与技术改革的先辈。

2009年7月在三亚市政协举行了"黄道婆在三亚"学术研讨会，并结集出版了《黄道婆在三亚》一书。与会学者指出，与黄道婆传说相关的黎族织锦技艺是一项非常有价值的非物质文化遗产，值得三亚市政府建设"三亚黄道婆传说与黎族织锦技艺陈列馆"。在研讨会上，专家们从历史、经济、技术、民俗等多方面提出证据，提出"黄道婆是三亚黎族纺织女"的新见解。①

近几年的相关研究，以中南民族大学谭晓静博士的论文《文化失忆与记忆重构》、上海大学沈关宝的《社会记忆及其建构——关于黄道婆的集体记忆研究》为代表。谭晓静阐释了黄道婆从历史人物到行业神，再到科技创新标兵，最终成为上海、海南两地争夺的文化资源的原因及过程；描述和分析了黄道婆文化记忆在上海和海南的不同保存形式、传递方式等；提出应构建一种文化共生互补模式，合理利用有限的文化资源实现各自发展主题的共赢模式。上海大学沈关宝、杨丽以社会记忆为理论视角，揭示从明清时期民间对黄道婆的神明崇拜，到黄道婆的人物形象参与当代地方社会的旅游产业这一社会记忆建构的历史过程，以有关黄道婆的史料记载、民间仪式、叙事文本等材料为分析框架，探讨了黄道婆社会记忆的建构特征、建构机制、内在逻辑及记忆层次。

四、一个世纪以来黄道婆研究的主要课题

（一）黄道婆的籍贯族属

黄道婆作为中国历史上著名的纺织家，记载其生平事迹的文献目前只能追溯到元代的《南村辍耕录》和《梧溪集》，于是围绕这两篇仅有的史

---

① 参见柴彦明、颜涛辉《专家学者认为：黄道婆是"三亚黎家女"》，《海南经济报》2009年7月30日。

料和派生史料,黄道婆的籍贯成为研究者长期争论的焦点。关于黄道婆的籍贯,一说为上海松江乌泥泾人。因最早的文献《梧溪集》中有明确的记载:"黄道婆,松之乌泾人",冯家昇、张家驹、容观琼等诸位学者在早期的研究中都非常肯定。容观琼认为,黄道婆是一个流落到海南岛的汉族妇女。①而由于黄道婆的经历主要集中在上海、海南两地,海南在20世纪八九十年代以来建构本地文化传统时,部分学者争相认为黄道婆为海南崖州人,甚至是黎族女性。例如《黄道婆籍贯考辨》一文从两位最早记录作者的写作时间、写作原因及作者的社会地位和治学态度等多个方面进行分析,认为陶宗仪《南村辍耕录》的《黄道婆》比较可靠,王逢的《黄道婆祠(有序)》有失实之处,并且得出"黄道婆,原籍崖州,是位黎族妇女"的结论。②另有羊中兴在《黄道婆评传》中对王逢和陶宗仪的记载进行比较,认为"黄道婆,松之乌泾人"不能确切地说明黄道婆就出生在乌泥泾,"有一妪名黄道婆者,自崖州来"也可推断出黄道婆就是海南人。2009年"黄道婆在三亚"研讨会更是以发布共识的方式认定黄道婆为海南人。传说人物方面,如将黄道婆写入《中国科学技术史》纺织部分的撰笔人库恩博士就认为黄道婆只是一个传说人物。③目前来看,黄道婆的籍贯之争,因文献记载的单薄,在新的史料发现之前,暂且搁置为好。

(二) 黄道婆的身份

目前最为流行的一种说法为"童养媳"。1957年以前,严谨的学术研究中没有人称其为"童养媳";1958年后,一些连环画、史话、非学术研究刊物中创作黄道婆的成长历程时,出现黄道婆为"童养媳"的描述。有些学者认为20世纪50年代之所以着墨于突显黄道婆的底层劳动人民身份,强调其幼年童养媳的苦难遭遇,是为了突出表现"下下人有上上智""最卑贱者是最有智慧"的阶级斗争观点。④从历史文献记载来看,并没

---

① 参见施联朱、容观琼《历史上黎汉民族团结友谊的光辉篇章——记我国著名女纺织技术革新家黄道婆向黎族人民学习棉纺织技术的事迹》,《中央民族学院学报》1977年第4期。

② 参见周振东《黄道婆籍贯考辨》,《广东民族研究论丛》(第一辑),广东人民出版社1986年版。

③ 参见〔德〕库恩《关于黄道婆的传说——从纺织专家到种艺英雄》,《农业考古》1992年第3期。

④ 参见沈关宝《社会记忆及其建构——关于黄道婆的集体记忆研究》,《东岳论丛》2012年第12期。

有文献记载黄道婆为"童养媳",这一观点显然是由于历史文献相关信息的缺乏,导致黄道婆的身份人为让位于文学作品(包括近现代收录的民间传说)。此外,张家驹教授认为黄道婆有可能是宋元时代浙、闽农村盛行的类似于摩尼教的明教宗教信徒。① 库恩也根据《红楼梦》等古典名著中的"马道婆"等称呼怀疑黄道婆也可能为佛教徒。

(三) 黄道婆的身世遭遇

黄道婆如何去的海南? 一是比较常见的根据传说整理的:不堪忍受虐待,偷上了海船,被带到海南崖州。二是胡道静《黄道婆的时代和遭遇探索》对20世纪50年代流传的"童养媳"逃难说进行了补充,黄道婆"少沦落崖州"的原因也许是跟随南宋朝廷撤退的路线才流落到崖州。三是黄道婆少年时从江南到海南,以及老年时从海南到江南都可能是当时流行的人口买卖的结果。②

黄道婆晚年为何返回松江? 对此也有不同说法。除了传统的叶落归根说法外,如陈光良认为,在黄道婆回归松江前夕,黎族地区爆发了大起义,生活在黎族人民中间的黄道婆遇上这场人祸灾难,不能再过安定的生活,从而促使她返回松江,为故乡的群众传播黎族的棉纺织技术。③ 另外,根据胡道静的考证,黄道婆晚年时期,松江府的政治、经济、人文环境已大为改善,于是黄道婆便跟随阿拉伯商船返回上海。宋末元初的海上贸易和航海技术是黄道婆晚年从崖州返回松江的客观条件。

(四) 黄道婆在海南向谁学艺

与黄道婆的籍贯族属问题相比,她究竟向谁学艺这一问题更加缺乏可靠的史料证据。在20世纪80年代之前,研究者一般认为黄道婆是从黎族人民那里学到的技术。④ 这一观点与当时认为海南地区民族关系非汉即黎和中华人民共和国成立后国家推行民族平等、民族团结的政策,弘扬少数

---

① 参见张家驹《黄道婆与上海棉纺织业》,《学术月刊》1958年第8期。

② 参见刘正刚、付伟《黄道婆问题再研究》,《海南大学学报》(人文社会科学版)2007年第5期。

③ 参见陈光良《黄道婆"去来归"辨》,《广东技术师范学院学报》2006年第3期。

④ 参见施联朱、容观琼《历史上黎汉民族团结友谊的光辉篇章——记我国著名女纺织技术革新家黄道婆向黎族人民学习棉纺织技术的事迹》,《中央民族学院学报》1977年第4期。

民族文化相对应。20 世纪 90 年代以来，随着对海南民族关系和棉纺织技术研究的深入，又有学者认为黄道婆是向居住在海南的临高人"学艺"①，也有学者提出黄道婆是向"海南地区崖州福建汉族移民学习的棉纺织技术"②。

（五）黄道婆的历史贡献

黄道婆的主要历史贡献在于与当地松江地区的劳动妇女一道突出地改进和提高了去籽弹花、纺线以及织布的生产工具和技术，甚至是棉花良种和植棉技术，极大地促进了上海松江地区棉纺织业的发展。

黄道婆传入籽棉去核和大弓弹花的技术到松江地区，用踏车压棉籽代替了用手剥棉籽，用长 4 尺的大弓代替了小弓进行弹棉，提高了弹花的数量和质量。尤其是首创三锭木棉脚踏纺车，被认定是当时世界上最先进的纺织工具，比欧洲出现的类似纺车早了几个世纪③，提高了松江地区纺纱的效率，被人们称为"黄道婆纺车"。

黄道婆在制造棉布方面也有突出的成就，她把黎族人民擅长的"错纱配色、综线挈花"之法带回推广之后，松江地区才有发达的棉纺织业的出现，在此基础上才有了后世驰名天下的"乌泥泾被"。

很多专家认为黄道婆传播了黎族的植棉技术。如宋兆麟推测黄道婆有可能在返回松江时带回了一些棉花种子，帮助当地人改进植棉技术④；而高汉玉认为由于黄道婆推广了先进的棉纺织工具和技术，使当地的植棉业和手工棉纺织业都迅速发展，反而促进了棉花良种的推广。⑤

---

① 参见梁敏《黄道婆向谁学艺》，《民族研究》1990 年第 3 期。
② 黎兴汤：《黄道婆的历史功绩》，见王孝俭、张渊主编《黄道婆研究》，上海社会科学院出版社 1994 年版，第 43 页。
③ 参见容观琼《关于黄道婆生平业绩问题的思考》，《中南民族学院学报》1994 年第 2 期。
④ 参见宋兆麟《踏访黄道婆第二故里遐想》，见陈澄泉、宋浩杰主编《被更乌泥泾名天下》，上海古籍出版社 2007 年版，第 3 页。
⑤ 参见高汉玉《吴下种·三锭纺车·松江布——漫话黄道婆的贡献》，见王孝俭、张渊主编《黄道婆研究》，上海社会科学院出版社 1994 年版，第 34 页。

五、结束语

黄道婆文化的丰富内涵在现代吸引了历史学家、民族学家、纺织史学家进入这一领域进行研究,并且由于黄道婆出生、成就在上海,在海南地区的成长、学艺,也吸引了上海、海南两地的政府部门与地方文化学者的关注。从20世纪至今,研究成果颇丰,随着研究的深入,学界提出、分析并回答了许多问题,比如黄道婆在海南向谁学艺?黄道婆创造、改进的工艺具体是什么?此外,很多学者以研究黄道婆为契机,深入地探索了我国棉纺织技术的发展流变,但是由于文献记载、出土文物缺乏,如黄道婆的籍贯、身世等问题难以下结论。

不管真实历史怎样,在近百年的学术研究和文化传播过程中,关于黄道婆的研究,在普通大众之中形成了诸多共识,如黄道婆是一位出身贫苦的女性,她曾经到过海南,并且向黎族人民学习先进的棉纺织技术,如此认知经过时间的沉淀,很难从大众的记忆中抹去。而对海南、对三亚来说,这是非常有利的历史文化记忆。

正如迪士尼可以借用不同国家、不同民族的传说故事来构建自己的电影王国、丰富自己的电影人物形象一样,三亚可以利用这一普通民众的常识记忆来构建自己的城市文化和旅游文化。在文化资源的利用开发过程中,共生、共享、共赢是最佳的选择。上海和海南两地没有必要争夺黄道婆文化资源的所有权,如果黄道婆没有"崖州学艺"的经历,恐怕其故事的传奇曲折性、人物形象的独特魅力、杰出人物的创业创新精神会大打折扣;而对于三亚来说,正是因为黄道婆的来而复返,创造了松江"被更乌泾名天下"的情形,黄道婆之"沦落崖州"才更有意义。如今我们共同纪念黄道婆,最重要的是学习、传承、弘扬黄道婆的精神文化,在新的历史时期,进一步提高我们的文化自信,将中华民族的优秀传统文化发扬光大。

编后记

　　崖州素有"二千年建置史,八朝郡县治所"之称,是三亚历史文化的根脉源头。"安宁久远"的宁远河,蓝色家园崖州湾,养育着黎民百姓安居乐业,生生不息,滋养着民族传统文化,异彩纷呈,世代传承。

　　崖州民物繁庶,地灵人杰,千百年来,文教敷扬,贤才荟萃。南宋末年,著名纺织家黄道婆,辗转来到崖州地区,向黎族同胞和城乡居民学习棉纺织技术,元贞间(1295—1297年)又重返松江府乌泥泾,改革创造一套先进的棉纺织机具,同时创新纺织品的花色品种,促使"松江布,名天下",对上海乃至我国广大地区推广棉花种植、布衣百姓普遍受惠于棉纺织品生产消费,产生了深远的影响,极大地推动了我国纺织业的发展,为中国古代经济社会做出了杰出贡献。

　　黄道婆是被联合国教科文组织誉为世界级的科学家。她得益于崖州人文山水滋养成名,寓居崖州三十余载拜师学艺,既为琼崖史册增添了一位可敬可亲的神州织女,也蕴含着各族人民和谐共济、创新进取的精神标识。为了开发利用黄道婆寓居崖州的历史文化资源,推动美丽乡村建设,促进经济社会和旅游业发展,2017年3月初春之际,中共三亚市崖州区委、区政府提议召开黄道婆文化研讨会,由区委宣传部和《崖城镇志》编写组筹划实施。

　　中共海南省委常委、三亚市委书记严朝君同志,三亚市委宣传部主要领导指示要努力做好这次研讨会的筹办及宣传工作。会议经过积极筹备,邀请广东、上海、福建、湖北、贵州、海南等省市的大学、科研院所、博物馆院、文化学会等单位的43名专家学者,于2017年5月5—6日来到崖州区南山迎宾馆参加"黄道婆文化研讨会"。

　　出席本次研讨会的专家学者既有我国著名的史学教授和学界翘楚,也有长期研究纺织工艺史、地方文史、非物质文化遗产、黄道婆文化等科研课题的专家学者,还有三亚市政协领导和崖州区委、区人大、区政府以及

编后记

各部门的领导同志。

与会专家学者在提交的论文中，发表了近年来黄道婆文化研究的诸多新成果，论证黄道婆对棉纺织业的历史贡献与我国古代海上丝绸之路的关系，阐述黄道婆文化精神的内涵、实质及传承的意义，互相分享黄道婆文化作为国家"非物质文化遗产"项目保护传承的经验，同时，为新时期进一步弘扬黄道婆精神文化建言献策。

中共三亚市崖州区委书记、市创意产业园工委书记林有炽同志在研讨会闭幕式致辞时指出：本次研讨会的系列研究成果，使我们愈加敬仰黄道婆对我国棉纺织业的杰出贡献及其"衣被天下"的丰功伟业，更加怀念黄道婆在崖州大地向各族人民拜师学艺时的辛劳形象。当前，我们要增强文化自觉和文化自信，认真讲好黄道婆故事，大力宣传黄道婆精神文化，集思广益，悉心规划，将黄道婆文化树立为地方历史文化名片，让子孙后代永远缅怀黄道婆的业绩，传承黄道婆精神。

本次研讨会共收到学术论文31篇，有8位专家在大会发表主旨演讲。研讨会还设有三组专题讨论会，专家学者与参会领导踊跃发言。《海南日报》《三亚日报》及许多新媒体设专版、专题报道研讨会举办新闻及主要成果，在社会上产生较好的影响。

本次研讨会闭幕后，论文作者又对会议提交的论文认真做了修订和校对。承蒙中山大学出版社应承文集出版事宜，吕肖剑主任亲自策划并指导论文修订、排版和封面设计工作，责任编辑王延红、罗雪梅等悉心尽职完成任务。中共三亚市崖州区委宣传部全妍、林海涛、黎太华等同志为研讨会召开和文集出版，做了大量的工作，值此一并致衷心的感谢！

编　者

2018年4月3日